AF803627

Die Haftung für das Verhalten anderer Personen bei der *locatio conductio*

WIENER STUDIEN ZU GESCHICHTE, RECHT UND GESELLSCHAFT

VIENNESE STUDIES IN HISTORY, LAW, AND SOCIETY

Herausgegeben von Nikolaus Benke

BAND/VOL. 9

PETER LANG
Lausanne - Berlin - Bruxelles - Chennai - New York - Oxford

David Tritremmel

Die Haftung für das Verhalten anderer Personen bei der *locatio conductio*

Haftungskonzepte im römischen Miet-, Werk- und Dienstvertragsrecht

PETER LANG
Lausanne - Berlin - Bruxelles - Chennai - New York - Oxford

Bibliografische Information der Deutschen Nationalbibliothek
Die Deutsche Nationalbibliothek verzeichnet diese Publikation in der Deutschen Nationalbibliografie; detaillierte bibliografische Daten sind im Internet über http://dnb.d-nb.de abrufbar.

universität wien
Advanced Research School in Law and Jurisprudence

Heinrich Graf Hardegg'sche Stiftung

Mit freundlicher Unterstützung der Advanced Research School in Law and Jurisprudence der Universität Wien und der Heinrich Graf Hardegg'sche Stiftung

Umschlagabbildung:
2247 Relief mit Reisewagen, Inv.Nr. BLM 2247-7-2
© Eisenstadt - Burgenländisches Landesmuseum,
Foto: Ortolf Harl 2016 Jänner

Umschlaggestaltung: Atelier Platen (Olaf Glöckler)

ISSN 1432-7422
ISBN 978-3-631-89973-1 (Print)
E-ISBN 978-3-631-90111-3 (E-PDF)
E-ISBN 978-3-631-90112-0 (EPUB)
DOI 10.3726/b21204

© 2023 Peter Lang Group AG, Lausanne

Verlegt durch: Peter Lang GmbH, Berlin, Deutschland

info@peterlang.com http://www.peterlang.com/

Alle Rechte vorbehalten

Das Werk einschließlich aller seiner Teile ist urheberrechtlich geschützt. Jede Verwertung außerhalb der engen Grenzen des Urheberrechtsgesetzes ist ohne Zustimmung des Verlages unzulässig und strafbar. Das gilt insbesondere für Vervielfältigungen, Übersetzungen, Mikroverfilmungen und die Einspeicherung und Verarbeitung in elektronischen Systemen.

Meinen treuen Wegbegleiter:innen

Vorwort

Durch Zufall wurde ich nach Abschluss meines Diplomstudiums der Rechtswissenschaften auf eine bei Univ.Prof. i.R. Dr. Nikolaus Benke, LL.M. ausgeschriebene Assistentenstelle am Institut für Römisches Recht der Universität Wien aufmerksam. Ein glücklicher Zufall, wie sich bald nach meiner Anstellung herausstellen sollte. So bescherte mir die vierjährige Assistentenzeit am Institut für Römisches Recht lehrreiche Jahre in der Wissenschaft, gewährte mir tiefe Einblicke in die Ursprünge des modernen Zivilrechts und fand seinen (vorläufigen) Höhepunkt in der Approbation meiner Dissertation im Sommer 2020. Auf ebendieser Dissertation basiert vorliegende Monografie.

Fragen des Haftungsrechts begeistern mich seit meinen Studienanfängen. So war es kein Zufall, dass sich meine Dissertation einer haftungsrechtlichen Thematik annehmen sollte. Dem Institut für Römisches Recht getreu, versetzte ich mich in die Zeit der römischen Klassik und untersuchte eine Vielzahl römisch-antiker Fallentscheidungen – sogenannte Digesten – auf ihre haftungsrechtlichen Besonderheiten. Trotz ihrer knapp 2000-jährigen Vergangenheit zeichnet die antiken Fragmente ein besonders hohes Niveau an juristischer Systematik wie Methodik aus, worauf sich das jahrhundertelange Weiterwirken des römischen Rechts gründet.

Angeregt von Priv.Doz. Dr. Philipp Klausberger fokussierte ich bei meiner Analyse auf Fragmente, welche die Haftung für das Verhalten anderer Personen behandeln. Einem äußerst lohnenden Vorschlag von Frau Univ. Prof. Dr. Constanze Fischer-Czermak folgend, schränkte ich schließlich mein Forschungsvorhaben auf die knapp 100 einschlägigen Haftungsfälle bei der *locatio conductio* ein, jenem römischen Vertragstyp, der sich nach der Struktur moderner Privatrechtskodifikationen in Miet-, Werk- und Dienstvertrag untergliedern lässt.

Neque enim debet nocere factum alterius ei qui nihil fecit – „denn das Verhalten eines anderen darf niemandem zum Nachteil gereichen, der nichts gemacht hat". Dieser nahezu wortident in § 1313 ABGB übernommene Grundsatz der eigenen Verantwortlichkeit entstammt der römischen Klassik und ist für vorliegende Studie von zentraler Bedeutung. Bereits das Profil des *vinculum iuris*, das einem Ausstrahlen vertraglicher Rechte und Pflichten über das Vertragsverhältnis zweier Personen entgegensteht, spricht dafür, dass eine vertragliche Haftung für das Verhalten anderer Personen nach dem Verständnis römischer Juristen ausgeschlossen ist.

Dass der Grundsatz der eigenen Verantwortlichkeit im römischen Vertragsrecht aber über keine unumstößliche Wirkung verfügt, lässt sich aus mehreren klassischen Rechtstexten ableiten. Eine Begründung dafür lässt sich den überlieferten Fallentscheidungen aber häufig nicht entnehmen.

Der Fokus vorliegender Monografie liegt darauf, die Fälle der Haftung für das Verhalten anderer Personen bei der *locatio conductio* zu systematisieren und ihren rechtlichen Ursprung zu ergründen. Als Ergebnis bringt die Studie verschiedene Modelle der Haftung für das Verhalten anderer Personen bei der *locatio conductio* hervor, auf deren Basis sich die weitgehend divergierenden Entscheidungen der römischen Juristen systematisieren lassen.

Bei der Erstellung dieser Monografie sind mir zahlreiche Personen tatkräftig zur Seite gestanden, bei denen ich mich sehr herzlich bedanken möchte. Zunächst bin ich meinen Eltern sehr dankbar für ihre immerwährende Unterstützung seit meiner Geburt, insbesondere auch während des Diplom- und Doktoratstudiums. Meinem Vater, Dr. Johann Tritremmel, danke ich auch sehr für die mehrfache aufmerksame Lektüre meiner Manuskripte.

Besonderer Dank gilt meinem akademischen Lehrer, Univ.Prof. i.R. Dr. Nikolaus Benke, LL.M, der mir den Einstieg in die wissenschaftliche Tätigkeit ermöglichte, mich stets mit Rat und Tat unterstützte und mir gleichzeitig den Freiraum gab, kontroverse Standpunkte einzunehmen. Ebenso bedanke ich mich bei meinem Freund und akademischem Vorbild, Priv.Doz. Dr. Philipp Klausberger, der mich als „Co-Betreuer" unter seine Fittiche nahm.

Einen ganz wesentlichen Beitrag zur Genese vorliegender Forschungsarbeit war die Teilnahme an den Socratis-Veranstaltungen der ARS IURIS VIENNA – DOCTORAL SCHOOL. In diesem Rahmen war es mir möglich, meine Forschungsergebnisse kapitelweise einem ebenso kritischen wie wertschätzenden Peer-Review zu unterziehen. Ich bedanke mich bei der Leitung und allen Teilnehmer:innen der Socratics für ihr Mitwirken an diesem Format, insbesondere für die stets genaue Lektüre, wertvollen Inputs und wertschätzenden Diskussionen.

Herzlich bedanken möchte ich mich auch bei Univ.Prof. Dr. Inge Hanewinkel, die mir einen Forschungsaufenthalt an der Universität Göttingen ermöglichte, der sich für die Finalisierung meiner Doktorarbeit äußert förderlich erwies.

Großer Dank gilt ebenso meinen Gutachtern, Univ.Prof. Dr. Franz-Stefan Meissel und Ao.Univ.Prof. Dr. Richard Gamauf, für ihre genaue Lektüre meiner Dissertation sowie ihre raschen Gutachten samt ihren wertvollen Anmerkungen, die ich in der Monografie aufgegriffen habe.

Ich bedanke mich auch sehr herzlich bei Mag.a Christa Sonnek und Mag. Dominik Reisner für ihr aufmerksames Lektorat und bei Mag.a Dairine Sonnek, für ihre tatkräftige Unterstützung bei der Formatierung der Arbeit.

Ebenfalls bedanke ich mich bei meinen lieben Kolleg:innen am Institut für Römisches Recht, die mich im Rahmen des Privatissimum von Univ.Prof. i.R. Dr. Nikolaus Benke, LL.M und auch abseits davon mit wertvollen Anregungen versorgt haben.

Schließlich bedanke ich mich für das Förderstipendium der Heinrich Graf Hardegg'sche Stiftung und die Übernahme der Druckkosten durch die ARS IURIS VIENNA – DOCTORAL SCHOOL.

Wien, Dezember 2022

Inhaltsverzeichnis

Teil 1

Teil 1

1. Einleitung

1.1 Problemaufriss

Ulp. (52 ed.) D. 39.1.5.5
[...] neque enim debet nocere factum alterius ei qui nihil fecit.[1]

Dieses an den Wortlaut von § 1313 ABGB[2] erinnernde Ulpian-Zitat bezieht sich auf einen Sachverhalt[3] betreffend die – infolge einer *operis novi nuntiatio* – unrechtmäßig fortgesetzte Bauführung eines Grundstücksmiteigentümers: Nach der Ansicht Ulpians soll das Fehlverhalten des Bauführers seine Miteigentümer, die selbst nichts gemacht haben, nicht belasten.

Wie in Kapitel 3.2 zu zeigen sein wird, weisen die in D. 39.1.5.5 überlieferte Ulpian-Sentenz sowie einige andere Texte auf einen zur Zeit der römischen Klassik bestehenden Grundsatz hin, bloß für eigenes Fehlverhalten haften zu müssen (im Folgenden: „Grundsatz der eigenen Verantwortlichkeit"): Verursacht jemand einen Schaden, so kann sich der Geschädigte demnach „bloß" an den unmittelbaren Schädiger, nicht aber an eine (möglicherweise) greifbarere und liquidere Person halten, sofern dieser im Zusammenhang mit der Schädigung kein rechtswidriges und schuldhaftes Verhalten anzulasten ist.

Eingeschränkt wird der Grundsatz der eigenen Verantwortlichkeit unstrittigerweise durch die Noxalhaftung[4], der verschuldensunabhängigen Einstandspflicht eines *dominus* für Delikte eigener Gewaltunterworfener, die aufgrund ihres *status*[5] nicht erfolgreich in Anspruch genommen werden können.[6]

---

1 Eigene Übersetzung: [...] denn das Verhalten eines anderen darf niemandem zum Nachteil gereichen, der nichts gemacht hat.

2 § 1313 ABGB: Für fremde, widerrechtliche Handlungen, woran jemand keinen Theil genommen hat, ist er in der Regel auch nicht verantwortlich. Selbst in den Fällen, wo die Gesetze das Gegentheil anordnen, bleibt ihm der Rückersatz gegen den Schuldtragenden vorbehalten.

3 Eine ausführliche Auseinandersetzung mit diesem Text findet sich in Kapitel 3.2 a).

4 Die Noxalhaftung verpflichtet den *dominus* eines delinquenten Gewaltunterworfenen zu einer Bußgeldzahlung an den Geschädigten. Alternativ steht dem *dominus* die Auslieferung seines Gewaltunterworfenen an den Geschädigten als haftungslösende Maßnahme zur Wahl. Es handelt sich demnach um eine beschränkte Haftpflicht. Eine ausführliche Auseinandersetzung mit der Noxalhaftung findet sich in Kapitel 2.2.

5 Zum *status*-Recht von Sklaven siehe mwN *Gamauf* in HRPR (2023) § 36 Rz 10 ff; *Gamauf*, Slavery in OHRLS (2017) 386 ff; siehe auch *Siimets-Gross*, Die Ausdrücke status libertatis, civitatis und familiae, in *Corbino/Humbert/Negri* (Hrsg), Homo, caput, persona (2010) 217 ff.

6 Sklaven können mangels Rechtspersönlichkeit nicht geklagt werden; *Gamauf* in HRPR (2023) § 36 Rz 10. Gegen gewaltunterworfene Hauskinder kann

Aber auch Quellen zum klassischen römischen Vertragsrecht scheinen den Grundsatz der eigenen Verantwortlichkeit einzuschränken. Insbesondere deuten einige Texte zur *locatio conductio*[7], welche Fälle der Haftung für das Verhalten anderer Personen überliefern, in diese Richtung, wobei die Rechtsansichten der römischen Juristen hinsichtlich Grund und Ausmaß der Haftpflicht divergieren.[8] Im folgenden Unterkapitel sollen ausgewählte Fallbeispiele einen ersten Einblick in die zur Zeit der römischen Klassik bestehende differenziert ausgestaltete Haftung für das Verhalten anderer Personen[9] bei der *locatio conductio* geben.

1.2 Einleitende Fallbeispiele

Zunächst lohnt ein Blick auf das Labeo-Fragment D. 19.2.60.7[10], welches darauf hinweist, dass der Grundsatz der eigenen Verantwortlichkeit auch im Bereich der *locatio conductio* Anwendung findet:

> Lab. (5 post. a Iavol. epit.) D. 19.2.60.7
> *[...] non ultra me tibi praestaturum, quam dolum malum et culpam meam abesse [...].*[11]

Dieses Labeo-Zitat bezieht sich auf einen Sachverhalt, in dem ein *dominus* seinen Sklaven als Maultiertreiber vermietet und der Sklave in Ausübung der vertraglich vereinbarten Tätigkeit den Tod eines dem Mieter gehörenden Maultieres nachlässig herbeiführt. Mangels eigenen vorwerfbaren Verhaltens hafte – so Labeo – der Vermieter des Sklaven dem Mieter nicht

---

mangels eigenen Vermögens nicht vollstreckt werden; *Pennitz* in HRPR (2023) § 105 Rz 3.

7 Die *locatio conductio* umfasst Vertragskonstellationen, die nach der Gliederung des ABGB in Bestandvertrag (Miete und Pacht), Werkvertrag und Dienstvertrag zu unterteilen wären. Für weitergehende Ausführungen zum Wesen der *locatio conductio* siehe Kapitel 2.1.2.

8 Siehe Kapitel 1.2.

9 Darunter sind alle nicht vom *vinculum iuris* erfassten Personen zu verstehen, so auch Sklaven und Hauskinder der Vertragsparteien, aber ebenso außenstehende (freie) Personen. Die gegenständliche Arbeit verzichtet im Titel auf die Bezeichnung „Dritter" anstelle von „anderer Personen", da Sklaven und Hauskinder aufgrund ihrer Vermögensunfähigkeit in einem Abhängigkeitsverhältnis zum *pater familias* stehen und nicht als „klassische" Dritte einzustufen sind. Sofern im Fließtext auf einen „Dritten" oder eine „dritte Person" verwiesen wird, sind diese Bezeichnungen derjenigen Bezeichnung einer „anderen Person" gleichzusetzen.

10 Eine ausführliche Auseinandersetzung mit der Quelle findet sich in Kapitel 4.4 a).

11 Eigene Übersetzung: [...] ich muss dir nicht für mehr einstehen als dafür, dass ich ohne Vorsatz und Fahrlässigkeit gehandelt habe [...].

vertraglich. Sohin kann der *locator* als *dominus* des Sklaven ausschließlich im Wege der deliktischen Noxalhaftung belangt werden.

Eine – was das Haftungsmaß betrifft – ähnlich akzentuierte Fallentscheidung findet sich in Coll. 12.7.9.[12] Die Collatiostelle thematisiert die Verantwortlichkeit eines schuldlosen Mieters, dessen Sklaven einen Brand des von ihm gemieteten Hauses verursacht haben. Sabinus und Urseius verneinen eine vertragliche Haftpflicht des an der Beschädigung des Hauses unbeteiligten Mieters und verpflichten ihn bloß zur Noxalhaftung:

> Ulp. (18 ed.) Coll. 12.7.9
> *Urseius refert [...] dominum noxali iudicio conveniendum: ex locato autem dominum teneri negat [...].*[13]

Demgegenüber vertritt Proculus in demselben Fragment für den Fall, dass Sklaven eines Pächters das von ihm gepachtete Landhaus in Brand setzen, (auch) eine vertragliche Haftung des Pächters – wiewohl mit noxaler Beschränkung – als Alternative zur deliktischen Noxalhaftung:

> Ulp. (18 ed.) Coll. 12.7.9
> *Proculus autem respondit, cum coloni servi villam exusserint, colonum vel ex locato vel lege Aquilia teneri, ita ut colonus servos posset noxae dedere [...].*[14]

Thematisch verwandt, aber haftungsrechtlich zugespitzt, ist folgender im Ulpian-Fragment D. 9.2.27.9[15] beschriebene Sachverhalt: Ein als Ofenheizer tätiger Sklave eines Pächters ist beim Ofen eingeschlafen, woraufhin das gepachtete Landhaus abbrennt. Nach der Ansicht von Neraz, welcher Ulpian folgt, müsse der Pächter vertraglich (und zwar ohne Möglichkeit einer *noxae deditio*) dafür einstehen, wenn er bei der Auswahl seiner Gehilfen nachlässig gewesen ist:

> Ulp. (18 ed.) D. 9.2.27.9
> *Si fornicarius servus coloni ad fornacem obdormisset et villa fuerit exusta, Neratius scribit ex locato conventum praestare debere, si neglegens in eligendis ministeriis fuit [...].*[16]

---

12 Eine ausführliche Auseinandersetzung mit der Quelle findet sich in Kapitel 4.1.1.

13 Eigene Übersetzung: Urseius überliefert [...], dass der Gewalthaber mittels noxaler Klage [scil. *actio legis Aquiliae noxalis*] hafte; er verneint aber, dass dieser aus dem Mietvertrag hafte.

14 Eigene Übersetzung: [...] der Pächter hafte sowohl aus dem Pachtvertrag als auch gemäß der *lex Aquilia*, aber so, dass der Pächter die Sklaven ausliefern könne [...].

15 Eine ausführliche Auseinandersetzung mit der Quelle findet sich in Kapitel 4.4 c).

16 Eigene Übersetzung: [...] der aus dem Pachtvertrag geklagte [Pächter] muss einstehen, wenn er bei der Auswahl seiner Gehilfen nachlässig war.

Eine Sonderstellung hinsichtlich der Haftung für das Verhalten anderer Personen nimmt der sogenannte Säulentransportfall, D. 19.2.25.7[17], ein: Nach der Ansicht von Paulus hafte der Transporteur einer Säule, welche im Zuge des Transports zerstört wird, für eigenes Verschulden wie auch für das (bloße) Verschulden seiner Gehilfen unbeschränkt *ex contractu*:

> Gai. (10 ed. prov.) D. 19.2.25.7
> *[...] periculum praestat, si qua ipsius eorumque, quorum opera uteretur, culpa acciderit [...].*[18]

Die im Gaius-Fragment beschriebene Haftung für das Verschulden eingesetzter Hilfspersonen steht diametral zum Grundsatz der eigenen Verantwortlichkeit und bildet den Endpunkt der Entwicklung eines heterogen konzeptionierten Haftungsregimes für das Verhalten anderer Personen bei der *locatio conductio* in der römischen Klassik. Diese Entwicklung nachzuzeichnen, steht im Fokus dieser Arbeit.

1.3 Forschungsgegenstand und Forschungsfragen

Die gegenständliche Arbeit fokussiert auf die exegetische Analyse klassischer römischer Quellen, welche die Haftung für das Verhalten anderer Personen bei der *locatio conductio* thematisieren.[19] Konkreter Forschungsgegenstand sind Fälle, in denen eine nicht vom *vinculum iuris*[20] erfasste gewaltunterworfene oder freie Person eine vom Vertragsverhältnis erfasste Sache[21] des *locator* oder *conductor* beschädigt hat und die zu Rate gezogenen römischen Juristen anschließend zu beurteilen hatten, ob der jeweils Geschädigte seinen Vertragspartner in Anspruch nehmen kann.

Die in den Kapiteln 1.1–1.2 grob skizzierte Haftungsthematik wirft ua folgende Fragen auf, die in dieser Arbeit geklärt werden sollen: Wie lassen

17 Eine ausführliche Auseinandersetzung mit der Quelle findet sich in Kapitel 4.6.

18 Eigene Übersetzung: [...] er [der Transportunternehmer] muss für den Schaden einstehen, wenn dieser durch sein eigenes oder das Verschulden derer, die er zur Vertragserfüllung herangezogen hat, entstanden ist [...].

19 Die in gegenständlicher Arbeit vorgenomme Eingrenzung auf Haftungsfälle bei der *locatio conductio* erscheint insofern legitim, als die einschlägigen haftungsrechtlichen Fragmente zur *locatio conductio* diejenigen anderer Vertragstypen quantitativ wie qualitativ deutlich übersteigen und (im Wesentlichen) eigenständig erörtert werden können.

20 Das *vinculum iuris* ist ein ideelles Band, das (ausschließlich) Vertragsparteien aneinanderbindet und ihnen vertragliche Rechte und Pflichten auferlegt; *Hägerström*, SZ 63 (1945) 278 ff.

21 Darunter sind insbesondere Sachen eines Vertragspartners zu verstehen, die dem jeweils anderen im Rahmen des Vertragsverhältnisses anvertraut worden sind.

sich die divergierenden Positionen der römischen Juristen zur Haftung für das Verhalten anderer Personen bei der *locatio conductio* dogmatisch erklären? Lassen sich aus den untersuchten Fragmenten abstrahierungsfähige Haftungsfiguren rekonstruieren? Inwieweit sind die Fallentscheidungen römischer Juristen zur Haftung für das Verhalten anderer Personen bei der *locatio conductio* als Ausnahmen vom vermeintlichen Grundsatz der eigenen Verantwortlichkeit zu sehen bzw inwieweit profilieren sie den besagten Grundsatz?

1.4 Quellen und Methoden

Die zu analysierenden juristischen Texte entstammen der römischen Klassik, einer rechtsgeschichtlichen Epoche beginnend mit dem Prinzipat (27 v. Chr.) bis etwa 250 n. Chr. Während dieser Epoche erreicht die römische Jurisprudenz ein besonders hohes Niveau an juristischer Systematik und Methodik, auf dem das jahrhundertelange Weiterwirken des römischen Rechts gründet.[22] Die einschlägigen Texte finden sich heute in den Editionen des *Corpus Iuris Civilis*, dem Gesetzgebungswerk Kaiser Justinians aus dem 6. Jh. n. Chr.,[23] insbesondere unter dem Digestentitel 19.2 (*Locati Conducti*) und dem Codextitel 4.65 (*De locato et conducto*).

Methodologisch fokussiert die Arbeit auf exegetische Quellenuntersuchungen juristisch-dogmatischer Ausrichtung. Diese Analyse der juristischen Texte geschieht zugleich unter Berücksichtigung der sozioökonomischen Gegebenheiten der römischen Antike und bezieht insofern die historische Dimension der Texte mit ein.[24] Eine wesentliche Herausforderung bei der Quellenanalyse ist der Umgang mit Kürzungen und anderen Textänderungen im Quellenmaterial – sogenannten „Interpolationen".

Unter Interpolationen versteht man in der Romanistik Eingriffe in den klassischen Originaltext eines Fragments. Sie sind insbesondere auf die Tätigkeit Kaiser Justinians Kompilatoren zurückzuführen, die im Rahmen

---

22 *Manthe*, Geschichte[4] (2011) 87 ff, *Kaser*, RPR I[2] (1971) 2 ff; *Wieacker*, Vom römischen Recht (1961) 161 ff; *Schulz*, Geschichte (1961) 117 ff.

23 Als *Corpus Iuris Civilis* wird (seit Gothofredus) das im 6. Jh. n. Chr. entstandene Gesetzgebungswerk Kaiser Justinians bezeichnet, welches sich aus den Institutionen, den Digesten sowie dem Kodex zusammensetzt und um die Novellen ergänzt wird. Die Institutionen, Digesten und der Kodex enthalten wesentliche Rechtsquellen des klassischen Zeitalters, teils in deren ursprünglichen, teils in veranderter Fassung; siehe dazu *Kaiser*, Justinian, in *Johnston* (Hrsg), Cambridge Companion (2015) 123 ff.

24 Zur romanistischen Methode der Exegetik siehe mwN *Giaro*, SZ 105 (1988) 181 ff.

des Kodifizierungsprozesses im 6. Jh. n. Chr. die bestehenden Rechtstexte gesammelt, gekürzt und teilweise adaptiert und dadurch ihr klassischrechtliches Profil verfälscht haben.[25] Speziell ab dem späten 19. Jh. bis zur Mitte des 20. Jh. ist die Interpolationskritik in der Romanistik als gängige Methode eingesetzt worden, um Quellentexte zu zerlegen und – nicht selten – die den eigenen Thesen widersprechenden Passagen als verfälscht zu streichen.[26] Heute geht die moderne Romanistik grundsätzlich von der Klassizität einer Quelle aus, sofern keine deutlichen Verdachtsmomente für nachklassische Veränderungen vorliegen.[27] Der gegenständlichen Arbeit liegt diese moderne Auffassung im Umgang mit antiken römischen Quellen zugrunde.

1.5 Forschungsstand

In den letzten 100 Jahren entwickelte sich die *locatio conductio* in der Romanistik zu einem viel erörterten Forschungsgebiet. 1915 erschien *Costas*[28] Monografie „*La locazione di cose nel diritto romano*", welche sich neben einer intensiven Auseinandersetzung mit dem damals aktuellen Literaturstand, mit dem Ursprung der *locatio conductio,* ihrer Systematik und den durch Abschluss des Vertrages resultierenden wechselseitigen Pflichten der Vertragsparteien ausführlich beschäftigt, dabei jedoch ganz auf Quellen zur *locatio conductio rei* fokussiert.

Ein bis heute viel zitiertes wie diskutiertes Werk ist *Mayer-Malys*[29] Monografie „*Locatio Conductio*: *Eine Untersuchung zum klassischen römischen Recht*", welche 1956 erschien und – wie Mitte des 20. Jahrhunderts noch gängig – zum Teil von weitreichenden Interpolationsverdächtigungen geprägt ist. Im Unterschied zu *Costa* behandelt *Mayer-Maly* alle drei Unterkategorien der *locatio conductio*[30] und bietet dadurch einen vollständigeren Überblick auch über gewisse Detailfragen des Vertrages. Seine Monografie sei jedoch, wie der Autor selbst im Vorwort anmerkt, nicht als eine – von

25 *Liebs*, SZ 135 (2018) 404 ff; *Kaiser*, Justinian, in *Johnston* (Hrsg), Cambridge Companion (2015) 128 ff; *Wieacker*, SZ 89 (1972) 293 ff.

26 Statt vieler *Liebs*, SZ 135 (2018) 406 ff; *Kaser*, Interpolationenforschung, in *Kaser* (Hrsg), Römische Rechtsquellen (1986) 112 ff.

27 Siehe *Avenarius*, Methodenwandel, in *Avenarius et al.* (Hrsg), Interpolationenkritik (2018) 303 ff; *Kaser*, Interpolationenforschung, in *Kaser* (Hrsg), Römische Rechtsquellen (1986) 112 ff; *Kretschmar*, SZ 59 (1939) 102 ff.

28 *Costa*, La locazione (1915); siehe auch die Rezension von *Stoll*, SZ 47 (1927) 529 f.

29 *Mayer-Maly*, Locatio Conductio (1956); siehe auch die Rezension von *Kaser*, TR 25 (1957) 398 ff.

30 *Locatio conductio rei/operis/operarum.* Zur Debatte hinsichtlich der (vermeintlich) trichotomen Erscheinungsform der *locatio conductio* siehe Kapitel 2.1.2.

der romanistischen Lehre[31] seiner Zeit geforderte – „Gesamtdarstellung" der *locatio conductio* zu verstehen. Dies zeigt sich etwa an der eher knappen Darstellung des Haftungsrechts.

1959 erschien *Amirantes*[32] monografieartiger Artikel „*Ricerche in terma die locazione*", welcher sich intensiv mit *Mayer-Malys* Monografie auseinandersetzt und vor allem dessen Ausführungen zur Struktur der *locatio conductio* kritisiert. Darauf replizierte *Mayer-Maly*[33] noch im selben Jahr mit dem Artikel „*Tipicità e unita della locatio-conductio*".

1964 erschien *Kaufmanns*[34] Monografie „*Die altrömische Miete: Ihre Zusammenhänge mit Gesellschaft, Wirtschaft und staatlicher Vermögensverwaltung*", welche sich ausführlich mit dem damals aktuellen Literaturstand auseinandersetzt und sich durch eine intensive Analyse juristischer wie nichtjuristischer Quellen auszeichnet. Inhaltlich fokussiert *Kaufmann* auf die Ursprünge und Entwicklung der *locatio conductio* unter Berücksichtigung der sozioökonomischen Gegebenheiten. Darüber hinaus beschäftigt sich die Monografie ausführlich mit den Klagsformeln[35] der *locatio conductio*. Haftungsrechtliche Aspekte werden von *Kaufmann* hingegen großteils ausgeklammert.

Eine ausführliche haftungsrechtliche Auseinandersetzung mit Quellen zur *locatio conductio* bietet *Friers*[36] 1978 erschienener Aufsatz „*Tenant's liability for damage to landlord's property in classical Roman law*". Eine Stärke seines Aufsatzes liegt in der Erarbeitung abstrakter Haftungsmodelle, wiewohl darin ausschließlich auf Quellen zur *locatio conductio rei* Bezug genommen wird. Eine Schwäche des Aufsatzes liegt in der etwas überstrapazierten Interpolationskritik.

Zwei Jahre später erschien *Friers*[37] Monografie „*Landlords and Tenants in Imperial Rome*", welche eine tiefgründige sozialhistorische Auseinandersetzung mit den antiken Quellen zur *locatio conductio* bietet. Zentrum seiner Auseinandersetzung bildet die exegetische Analyse von Quellen zur

31 Siehe etwa *Kaser*, RPR I (1955) 468 Fn 1: „Eine neuere Gesamtdarstellung fehlt"; *Schulz*, Classical Roman Law (1951) 549: „A modern comprehensive work in *locatio conductio* does not exist".

32 *Amirante*, BIDR 62 (1959) 9 ff.

33 *Mayer-Maly*, Labeo 5 (1959) 390 ff.

34 *Kaufmann*, Altrömische Miete (1964); siehe auch die Rezensionen von *Watson*, TR 34 (1966) 109 ff; *Mayer-Maly*, SZ 82 (1965) 406 ff.

35 Zu den Klagsformeln der *actio locati* und *actio conducti* siehe Kapitel 2.1.4.

36 *Frier*, SZ 95 (1978) 232 ff.

37 *Frier*, Landlords (1980); siehe auch die Rezensionen von *Van den Bergh*, TR 53 (1985) 156 ff; *Paulus*, SZ 100 (1983) 660 ff; *Crook*, JRS 73 (1983) 213 f.

städtischen Miete und Pacht. Haftungsrechtlichen Fragen widmet sich *Frier* bloß punktuell.

Weitere zwei Jahre später folgt *Molnárs*[38] monografieartiger Aufsatz „*Verantwortung und Gefahrtragung bei der locatio conductio zur Zeit des Prinzipats*", der sich mit vielen für die gegenständliche Arbeit einschlägigen haftungsrechtlichen Quellen kritisch auseinandersetzt, dabei aber etwas überbordend auf die Methodik der Interpolationskritik zurückgreift.

Durch seinen Umfang und seine Präzision besticht *Knütels*[39] monografieartiger Aufsatz „*Die Haftung für Hilfspersonen im römischen Recht*", der sich ganz allgemein mit dogmatischen Konzepten vertraglicher, aber auch deliktischer Haftung für Gehilfen im klassischen römischen Recht auseinandersetzt. Im Vergleich dazu setzt sich die gegenständliche Studie wesentlich detaillierter mit den Haftungsfällen zur *locatio conductio* auseinander und beschränkt sich dabei nicht auf Fälle der „Gehilfenhaftung".

1999 erschien *Fioris*[40] Monografie „*La definizione della ‚locatio conductio' – giurisprudenza romana e tradizione romanistica*", welche sich sehr ausführlich mit der Struktur und der romanistischen Wissenschaftsgeschichte der *locatio conductio* beschäftigt und sich dabei eingehend mit der bis dahin einschlägigen Sekundärliteratur auseinandersetzt. Haftungsfragen klammert *Fiori* weitgehend aus.

Im darauffolgenden Jahr erschien *Wickes*[41] Monografie „*Respondeat Superior: Haftung für Verrichtungsgehilfen im römischen, römisch-holländischen, englischen und südafrikanischen Recht*". Die Monografie bietet einen konzisen Überblick über die wichtigsten römischen Quellen zur Haftung für Gehilfen – so auch über ausgewählte Quellen zur *locatio conductio* –, überlässt der gegenständlichen Studie aber genügend Raum, um wesentliche haftungsrechtliche Detailfragen im Bereich der *locatio conductio* zu erörtern.

Zuletzt beschäftigte sich *Du Plessis*[42] sehr intensiv mit Fragen zur *locatio conductio*. Seine Monografie „*Letting and Hiring in Roman Legal Thought 27 BCE –284 CE*",[43] welche 2012 erschien, bietet einen umfassenden

38 *Molnár*, ANRW II 14 (1982) 583 ff.

39 *Knütel*, SZ 100 (1983) 340 ff.

40 *Fiori*, Locatio conductio (1999); siehe auch die Rezensionen von *Molnár*, SZ 119 (2002) 611 ff; *Mayer-Maly*, TR 70 (2002) 353 f.

41 *Wicke*, Haftung für Verrichtungsgehilfen (2000); siehe auch die Rezensionen von *Stein*, SZ 120 (2003) 426 f; *Reinkenhof*, TR 71 (2003) 236 ff.

42 Siehe etwa *Du Plessis*, Letting and Hiring (2012); *Du Plessis*, Liability, in *Fiori* (Hrsg), Modelli teorici IV (2011) 63 ff; *Du Plessis*, CLJ 65 (2006) 423 ff; *Du Plessis*, Historia 55–1 (2006) 48 ff.

43 Siehe die Rezension von *McGinn*, AHB 27 (2013) 168 ff.

Überblick über den aktuellen Forschungsstand zur *locatio conductio*. Sie zeichnet sich aus durch eine umsichtige Analyse einer Vielzahl von juristischen und nichtjuristischen Quellen zur *locatio conductio* unter Berücksichtigung der sozioökonomischen Verhältnisse der römischen Antike. *Du Plessis* befasst sich in seiner Monografie auch mit Haftungsfragen. So skizziert er eindrucksvoll die Entwicklung der *culpa* als Anknüpfungspunkt unterschiedlicher Haftungskonzeptionen bei der *locatio conductio*. Als Überblickswerk sieht seine Studie von haftungsrechtlichen Detailanalysen einzelner Quellen zur *locatio conductio* jedoch ab.

Einen im Vergleich zu seiner Monografie noch stärkeren haftungsrechtlichen Fokus verfolgt *Du Plessis*'[44] Artikel „*Liability', ‚Risk' and locatio conductio*", der sich anhand ausgewählter Quellen zur *locatio conductio* mit der Entwicklung der Haftungsmaßstäbe *culpa* und *dolus* auseinandersetzt und diesen anschließend die Konzeption der Gefahrtragung bei der *locatio conductio* gegenüberstellt. Eine detaillierte Analyse vieler für die gegenständliche Studie relevanter Quellen bleibt dem Artikel allerdings vorenthalten.

Eine rezente Arbeit, die sich (auch) mit Haftungsfragen zur *locatio conductio* auseinandersetzt, ist *Klausbergers*[45] Habilitationsschrift „*Objektive und subjektive Zurechnungsgründe im klassischen römischen Haftungsrecht*". Dabei handelt es sich um eine umfassende Analyse des klassischen römischen Vertrags- und Deliktsrechts zur Frage, inwieweit unterschiedliche Schadenersatzansprüche auf ein subjektiv-vorwerfbares oder objektnormwidriges Verhalten abstellen. In diesem Rahmen untersucht *Klausberger* in einem Unterkapitel auch haftungsrechtliche Quellen zur *locatio conductio*, jedoch mit anderer Akzentuierung und aus Platzgründen bewusst weniger ausführlich als die gegenständliche Studie.

Schließlich ist auf die aktuelle Bearbeitung der *locatio conductio* von *Du Plessis*[46] im *Handbuch Römisches Privatrecht* (2023) hinzuweisen. Darin bietet der Autor einen kompakten Überblick über den äußerst facettenreichen Vertrag, klammert dabei jedoch weitgehend Haftungsfragen aus.

Nach eingehender Sondierung der römisch-antiken Rechtsquellen und der Sekundärliteratur lassen sich folgende Erkenntnisse gewinnen: Seitdem zur Mitte des 20. Jahrhunderts von *Schulz* und *Kaser* die Absenz einer aktuellen Monografie[47] bemängelt wurde, entwickelte sich die *locatio conductio* beginnend mit *Mayer-Malys* Studie von 1956 zu einem nunmehr

44 Siehe Fn 42.
45 *Klausberger*, Zurechnungsgründe (2019).
46 *Du Plessis* in HRPR (2023) § 80.
47 Siehe Fn 31.

viel erforschten Rechtsgebiet. Einen wesentlichen Beitrag dazu leisteten die oben erwähnten Überblickswerke zur *locatio conductio*, die jedoch das Haftungsrecht weitgehend ausklammern oder bloß punktuell behandeln. Haftungsrechtlichen Überblickswerken, die sich ua mit Quellen zur *locatio conductio* befassen, mangelt es demgegenüber regelmäßig an der vollständigen Darstellung des heterogenen Haftungsrechts der *locatio conductio*.

Die Quellen zur Haftung für das Verhalten anderer Personen bei der *locatio conductio* sind in der romanistischen Literatur in Form einer Gesamtdarstellung, die sich konzeptionell an den für diese Studie ausgewählten Forschungsfragen ausrichtet, – soweit ersichtlich – bis heute noch nicht untersucht worden. Es lohnt daher – wie auch vom internationalen Fachkollegium[48] bestätigt –, die Haftung für das Verhalten anderer Personen bei der *locatio conductio* tiefgründig zu erforschen.

1.6 Gliederung

Die gegenständliche Arbeit gliedert sich in zwei Teile: Teil 1 beschäftigt sich mit den Grundlagen der *locatio conductio* und des römischen Haftungsrechts. Anschließend erörtert Teil 2 sechs Modelle der Haftung für das Verhalten anderer Personen bei der *locatio conductio*.

Zunächst geben die Kapitel 2.1.1, 2.1.2, 2.1.3, 2.1.4, 2.1.5, 2.1.6, und 2.1.7 einen Überblick über das Wesen der *locatio conductio* und ihre Einordnung im klassischen römischen Vertragsrecht. Insbesondere steht die Debatte zur Einheitskonzeption bzw Trichotomie des Vertrages im Fokus. Im Anschluss daran behandelt Kapitel 2.1.8 allgemeine Kriterien der Haftung für Schäden, die ein Vertragspartner dem jeweils anderen Vertragspartner persönlich zugefügt hat.

Danach skizziert Kapitel 2.2 die Rechtsfigur der deliktischen Noxalhaftung, welche für die in Kapitel 4.1, 4.2, 4.3, 4.4, 4.5, und 4.6 erarbeiteten Modelle der vertraglichen Haftung für das Verhalten anderer Personen grundlegend ist. Den Abschluss von Teil 1 bildet die Analyse der Frage, inwieweit ein Grundsatz der eigenen Verantwortlichkeit für das römische Vermögensprivatrecht und insbesondere für die *locatio conductio* postuliert werden kann.

Teil 2 der Arbeit fokussiert auf die Analyse zahlreicher haftungsrechtlicher Fragmente zur *locatio conductio*. Deren Gemeinsamkeit liegt darin begründet, dass jeweils eine nicht vom *vinculum iuris* erfasste Person einer

48 Teilaspekte des Forschungsvorhabens sind im Rahmen der jährlichen Session der *Société Internationale Fernand de Visscher pour l'Histoire des Droits de l'Antiquité* in Istanbul (2015), Paris (2016), Bologna (2017), Krakau (2018) und Edinburgh (2019) vor Fachpublikum präsentiert und debattiert worden.

der Vertragsparteien einen Schaden zugefügt hat, woraufhin zu erörtern ist, inwieweit die jeweils andere Vertragspartei in Anspruch genommen werden kann. Anhand dieser Quellen werden abstrakte Modelle der Haftung für das Verhalten anderer Personen bei der *locatio conducti* erarbeitet:

Kapitel 4.1 beschäftigt sich mit dem historischen Ausgangsmodell der Haftung für das Verhalten anderer Personen, nämlich der Noxalhaftung. Wie die einschlägigen Quellen zur *locatio conductio* zeigen, kann die Noxalhaftung auch eine vertragliche Wirkung entfalten. Daran anschließend werden in Kapitel 4.2 Nachweise der *custodia*-Haftung untersucht. Kapitel 4.3 beschäftigt sich mit Fällen der Haftung infolge der Verletzung einer Nebenvereinbarung. Kapitel 4.4 und 4.5 betreffen Fälle der Haftung wegen *culpa in eligendo* und *culpa in habendo vel inducendo.* Abschließend widmet sich Kapitel 4.6 der Frage, ob aus dem vorliegenden Quellenmaterial eine unbeschränkte Vertragshaftung für das Verschulden eingesetzter Hilfspersonen in solch einer Form rekonstruiert werden kann, wie sie etwa § 1313a ABGB normiert. Am Ende steht eine Zusammenfassung der wesentlichen Forschungsergebnisse.

2. Römisch-antike Rechtsgrundlagen

2.1 Die *locatio conductio*

2.1.1 Die *locatio conductio* als Konsensualvertrag

Die *locatio conductio* hat sich in ihrer Struktur, wie sie bis zum Ende der römischen Klassik im Wesentlichen fortbesteht,[49] bereits im 2. Jh. v. Chr. etabliert[50] und zählt – entgegen älteren Lehrmeinungen, welche die *locatio conductio* als Realvertrag eingestuft haben[51] – neben der *emptio venditio*[52], der *societas*[53] und dem *mandatum*[54] zu den römischen Konsensualkontrakten.[55]

Als Konsensualvertrag kommt die *locatio conductio* durch formfreie Willensübereinkunft – *nudo consensu* – über die wesentlichen Vertragselemente (*essentialia negotii*) zustande:[56] In concreto müssen sich die Vertragsparteien über die vertragliche Hauptleistung[57] und das dafür zu entrichtende

---

49 Zur nachklassischen Entwicklung siehe *Kaser*, RPR II^2 (1975) 400 ff; *Mayer-Maly*, Locatio Conductio (1956) 20 f.

50 Zur Entwicklungsgeschichte der *locatio conductio*, deren erste Quellenbelege aus dem 5. Jh. v. Chr. datieren, siehe mwN, *Du Plessis*, Letting and Hiring (2012) 9 ff; *Fiori*, Locatio Conductio (1991) 11 ff, 82; *Kaufmann*, Altrömische Miete (1964) 22 ff; *Mayer-Maly*, Locatio Conductio (1956) 15 ff.

51 Siehe dazu die ausführliche Debatte bei *Mayer-Maly*, Locatio Conductio (1956) 81 ff.

52 Zur *emptio venditio* siehe mwN *Jakab/Ernst* (Hrsg), Kaufen nach Römischem Recht (2008).

53 Zur *societas* siehe mwN *Meissel*, Societas (2004); *Arangio-Ruiz*, La società (1982).

54 Zum *mandatum* siehe mwN *Nörr/Nishimura* (Hrsg), Mandatum (1993); *Watson*, Contract of Mandate (1961); *Arangio-Ruiz*, Il mandato (1949).

55 Siehe Paul. (34 ed.) D. 19.2.1: *Locatio et conductio cum naturalis sit et omnium gentium, non verbis, sed consensu contrahitur, sicut emptio et venditio;* Gai. (3 inst.) D. 44.7.2 pr.: *Consensu fiunt obligationes in emptionibus venditionibus, locationibus conductionibus, societatibus, mandatis;* siehe auch *Du Plessis*, Letting and Hiring (2012) 17; *Zimmermann*, Law of Obligations (1990) 351; *Neeve*, Colonus (1984) 5; *Frier*, Landlords and Tenants (1980) 57; *Kaser*, RPR I^2 (1971) 564; *Mayer-Maly*, Locatio Conductio (1956) 82.

56 Siehe Ulp. (71 ed.) D. 19.2.14: *Qui ad certum tempus conducit, finito quoque tempore colonus est: intellegitur enim dominus, cum patitur colonum in fundo esse, ex integro locare, et huiusmodi contractus neque verba neque scripturam utique desiderant, sed nudo consensu convalescunt.*

57 Zu den verschiedenen Hauptleistungen bei der *locatio conductio* siehe Kapitel 2.1.3.

Entgelt (*merces;* selten auch *pretium* oder *pecunia*) einigen,[58] welches ernstgemeint (*verum*) und bestimmbar (*certum*) sein sowie grundsätzlich in Geld bestehen muss.[59] Neben der Einigung über die *essentialia negotii* steht es den Vertragsparteien im Rahmen der *bona fides*[60] frei, Nebenvereinbarungen (*leges locationis/conductionis*) zu treffen,[61] um dadurch etwa spezifische Rechte bzw Pflichten der Vertragsparteien zu determinieren.[62]

2.1.2 Das Wesen der *locatio conductio* – Einheitskonzeption oder Trichotomie?

Die *locatio conductio* ist ein inhaltlich vielseitiger, synallagmatischer Vertrag und umfasst, was viele moderne Privatrechtskodifikationen in Miete/Pacht, Werkvertrag und Dienstvertrag unterteilen.[63] Die römischen Quellen selbst unterscheiden terminologisch nicht explizit zwischen diesen Unterformen und weisen den Vertragsparteien einheitliche Klagen[64] (*actio locati bzw actio conducti*) zu.[65]

---

58 Siehe Gai. (2 rer. cott.) D. 19.2.2 pr.: *[...] nam ut emptio et venditio ita contrahitur, si de pretio convenerit, sic et locatio et conductio contrahi intellegitur, si de mercede convenerit.*

59 *Willems*, SZ 136 (2019) 240; *Du Plessis*, Letting and Hiring (2012) 179 ff; *Fiori*, Locatio Conductio (1999) 14 ff; *Guarino*, Diritto Privato Romano (1992) 909; *Zimmermann*, Law of Obligations (1990) 354; *Frier*, Landlords and Tenants (1980) 57 f; *Kaser*, RPR I[2] (1971) 566; *Watson*, Law of Obligations (1965) 101 ff; *Kaufmann*, Altrömische Miete (1964) 132 ff; *Mayer-Maly*, Locatio Conductio (1956) 129 ff.

60 Zur Bedeutung der *bona fides* bei der *locatio conductio* siehe Kapitel 2.1.4.

61 *Du Plessis, The Roman Concept of lex contractus,* RLT 3 (2006) 81 ff; *Müller*, Gefahrtragung (2002) 103; *Zimmermann*, Law of Obligations (1990) 355 ff; *Neeve*, Colonus (1984) 5 ff; *Frier*, Landlords and Tenants (1980) 61 ff; *Frier*, SZ 95 (1978) 243 ff; *Mayer-Maly*, Locatio Conductio (1956) 106 f.

62 Siehe auch Kapitel 4.2 zur Haftung infolge der Verletzung einer Nebenvereinbarung.

63 Siehe etwa *Kaser/Knütel/Lohsse*, Römisches Privatrecht[21] (2017) 270 f; *Du Plessis*, Letting and Hiring (2012) 12; *N. Forgó*, Locatio conductio, in Neuer Pauly VII (1999) Sp 384 f; *Guarino*, Diritto Privato Romano (1992) 908 ff; *Martin*, TAPhA 120 (1990) 303; *Zimmermann*, Law of Obligations (1990) 351; *Neeve*, Colonus (1984) 4; *Kaser*, RPR I[2] (1971) 562; *Kaser*, SZ 74 (1957) 156.

64 Zu den Klagen der *locatio conductio* siehe Kapitel 2.1.4.

65 Siehe Inst. 3.24: *[...] competit locatori quidem locati actio, conductori vero conducti.* Siehe auch *Du Plessis*, Letting and Hiring (2012) 12; *Zimmermann*, Law of Obligations (1990) 340; *Neeve*, Colonus (1984) 4, 12; *Frier*, Landlords and Tenants (1980) 58; *Kaser*, RP I[2] 563.

Die unterschiedlichen Vertragskonstellationen, welche klassische Juristen jeweils als Gegenstand des Hingebens (*locare*[66]) und Entgegennehmens (*conducere*[67]) iSd Prozessformeln[68] der *locatio conductio* eingestuft haben, werden in der romanistischen Literatur mitunter als Nachweis einer zwei-[69] bzw dreigeteilten[70] Konzeptionierung der *locatio conductio* in der römischen Klassik verstanden.[71]

Die Frage nach Einheitskonzeption bzw Trichotomie der *locatio conductio* ist in der Literatur seit jeher heftig umstritten.[72] Während zuletzt *Kovács*[73] und *Torrent*[74] ausführlich auf Nachweise zur inhaltlichen Dreiteilung der *locatio conductio* hinweisen, betonen *Fiori*[75] und *Du Plessis*[76] Argumente, die für einen einheitlichen Vertragstyp sprechen.

Eine vermittelnde Position nehmen etwa *Mayer-Maly*[77], *Kaser*[78] und *Zimmermann*[79] ein. Sie stufen die *locatio conductio* terminologisch und aktionenrechtlich als einheitlichen Vertragstyp ein, heben jedoch hervor, dass nicht alle Vertragskonstellationen, welche die klassischen römischen Juristen als *locatio conductio* qualifiziert haben, gleich behandelt worden seien. Die differenzierende Beurteilung seitens der römischen Juristen rechtfertige daher die in der modernen Doktrin herrschende Dreiteilung[80] in *locatio conductio rei*, *locatio conductio operis* und *locatio conductio operarum*.

---

66 Zur Etymologie von *locare* siehe *Heumann/Seckel*, Handlexikon[11] (1971) 319; *Kaufmann*, Altrömische Miete (1964) 233 ff.

67 Zur Etymologie von *conducere* siehe *Heumann/Seckel*, Handlexikon[11] (1971) 90; *Kaufmann*, Altrömische Miete (1964) 235 ff.

68 Zu den Prozessformeln der *locatio conductio* siehe Kapitel 2.1.4.

69 *Springer*, Werkvertragliche Gefahrtragung (2017) 51 ff.

70 *Lewis*, The trichotomy in locatio conductio, Irish Jurist 8 (1973) 176 f.

71 *Kaser/Knütel/Lohsse*, Römisches Privatrecht[21] (2017) 271.

72 Für eine umfassende Darstellung des Literaturstandes siehe *Fiori*, Locatio Conductio (1999) 1 ff; *Kaufmann*, Die altrömische Miete (1964) 1 ff.

73 *Kovács*, Locatio-conductio, in FS Benedek (2001) 217 ff.

74 *Torrent*, TSDP 4 (2011) 49 f.

75 *Fiori*, Locatio Conductio (1991) 361 ff.

76 *Du Plessis* in HRPR (2023) § 80 Rz 5 ff, 13; *Du Plessis*, Letting and Hiring (2012) 13 f.

77 *Mayer-Maly*, Locatio Conductio 18 f.

78 *Kaser*, RP I[2] 564.

79 *Zimmermann*, Law of Obligations 339 f.

80 Statt vieler *Willems*, Obligations in COECL (2018) 2076. Zur in der romanistischen Literatur kontrovers geführten Debatte hinsichtlich der Sonderform der *locatio conductio irregularis* siehe mwN *Benke*, SZ 104 (1987) 156 ff; *Mayer-Maly*, Locatio Conductio (1956) 34 ff.

In der Auseinandersetzung mit den haftungsrechtlichen Quellen zur *locatio conductio* bewährt sich diese vermittelnde Theorie: Teils finden sich allgemeine (Haftungs-)Bestimmungen, die für alle als *locatio conductio* einzustufenden Verträge gelten,[81] teils gibt es Spezialregeln[82], die bloß auf eine konkrete Unterkategorie der *locatio conductio* Anwendung finden. Es ist daher – jedenfalls aus haftungsrechtlicher Perspektive – geboten, weder von einem strengen Einheitsmodell noch von einer starr-trichotomen Konzeption der *locatio conductio* zur Zeit der römischen Klassik auszugehen.[83]

2.1.3 Vertragsparteien und Vertragsgegenstand

Die Vertragsparteien einer *locatio conductio* sind jeweils ein *locator*[84] und ein *conductor*[85]. *Locator* ist jener Vertragspartner, der dem *conductor* etwas zur Verfügung stellt. Überlässt ein *locator* einem *conductor* gegen Entgelt eine bewegliche[86] oder unbewegliche Sache[87] zum Gebrauch oder zum Gebrauch samt Fruchtziehung, qualifizieren Vertreterinnen und Vertreter der trichotomen Konzeption das Vertragsverhältnis als eine *locatio conductio rei.*

Als *locatio conductio operis* gilt ihnen zufolge, wenn ein *locator* einem *conductor* eine Sache überlässt, damit sie dieser gegen Entgelt bearbeitet und anschließend dem *locator* zurückgibt.[88] Bei der *locatio conductio operarum* stellt ein *locator* einem *conductor* seine eigene Arbeitskraft gegen Entgelt zur Verfügung.[89]

Conductor ist demgegenüber stets jene Vertragspartei, der etwas überlassen wird: ein Miet- oder Pachtobjekt (*locatio conductio rei*), eine zu bearbeitende Sache (*locatio conductio operis*) oder die Arbeitskraft des *locator* (*locatio conductio operarum*).

---

81 So etwa die allgemeinen Haftungskriterien *culpa* und *dolus;* siehe dazu Kapitel 2.1.8.

82 So etwa die (ausschließlich) dem Werkvertragsrecht zuordenbare *imperitia*-Haftung; siehe dazu Kapitel 2.1.8 c).

83 *Frier*, Landlords and Tenants (1980) 58 bezeichnet die *locatio conductio* oszillierend zwischen Einheit und Typizität ganz treffend als „*polymorphous 'unity'*".

84 Vermieter/Verpächter, Werkbesteller, Dienstnehmer; siehe *Kaser*, RPR I^2 (1971) 563.

85 Mieter/Pächter, Werkunternehmer, Dienstgeber; ibid.

86 Etwa ein Tier, siehe Ulp. (32 ed.) D. 19.2.9.4, oder einen Sklaven, siehe Lab. (5 post. A Iavol. epit.) D. 19.2.60.7.

87 Etwa ein Grundstück (mit darauf befindlichem Haus); siehe Ulp. (32 ed.) D. 19.2.11.4.

88 Etwa einen Edelstein zum Einfassen; siehe Ulp. (32 ed.) D. 19.2.13.5.

89 Etwa die Arbeitskraft eines Schusterlehrlings; siehe Ulp. (32 ed.) D. 19.2.13.4.

2.1.4 *Actio locati* und *actio conducti* als *bonae fidei iudicia*

Zur Durchsetzung von Ansprüchen aus einer *locatio conductio* stehen dem *locator* die *actio locati* und dem *conductor* die *actio conducti* zu.[90] Es handelt sich bei den Klagen – wie zahlreiche Texte belegen[91] – um *bonae fidei iudicia.*[92] Folglich ist bei der rechtlichen Beurteilung des jeweiligen Vertrages der Grundsatz von Treu und Glauben (*bona fides*[93]) maßgeblich.[94]

So dient die in den Klagsformeln enthaltene *bona fides*-Klausel der Spezifizierung der konkreten Vertragspflichten und sie eröffnet ein breites Feld richterlichen Ermessens,[95] alle relevanten Umstände des konkreten Streitfalls (örtliche Gewohnheiten, allgemeine Verkehrssitten, Nebenabreden etc.) berücksichtigen zu können und dadurch eine sachgerechte Entscheidung zu treffen.[96]

Bei vertragswidrigem Verhalten gebührt Ersatz im Umfang dessen, was der Schuldner aus Treu und Glauben verpflichtet ist zu geben oder zu tun.[97] In seinem „*Edictum Perpetuum*" rekonstruiert *Lenel*[98] die Prozessformeln der zwei Klagen der *locatio conductio* wie folgt:

---

90 *Du Plessis*, Letting and Hiring (2012) 22; *Zimmermann*, Law of Obligations (1990) 341; *Kaser*, RPR I² (1971) 563.

91 Siehe Inst. 4.6.28: *Actionum autem quaedam bonae fidei sint, quaedam stricti iuris. Bonae fidei sunt haec: ex empto vendito, locato conducto [...]*; Gai. Inst. 4.62: *Sunt autem bonae fidei iudicia haec: ex empto vendito, locato conducto [...]*; C. 4.65.19: *Circa locationes atque conductiones maxime fides contractus servanda est [...];* Paul. (34 ed.) D. 19.2.24: *[...] nam fides bona exigit [...].*

92 *Du Plessis*, Letting and Hiring (2012) 22; *Zimmermann*, Law of Obligations (1990) 341; *Neeve*, Colonus (1984) 12; *Frier*, Tenants and Landlords (1980) 56; *Kaser*, RPR I² 563.

93 Zur *bona fides* siehe mwN *Meissel/Novitskaya* in HRPR (2023) § 78 Rz 1 ff; *Söllner*, SZ 122 (2005) 1 ff; siehe auch *Földi*, Annales Univ. Budapest 48 (2007) 58 ff; *Schiemann* in Neuer Pauly IV (1998) Sp 507 ff.

94 Siehe etwa *Du Plessis*, Letting and Hiring (2012) 22; *Zimmermann*, Law of Obligations (1990) 341; *Frier*, Landlords and Tenants (1980) 57; *Kaser*, RPR I² (1971) 563.

95 Vgl Paul. (22 ed.) D. 19.2.45.1: [...] *quasi longe sit a bona fide actum, ut quid patiaris detrimenti per eam rem quam conduxisti, an adhuc dicendum sit extra causam conductionis esse furti crimen [...].*

96 Siehe zu alldem *Du Plessis*, Letting and Hiring (2012) 17 f; *Schermaier*, Bona fides, in Studi in onore di Alberto Burdese III (2003) 387 ff; *Martin*, Roman Jurists (1989) 30; *Johne/Köhn/Weber*, Kolonen (1983) 188; *Kaser*, RPR I² (1971) 485 ff; *Beck*, Grundprinzipien der bona fides, in FS Simonius (1955) 9 ff.

97 *Du Plessis*, Letting and Hiring (2012) 22 ff; *Frier*, Landlords and Tenants (1980) 85; *Kaser*, SZ 74 (1957) 169; *Costa*, Locazione (1915) 30.

98 *Lenel*, Edictum Perpetuum³ (1927) 299 f; siehe auch *Mantovani*, Le formule² (1999) 54, der *Lenel*s Rekonstruktion der *actio locati* und *actio conducti* im

Actio locati
Quod Aulus Agerius Numerio Negidio fundum (opus faciendum,[99] *operas) quo de agitur locavit, qua de re agitur, quidquid ob eam rem Numerium Negidium Aulo Agerio dare facere oportet ex fide bona, eius iudex Numerium Negidium Aulo Agerio condemnato si non paret absolvito.*[100]

Actio conducti
Quod Aulus Agerius de Numerio Negidio fundum (opus faciendum,[101] *operas) quo de agitur conduxit, qua de re agitur, quidquid ob eam rem Numerium Negidium Aulo Agerio dare facere oportet ex fide bona, eius iudex Numerium Negidium Aulo Agerio condemnato si non paret absolvito.*[102]

2.1.5 *Locatio conductio rei*

Als *locatio conducto rei* (Miete oder Pacht[103]) wird in der Romanistik die entgeltliche Überlassung einer beweglichen oder unbeweglichen Sache zur

Wesentlichen folgt und die Untergliederung *„opus faciendum" und „operas"* für möglich erachtet. Auch *Du Plessis* in HRPR (2023) § 80 Rz 10 greift auf die dreigeteilten Klagsformeln der *locatio conductio* zurück, wie sie zuletzt von *Lenel* rekonstruiert worden sind, wiewohl er, *Fiori*, Locatio Conductio (1999) 312 f folgend, der Dreiteilung skeptisch gegenübersteht.

99 In *Lenels* erster Auflage des *„Edictum Perpetuum"* fehlte noch die Untergliederung *„opus faciendum"*; siehe *Lenel*, Edictum Perpetuum (1883) 240. In der zweiten Auflage nimmt *Lenel* diese Differenzierung – ohne Unterbreitung seiner diesbezüglichen Beweggründe – vor, welche er in seiner dritten und letzten Auflage beibehält; siehe *Lenel*, Edictum Perpetuum^2 (1907) 290. Zur Debatte hinsichtlich *Lenels* Ergänzung siehe *Du Plessis*, Letting and Hiring (2012) 23; *Fiori*, Locatio Conductio (1999) 313.

100 Eigene Übersetzung: Was das angeht, dass Aulus Agerius dem Numerius Negidius ein Grundstück (die Errichtung eines Werkes oder Dienste) vermietet hat, worum gestritten wird, verurteile, Richter, Numerius Negidius zugunsten Aulus Agerius, was immer Numerius Negidius wegen dieser Angelegenheit dem Aulus Agerius aus Treu und Glauben verpflichtet ist zu geben oder zu machen; wenn es sich nicht erweist, spreche ihn frei.

101 Siehe Fn 99.

102 Eigene Übersetzung: Was das angeht, dass Aulus Agerius von Numerius Negidius ein Grundstück (die Errichtung eines Werkes oder Dienste) gemietet hat, worum gestritten wird, verurteile, Richter, Numerius Negidius zugunsten Aulus Agerius, was immer Numerius Negidius wegen dieser Angelegenheit dem Aulus Agerius aus Treu und Glauben verpflichtet ist zu geben oder zu tun; wenn es sich nicht erweist, spreche ihn frei.

103 Diese terminologische Zweiteilung entspricht der Diktion moderner Privatrechtskodifikationen. In der römischen Klassik ist diese terminologische Unterteilung nicht getroffen worden; *Zimmermann*, Law of Obligations (1990) 351; *Kaser*, RPR I^2 (1971) 565; *Mayer-Maly*, Locatio Conductio (1956) 22 f.

Nutzung (*res locata*) oder zur Nutzung samt Fruchtziehung (*res fruenda locata*) verstanden.[104] Der *locator* ist verpflichtet, das Miet- bzw Pachtobjekt dem *conductor* zum Gebrauch, gegebenenfalls auch zur Nutzung zu überlassen und es instand zu halten.[105] Der *conductor* wiederum verpflichtet sich zu periodischen Zinszahlungen (*merces*)[106] und dazu, sorgsam mit dem Miet- bzw Pachtobjekt umzugehen und es in gutem Zustand zu erhalten.[107]

Zu den gängigsten Vertragsgegenständen einer *locatio conductio rei* zählen Häuser, Wohnblöcke, Wohn- und Geschäftsräume, Landgüter, Speicherräume, Sklaven, Tiere und (sonstige) Transportmittel.[108] Aufgrund der enormen Bandbreite der in den Quellen überlieferten Miet- und Pachtverträge, welche zentrale Bedürfnisse des täglichen Lebens und Wirtschaftens der römischen Antike abdecken, ist der *locatio conductio rei* eine herausragende Bedeutung für das römisch-antike Leben zu attestieren.[109]

Im Folgenden werden jene Kategorien an Miet- und Pachtobjekten beschrieben, welchen in Bezug auf die gegenständliche Haftungsthematik eine besondere Relevanz zukommt.

a) Städtische Wohnraummiete und Wohnraumpacht

Haftungsrechtlich höchst bedeutsam und durch den Vertrag der *locatio conductio rei* stark geprägt, ist die entgeltliche Überlassung von Wohnraum.[110] Da sich ein großer Teil der Wirtschaft in der Stadt abspielt, ist es in Ermangelung eines effizienten Transportsystems wichtig, innerhalb der

104 *Zimmermann*, Law of Obligations (1990) 351, *Kaser*, RPR I² 565 (1971); *Mayer-Maly*, Locatio Conductio (1956) 22.

105 *Zimmermann*, Law of Obligations (1990) 360; *Kaser*, RPR I² (1971) 566; *Mayer-Maly*, Locatio Conductio (1956) 152 f; *Costa*, Locazione (1915) 27; siehe auch Ulp. (32 ed.) D. 19.2.9 pr.: *[...] teneri ex conducto ei qui conduxit, ut ei praestetur frui quod conduxit licere [...].*

106 Zur Frage, zu welchem Zeitpunkt Zinszahlungen fällig sind, siehe mwN *Litewski*, TR 70 (2002) 229 ff.

107 Ulp. (32 ed.) D. 19.2.11.2: *Item prospicere debet conductor, ne aliquo vel ius rei vel corpus deterius faciat vel fieri patiatur*; siehe auch *Du Plessis* in HRPR (2023) § 80 Rz 34; *Johne/Köhn/Weber*, Kolonen (1983) 216 f; *Mayer-Maly*, Locatio Conductio (1956) 177; *Costa*, Locazione (1915) 27.

108 Siehe mwN *Du Plessis*, Letting and Hiring (2012) 121 ff; *Zimmermann*, Law of Obligations (1990) 352 *Kaser*, RPR I² (1971) 565.

109 Siehe mwN *Du Plessis*, Letting and Hiring (2012) 121; *Zimmermann*, Law of Obligations (1990) 345; *Kaser*, RPR I² (1971) 564.

110 Für eine weitergehende Auseinandersetzung mit dem Wohnsystem im antiken Rom siehe *Storey*, Housing, in *Erdkamp* (Hrsg), Cambridge companion (2013) 151 ff; *Du Plessis*, Letting and Hiring (2012) 150 f; *Pöhlmann*, Übervölkerung der Großstädte (1884) 1 ff.

Stadt zu wohnen.[111] Durch umfangreiche Migration aus den ländlichen Teilen Italiens wächst die Bevölkerungszahl Roms am Ende der Republik auf knapp eine Million Menschen.[112] Da der städtische Wohnraum knapp und teuer ist, sind die Einwohner Roms überwiegend auf Mietwohnungen angewiesen;[113] nur wenige Personen haben das Privileg, in einem eigenen Haus (*domus*) zu leben.[114]

Vermietet[115] bzw verpachtet werden insbesondere (ärmliche) Wohnungen (*cenacula*), aber auch Häuser (*domus*) sowie ganze Wohnblöcke (*insulae*).[116] *Insulae*, welche daraufhin ausgerichtet sind, einer Vielzahl an Personen Unterkunft zu gewähren, werden als Reaktion auf den bestehenden Wohnungsengpass zunehmend gebaut und entwickeln sich zu einem florierenden Wirtschaftsmodell von Miete und Untermiete.[117] Im Gegensatz zu *insulae* dienen *cenacula* und *domus* vorwiegend der Deckung persönlichen Wohnbedürfnisses eines *conductor* (und seiner *familia*[118]).

Eigentümer von *insulae* sind regelmäßig vermögend und verwalten ihre Immobilien nur selten persönlich.[119] Eine in den antiken Quellen[120]

---

111 *Zimmermann*, Law of Obligations (1990) 345; *Pöhlmann*, Übervölkerung der Großstädte (1984) 78 ff.

112 *Kaser/Knütel/Lohsse*, Römisches Privatrecht[21] (2017) 275; *Du Plessis*, Landlords in OHRLS (2016) 635; *De Martino*, Wirtschaftsgeschichte (1985) 200.

113 *Pöhlmann*, Übervölkerung der Großstädte (1984) 73 ff.

114 *Zimmermann*, Law of Obligations (1990) 345; *Frier*, Landlords and Tenants (1980) 23 f; *Frier*, JRS 67 (1977) 27.

115 Mieter eines städtischen Wohnraums werden in den Quellen häufig als *inquilini* bezeichnet; *Frier*, Landlords and Tenants (1980) 59.

116 *Willems*, SZ 136 (2019) 234 ff; *Wallace-Hadrill*, Elites and Trade, in *Rich/Wallace-Hadrill* (Hrsg), City and Country (1991) 269 f; *Brödner*, Wohnen in der Antike (1989) 42 ff.

117 Zu alldem siehe *Willems*, SZ 136 (2019) 246 ff; *Du Plessis*, Landlords in OHRLS (2016) 635 ff; *Storey*, Housing, in *Erdkamp* (Hrsg), Cambridge companion (2013) 151 ff; *Du Plessis*, Letting and Hiring (2012); *Zimmermann*, Law of Obligations (1990) 345, 353; *Brödner*, Wohnen (1989) 57 ff, 171 ff; *Pöhlmann*, Übervölkerung der Großstädte (1984) 73 ff; *Frier*, Landlords and Tenants (1980) 59; vgl Paul. (32 ed.) D. 19.2.7.

118 Zur römischen *familia* siehe *Gardener*, Family (1998) 1 ff; *Bardis*, Social Science 38–4 (1963) 225 ff.

119 *Du Plessis*, Landlords in OHRLS (2016) 637; *Zimmermann*, Law of Obligations (1990) 345.

120 Siehe etwa Alf. (3 dig. a Paul. epit.) D. 19.2.30 pr.: *Qui insulam triginta conduxerat, singula caenacula ita conduxit, ut quadraginta ex omnibus colligerentur [...]*; Lab. (4 post. a Iavol. epit.) D. 19.2.58 pr.: *Insulam uno pretio totam locasti et eam vendidisti ita, ut emptori mercedes inquilinorum accederent. quamvis*

überlieferte Wirtschaftspraxis besteht darin, einem gewaltfreien Unternehmer (*insularius*) eine *insula* zu verpachten, welcher selbst nicht das Zinshaus bewohnt, sondern es bloß gegen monatlichen Zins untervermietet.[121] IdR werden solche Pachtverträge für eine Periode von fünf Jahren geschlossen.[122] Während der Eigentümer durch den Vertrag zur Instandhaltung des Bestandobjekts verpflichtet ist, hat der *insularius* jeweils zum 1. Juli[123] die Jahresmiete für den gesamten Wohnblock im Voraus zu leisten.[124] Im Gegenzug ist er als Pächter berechtigt, Untermietverträge zu für ihn möglichst lukrativen Konditionen – üblich ist eine Gewinnmarge von etwa 25 % – mit Personen zu schließen, die eine Wohneinheit der *insula* bewohnen möchten.[125] Dabei trägt der *insularius* aber das Risiko des Zinsausfalls einzelner Untermieter und uU die Gefahr, bei Beschädigung der Immobilie dem Eigentümer zu haften, ohne sich voll beim Untermieter regressieren zu können.[126]

b) Landpacht

Im außerstädtischen Bereich werden Grundstücke vorwiegend zur landwirtschaftlichen Nutzung und Fruchtziehung gepachtet.[127] In den juristischen Texten der römischen Klassik wird der Pächter agrarwirtschaftlich

---

eam conductor maiore pretio locaret, tamen id emptori accedit, quod tibi conductor debeat.

121 *Du Plessis*, Landlords in OHRLS (2016) 638 ff; *Du Plessis*, Letting and Hiring (2012) 156; *Zimmermann*, Law of Obligations (1990) 346; *Frier*, Landlords and Tenants (1980) 30 ff; *Mayer-Maly*, Locatio Conductio (1956) 27; *Schulz*, Classical Roman Law (1951) 545.

122 *Du Plessis* in HRPR (2023) § 80 Rz 40; *Du Plessis*, Landlords in OHRLS (2016) 638.

123 Der 1. Juli gilt in der römischen Antike als Stichtag für Langzeitmiet- und Pachtverträge; *Du Plessis*, Letting and Hiring (2012) 158; *Frier*, Landlords and Tenants (1980) 34.

124 Für diese relativ hohen Zinsbeträge hat der Hauptmieter/Pächter idR dingliche Sicherheiten zugunsten des vermietenden/verpachtenden Eigentümers zu bestellen; *Du Plessis*, Landlords in OHRLS (2016) 638, 641.

125 *Willems*, SZ 136 (2019) 248; *Du Plessis*, Landlords in OHRLS (2016) 638 ff; *Du Plessis*, Letting and Hiring (2012) 151, 159; siehe auch *Frier*, Landlords and Tenants (1980) 30 ff, 62.

126 Siehe *Du Plessis*, Landlords in OHRLS (2016) 639 ff; *Du Plessis*, Notes on a Fire, in *Sturm et al.* (Hrsg), Liber Amicorum Guido Tsuno (2013) 313; *Frier*, Landlords and Tenants (1980) 31.

127 *Du Plessis*, Letting and Hiring (2012) 136; *Neeve*, Colonus (1984) 63 ff; *Johne/Köhn/Weber*, Kolonen (1983) 167.

genutzten Bodens – *ager*[128], *fundus*[129] und *praedium*[130] – häufig als *colonus*[131] bezeichnet. Neben dem Terminus *colonus* ist in den Quellen aber auch die allgemeine Bezeichnung *conductor* für den Landpächter geläufig, welcher als Oberbegriff für alle Formen der *locatio conductio* (*rei*) dient.[132]

Die landwirtschaftlichen Pachtgründe bieten dem *colonus* entsprechende Ressourcen, um einer kommerziellen Tätigkeit nachzugehen.[133] Teilweise befinden sich auf den gepachteten Grundstücken auch Gebäude – etwa eine *villa rustica*[134] oder eine *villa urbana*[135] –, welche dem *colonus* und seinen Angehörigen Unterkunft bieten.[136] Ähnlich wie bei *insulae* schließen Eigentümer und Pächter eines landwirtschaftlich nutzbaren Grundstücks einen Pachtvertrag idR über fünf Jahre, welcher den *colonus* zur jährlichen Zahlung des vereinbarten Pachtzinses verpflichtet.[137] Zudem ist der Pächter für

---

128 Als *ager* wird jede Form von Ackerland bezeichnet, welches in Ermangelung darauf befindlicher Gebäude bloß landwirtschaftlich genutzt wird; *Du Plessis*, Letting and Hiring (2012) 137.

129 Als *fundus* wird jedes ländliche Grundstück, Gebäude, und Grundstück mit Gebäude bezeichnet; *Du Plessis*, Letting and Hiring (2012) 142.

130 Als *praedium* wird jedes ländliche Grundstück mit darauf befindlichem Gebäude bezeichnet; *Du Plessis*, Letting and Hiring (2012) 146.

131 Erste Quellen, welche den Terminus *colonus* überliefern, stammen aus der Mitte des 1. Jh. v. Chr.; *Du Plessis*, Letting and Hiring (2012) 136 Fn 61; *Neeve*, Colonus (1984) 31 ff; *Johne/Köhn/Weber*, Kolonen (1983) 167 f.

132 *Kehoe*, Investment, Profit, and Tenancy (1997) 147; *Guarino*, Diritto Privato Romano (1992) 907; *Neeve*, Colonus (1984) 21; *Johne/Köhn/Weber*, Kolonen (1983) 168. In der modernen deutschsprachigen Terminologie kann es daher uU zu terminologischen Abgrenzungsschwierigkeiten kommen, wenn aus den Umständen eines konkreten Sachverhalts nicht klar erkennbar ist, ob der *conductor* Mieter oder Pächter eines Grundstückes ist.

133 *Du Plessis*, Letting and Hiring (2012) 137; *Kehoe*, Investment, Profit, and Tenancy (1997) 149; *Johne/Köhn/Weber*, Kolonen (1983) 199 ff; *Costa*, Locazione (1915) 27; siehe auch Ulp. (32 ed.) D. 19.2.19.2.

134 Eine *villa rustica* kann Teil eines gepachteten Grundstücks sein und als landwirtschaftliches Nutzgebäude und/oder als Unterkunft für am Grundstück arbeitende Sklaven genutzt werden.

135 Eine *villa urbana* kann Teil eines gepachteten Grundstückes sein und bezeichnet den herrschaftlichen Wohnsitz, welcher einem *colonus* und seiner *familia* Unterkunft bietet; *Neeve*, Colonus (1984) 83.

136 *Kehoe*, Investment, Profit, and Tenancy (1997) 151 ff; *Neeve*, Colonus (1984) 83 ff.

137 Siehe Paul. (9 Plaut.) D. 34.3.16: *Ei cui fundum in quinquennium locaveram [...]*; Ulp. (32 ed.) D. 19.2.9.1: *[...] si fructuarius locaverit fundum in quinquennium [...]*; Paul. (34 ed.) D. 19.2.24.2: *Si domus vel fundus in quinquennium pensionibus locatus sit [...]*; siehe auch *Kehoe*, Investment, Profit and Tenancy (1997) 147; *Johne/Köhn/Weber*, Kolonen (1983) 235 ff.

gewöhnlich verpflichtet, das Grundstück entsprechend landwirtschaftlich zu kultivieren, damit es – auch für die Zeit nach der jeweiligen Pachtperiode – möglichst fruchtbar bleibt.[138]

c) Speicherraummiete

Im antiken Rom gibt es eine Vielzahl an staatlichen[139] und privaten[140] Speicherbauten (*horrea).*[141] Sie ermöglichen einerseits die Aufbewahrung von Waren aller Art, insbesondere von Getreide, Wein und Baumaterialien, andererseits die sichere Verwahrung von Wertgegenständen.[142] Staatliche Speicherbauten dienen vornehmlich der Sicherung der Lebensmittelversorgung der (Stadt-)Bevölkerung.[143] Demgegenüber werden private Speicherbauten betrieben, um (sicheren) Lagerraum entgeltlich zur Verfügung zu stellen.[144]

Verwaltet werden private *horrea* idR durch Sklaven des Eigentümers (*dominus horreorum*) oder durch einen unabhängigen Mittelsmann (*horrearius*[145]). Letztgenannter betreibt das Lagergeschäft im eigenen Namen und auf eigene Rechnung mit der Absicht, Profit zu lukrieren.[146] Das Vertragsverhältnis zwischen *dominus* und *horrearius* ist als *locatio conductio*

138 *Du Plessis*, Letting and Hiring (2012) 123; *Kehoe*, Investment, Profit, and Tenancy (1997) 147 f; *Zimmermann*, Law of Obligations (1990) 375; *Johne/Köhn/Weber*, Kolonen (1983) 210 f; 148; siehe auch Gai. (10 ed. prov.) D. 19.2.25.3; Paul. (34 ed.) D. 19.2.24.2.

139 Siehe etwa Scaev. (27 dig.) D. 20.4.21.1.

140 Siehe etwa Procul. (2 epist.) D. 8.2.13 pr.; Paul. (1 decret.) D. 14.5.8; Lab. (post. 5 a Iavol. epit.) D. 19.2.60.9.

141 *Marini*, SZ 132 (2015) 155; *Robaye*, L'obligation de garde (1987) 97; *Wacke*, Labeo 26 (1980) 319; *Rickman*, Roman Granaries (1971) 164; *Thomas*, RIDA 6 (1959) 372.

142 *Wacke*, Labeo 26 (1980) 300 f; siehe auch *Du Plessis* in HRPR (2023) § 80 Rz 54 f.

143 *Wacke*, Labeo 26 (1980) 300 f.

144 *Du Plessis*, Letting and Hiring (2012) 174.

145 Als *horrearius* wird stets die Person bezeichnet, die Inhaber des Speichers (*horreum*) ist und mit dem Endkunden kontrahiert. *Horrearius* kann demnach sowohl der *dominus horreorum* als auch ein von ihm unabhängiger Mittelsmann sein, wie etwa in Lab. (5 post. a Iavol. epit.) D. 19.2.60.9 überliefert ist; siehe auch *Robaye*, L'obligation de garde (1987) 100 ff; *Wacke*, Labeo 26 (1980) (299–324) 301; *Rickman*, Roman Granaries (1971) 195 f, 202; *Thomas*, RIDA 13 (1966) 353, 357; *Wubbe*, SZ 76 (1959) 509 f; *Mayer-Maly*, Locatio Conductio (1956) 210.

146 *Du Plessis*, Between Theory and Practice, CLJ 65 (2006) 425.

rei zu qualifizieren.[147] Verpachtet werden gesamte *horrea* idR für eine Periode von fünf[148] Jahren, wobei der *dominus* verpflichtet ist, das Pachtobjekt instand zu halten, und der *horrearius*, jeweils am 1. Juli den gesamten Jahrespachtzins zu entrichten.[149] Dafür kann er als Pächter seinen Kunden einzelne Lagerräume oder Raumteile zur Einlagerung von (Wert-)Sachen (gewinnbringend) entgeltlich zur Verfügung stellen.[150]

Das Vertragsverhältnis zwischen *horrearius* und seinen Kunden wird in der Literatur ebenfalls als *locatio conductio* eingestuft, wobei sich die exakte Unterkategorisierung zu einem jahrzehntelangen Streitpunkt in der Romanistik entwickelt hat.[151] Während die Einstufung als *locatio conductio operarum* mE nicht in Erwägung zu ziehen ist,[152] bereitet die Kombination aus Elementen der *locatio conductio rei* (entgeltliche Zurverfügungstellung von Lagerraum) und *locatio conductio operis* (entgeltliche Verwahrung eingelagerter Sachen) Schwierigkeiten bei der exakten Einordnung des Vertragsverhältnisses.[153] Die hL[154] qualifiziert das Vertragsverhältnis zwischen *horrearius* und seinen Kunden als *locatio conductio rei*, in concreto als Vermietung sicheren Lagerraums, wobei die sichere Verwahrung (*custodia*[155]) der eingelagerten Sachen als vertragliche Nebenpflicht angesehen wird.

---

147 *Marini*, SZ 132 (2015) 168; *France*, REA 110 (2008) 488 f; *Thomas*, RIDA 13 (1966) 166; *Thomas*, RIDA 6 (1959) 372; *Mayer-Maly*, Locatio Conductio (1956) 210.

148 *Rickman*, Roman Granaries (1971) 196, 198. Die fünfjährige Befristung deckt sich mit jener, die ein gewöhnlicher Pachtvertrag über eine *insula* vorsieht; siehe Fn 122.

149 *Wubbe*, Horrearius, SZ 76 (1959) 510.

150 *Du Plessis*, Letting and Hiring (2012) 174 f; Wacke, Labeo 26 (1980) 301.

151 Siehe *Marini*, SZ 132 (2015) 168 ff; *Du Plessis*, CLJ 65 (2006) 428; *Robaye*, L'obligation de garde (1987) 119 ff; *Molnár*, ANRW II 14 (1982) 607 ff; *Wacke*, Labeo 26 (1980) 309; *Miquel*, SZ 81 (1964) 178.

152 So auch *Wacke*, Labeo 26 (1980) 309; aA *Rosenthal*, Custodia und Aktivlegitimation zur Actio furti, SZ 68 (1951) 232.

153 *Du Plessis*, CLJ 65 (2006) 427 f; *Thomas*, RIDA 6 (1959) 372; *Wubbe*, SZ 76 (1959) 509 ff.

154 *Du Plessis*, Letting and Hiring (2012) 176; *Robaye*, L'obligation de garde (1987) 124; *Wacke*, Labeo 26 (1980) 309; *Thomas*, RIDA 13 (1966) 362; *Miquel*, SZ 81 (1964) 178; *Mayer-Maly*, Locatio Conductio (1956) 202.

155 Für allgemeine Ausführungen zur *custodia*-Haftung siehe Kapitel 2.1.8 d). Zur *custodia*-Haftung des *horrearius* siehe Kapitel 4.3.1.

d) Sklavenmiete

Sklavenarbeit spielt in der römischen Antike – spätestens mit Beginn des 3. Jh. v. Chr. – eine äußerst bedeutende Rolle.[156] Zwar verstoße Sklaverei nach der Ansicht römischer Juristen gegen die Natur, jedoch sei sie als Figur des „Völkergemeinrechts" (*ius gentium*[157]) anerkannt.[158] Vor allem Kriegsgefangene (und deren Nachkommen) werden als Sklaven am Markt zum Kauf angeboten.[159] Eingesetzt werden sie von *emptores*, ihren (neuen) *domini*, äußerst vielseitig, wenn auch überwiegend in der Landwirtschaft, im Bergbau, Handwerk, Transportwesen und Haushalt.[160]

Anstatt sie zu kaufen, werden Sklaven zur Durchführung bestimmter Tätigkeiten mitunter auch gemietet, wie bereits Quellen[161] aus vorklassischer Zeit dokumentieren.[162] Das hat bei bestimmten Tätigkeiten, die bloß einmalig oder unregelmäßig zu erledigen sind, den Vorteil, einen für die konkret erforderliche Tätigkeit erfahrenen Sklaven mieten zu können, welcher nach Abschluss seiner Tätigkeit – im Unterschied zu einem eigenen Sklaven – vom *conductor* nicht dauerhaft verpflegt werden muss.[163]

e) Tiermiete und Tierpacht

Wiewohl Nutztiere eine bedeutende Rolle in der römischen Antike spielen,[164] sind die (juristischen) Nachweise zur *locatio conductio rei* von Tieren

---

156 *Gamauf* in HRPR (2023) § 36 Rz 5; *Du Plessis*, Letting and Hiring (2012) 131; *Ebert et al.*, Arbeitswelt der Antike (1983) 110; *Stegmann*, Locator operarum (1890) 1; *Staerman*, Sklavenwirtschaft (1969) 2 ff; *Kiechle*, Sklavenarbeit (1969) 7.

157 Zum *ius gentium* siehe *Winkel*, Les Peregrini, in *Chevreau et al.* (Hrsg), Carmina iuris (2012) 871 ff; *Kaser*, Ius gentium (1993) 1 ff.

158 Siehe etwa Flor. (9 inst.) D. 1.5.4.1: *Servitus est constitutio iuris gentium, qua quis dominio alieno contra naturam subicitur.*

159 *Buckland*, Slavery (1908) 397 ff; siehe auch Flor. (9 inst.) D. 1.5.4.2: *Servi ex eo appellati sunt, quod imperatores captivos vendere ac per hoc servare nec occidere solent.*

160 *Gamauf* in HRPR (2023) § 36 Rz 5; *Kaser*, RPR I^2 (1971) 283; *Staerman*, Sklavenwirtschaft (1969) 37 f, 83 f, 102 ff; *Kiechle*, Sklavenarbeit (1969) 7; *Buckland*, Slavery (1908) 6 ff.

161 Siehe etwa Ulp. (32 ed.) D. 19.2.60.7; Ulp. (18 ed.) D. 9.2.27.34; Paul. (22 ed.) D. 19.2.45.1.

162 *Nörr*, SZ 82 (1965) 99; *Stegmann*, Locator operarum (1890) 1.

163 Siehe *Staerman*, Sklavenwirtschaft (1969) 103 ff; vgl auch *De Martino*, Wirtschaftsgeschichte (1985) 123.

164 Siehe *Martin*, Mules, TAPhA 120 (1990) 312 f; Kaser, RPR I^2 (1971) 123; vgl auch *von Bolla-Kotek*, Tiermiete und Viehpacht (1940) 4 ff.

spärlich.[165] Die wenigen zu dieser Thematik im *Corpus Iuris Civilis* überlieferten Quellen[166] sind jedoch von höchster Brisanz für die gegenständliche Arbeit: Sowohl in D. 19.2.9.4 als auch in D. 19.2.30.2 geht es um die Frage, inwieweit der *conductor* für Verletzungen respektive den Untergang überlassener Tiere einstehen muss.

2.1.6 *Locatio conductio operis*

Durch Abschluss eines Werkvertrages (*locatio conductio operis*) verpflichtet sich der Werkunternehmer (*conductor*), einen konkret vereinbarten Erfolg herbeizuführen.[167] Dementsprechend schuldet der *conductor* die zur erfolgreichen Erbringung des Werkes erforderlichen Kenntnisse und Fertigkeiten eines Fachmannes (*artifex*).[168] Demgegenüber verpflichtet sich der *locator* zur Zahlung des vereinbarten Werklohns (*merces*).[169] Zur Erfüllung des Vertrages ist es dem *conductor* grundsätzlich gestattet, Gehilfen – typischerweise Sklaven – heranzuziehen.[170]

Bleibt der geschuldete Erfolg aus, so differenzieren die römischen Juristen hinsichtlich der Entgeltsgefahr nach der Sphäre, aus welcher der Grund für die Erfolgslosigkeit der Vertragserfüllung stammt:[171] Liegt der Grund auf Seiten des *conductor*, so erhält er kein Entgelt. Ist die Erfolglosigkeit hingegen auf einen Umstand, der dem *locator* zuzurechnen ist, oder auf höhere Gewalt (*vis maior*[172]) zurückzuführen, kann der *conductor* das vereinbarte Entgelt – notfalls mittels *actio conducti* – verlangen.

Wichtige Anwendungsbereiche der *locatio conductio operis* sind Bauverträge, Handwerksverträge, Ausbildungsverträge, Behandlungsverträge, Transportverträge und Wäschereiverträge.[173] Im Folgenden werden jene

165 *Du Plessis*, Letting and Hiring (2012) 134.

166 Ulp. (32 ed.) D. 19.2.9.4; Alf. (3 dig. a Paul. epit.) D. 19.2.30.2.

167 Siehe mwN *Buchwitz*, SZ 126 (2009) 384; *Zimmermann*, Law of Obligations (1990) 393, *Kaser*, RPR I[2] (1971) 570.

168 Siehe etwa Ulp. (32 ed.) D. 19.2.9.5; Ulp. (32 ed.) D. 19.2.13.5.

169 Siehe etwa Iavol. (11 epist.) D. 19.2.51.1; Lab. (5 post. A Iavol. Epit.) D. 19.2.60.4.

170 Siehe *Zimmermann*, Law of Obligations (1990) 397; *Kaser*, RPR I[2] (1971) 571; *Mayer-Maly*, Locatio Conductio (1956) 27 ff.

171 Siehe mwN *Springer*, Gefahrtragung (2017) 46 ff; *Müller*, Gefahrtragung (2002) 68 ff; *Kaser*, RPR I[2] (1971) 571 f.

172 Zur (Weiter-)Entwicklung des *vis maior*-Begriffes siehe *Gerkens*, Fundamina 11 (2005) 109 ff; *Ernst*, Index 22 (1994) 293 ff.

173 *Kaser/Knütel/Lohsse*, Römisches Privatrecht[21] (2017) 277; *Du Plessis*, Letting and Hiring (2012) 55 ff; *Kaser*, RPR I[2] (1971) 570.

gewerblichen Tätigkeiten beschrieben, welchen in Bezug auf die gegenständliche Haftungsthematik eine besondere Bedeutung zukommt.

a) Wäscherei- und Flickschneidereivertrag

Das Vertragsverhältnis zwischen Wäschern (*fullones*) bzw Flickschneidern (*sarcinatores*) und ihren Kunden ist als *locatio conductio operis* einzustufen.[174] Der idR mündlich[175] abgeschlossene Werkvertrag verpflichtet den *conductor*, den vertraglich geschuldeten Erfolg auf fachmännische[176] Weise herbeizuführen, insbesondere die Kleidung des Kunden zu säubern (*polire*), zu verbessern (*curare*) bzw zu flicken (*sarcire*).[177] Als vertragliche Nebenpflichten schulden *fullones* und *sarcinatores* die sorgsame Verwahrung (*custodia*[178]) der entgegengenommenen Kleidungsstücke.[179] Als Gegenleistung steht dem *fullo/sarcinator* das vereinbarte Entgelt (*merces*) zu.[180]

Auffallend ist, dass in den meisten überlieferten Rechtsquellen[181] die Wäschereitätigkeit von *fullones* gemeinsam mit der Flickschneidertätigkeit von *sarcinatores* behandelt wird. Dies könnte etwa daran liegen, dass beide Tätigkeiten – zumindest in manchen Betrieben – von ein und demselben Unternehmer angeboten worden sind.[182] Während über die Betriebsorganisation von *sarcinatores* kaum Informationen überliefert sind, lassen sich aus den vorhandenen Quellen zumindest ein paar wenige allgemeine Aussagen zum Wäschereibetrieb (*fullonica*) treffen. So sind in einem durchschnittlichen Wäschereibetrieb neben dem Unternehmer etwa zwanzig Mitarbeiter – sowohl Sklaven als auch gewaltfreie Personen[183] – tätig[184] und zum Teil auch in der *fullonica* – je nach der Größe und Ausgestaltung – beherbergt worden.[185]

174 *Wicke*, Haftung (2000) 68; *Zimmermann*, Law of Obligations (1990) 394; *Kaser*, RPR I² (1971) 570.
175 *Du Plessis*, Letting and Hiring (2012) 56, 65.
176 Siehe etwa Ulp. (32 ed.) D. 19.2.9.5.
177 *Flohr*, Fullo (2013) 58 ff; *Molnár*, ANRW II 14 (1982) 595.
178 Zur *custodia*-Haftung der *fullones* und *sarcinatores* siehe Kapitel 4.3.2.
179 *Du Plessis*, Letting and Hiring (2012) 60; *Robaye*, L'obligation de garde (1987) 173 ff; *Molnár*, ANRW II 14 (1982) 595 ff; *Van den Bergh*, TR 43 (1975) 69.
180 *Du Plessis*, Letting and Hiring (2012) 56.
181 Siehe etwa Gai. (5 ed. prov.) D. 4.9.5 pr.; Gai. (10 ed.) D. 19.2.25.8; Ulp. (32 ed.) D. 19.2.9.5; Gai. Inst. 3.205.
182 *Du Plessis*, Letting and Hiring (2012) 65.
183 *Flohr*, Fullo (2013) 243; *Du Plessis*, Letting and Hiring 56 (2012) ff; *De Martino*, Wirtschaftsgeschichte (1985) 191.
184 *Du Plessis*, Letting and Hiring (2012) 55; siehe auch Ulp. (28 ed.) D. 14.3.5.10.
185 Siehe *Flohr*, Fullo (2013) 239.

b) *Transportvertrag*

Verpflichtet sich ein Transportunternehmer zur entgeltlichen Personen- oder Güterbeförderung,[186] so schließt er mit dem Besteller eine *locatio conductio operis*.[187] Während der *conductor* den erfolgreichen, fachmännisch durchgeführten Transport schuldet, erhält er im Gegenzug das vereinbarte Entgelt.[188] In den überlieferten Quellen sind sowohl Fälle des Landtransports[189] als auch des Transports auf dem Meer und auf Flüssen[190] dokumentiert.

Benötigt eine Person einen Transport zu Land, so schließt sie einen Transportvertrag mit einem Landtransportunternehmer. Benötigt jemand einen Transport zu Wasser, so schließt er den Transportvertrag idR mit einem Kapitän eines Transportschiffes (*magister navis*), seltener mit einem Reeder (*exercitor/nauta*).[191]

In vorklassischer Zeit spielt die Schifffahrt zunächst eine für das Transportwesen untergeordnete Rolle, da die Schiffbarkeit von Flüssen gering und die Seefahrt mit großen Risiken – Piraterie, Unwetter, Strömungen

---

186 Die Bestimmungen zum Personentransportvertrag (*locatio conductio vectorum vehendorum*) decken sich im Wesentlichen mit denen zum Gütertransportvertrag (*locatio conductio rerum vehendarum*); *Zimmermann*, Gastwirtshaftung, *in Haferkamp/Repgen* (Hrsg), Usus modernus pandectarum (2007) 277; *Thomas*, Recueils 32 (1974) 121.

187 Du Plessis, Letting and Hiring (2012) 82; *Hoeks*, Multimodal Transport Law (2010) 39 f; *Martin*, Land Transportation, in *Aubert/Sirks* (Hrsg), Speculum Iuris (2002) 154; *Meyer-Termeer*, Haftung der Schiffer (1978) 150, 177 f; *Brecht*, Haftung der Schiffer (1962) 100; *Thomas*, RIDA 7 (1960) 489, 492. Alternativ zum Abschluss einer *locatio conductio operis* besteht für Kunden auch die Möglichkeit, Transportmittel (Schiffe, Maultiere, etc) im Rahmen einer *locatio conductio rei* zu mieten und den Transport eigenständig oder mit eigenen Gehilfen durchzuführen; siehe *Du Plessis*, Letting and Hiring (2012) 82 ff; *Martin*, Land Transportation, in *Aubert/Sirks* (Hrsg), Speculum Iuris (2002) 157 f; *Martin*, Mules, TAPhA 120 (1990) 303; *Thomas*, Recueils 32 (1974) 118; *Thomas*, RIDA 7 (1960) 496 f.

188 *Du Plessis*, Letting and Hiring (2012) 82; *Martin*, Land Transportation, in *Aubert/Sirks* (Hrsg), Speculum Iuris (2002) 159; *Martin*, TAPhA 120 (1990) 303; *Meyer-Termeer*, Haftung der Schiffer (1978) 154 f.

189 Siehe etwa Ulp. (32 ed.) D. 19.2.13 pr.; Gai. (10 ed. prov.) D. 19.2.25.7.

190 Siehe etwa Ulp. (28 ed.) D. 14.1.1.3; Lab. (1 pith. a Paul. epit.) D. 14.2.10 pr.-2; Ulp. (32 ed.) D. 19.2.13.1–2.

191 *Exercitor/nauta* ist derjenige, der ein Schiff auf eigene Gefahr und Rechnung als Transportmittel einsetzt. Das ist entweder der Eigentümer (*dominus navis*) selbst, häufiger aber ein Pächter; siehe dazu ausführlich *Földi*, TR 63 (1995) 1 ff; siehe auch *Du Plessis* in HRPR (2023) § 80 Rz 70; *Du Plessis*, Letting and Hiring (2012) 85 f; *Meyer-Termeer*, Haftung der Schiffer (1978) 150 ff; *Thomas*, Recueils 32 (1974) 124 ff; *Thomas*, RIDA 7 (1960) 496 f.

etc – verbunden ist.[192] In Folge der Eroberungskriege und der Ausdehnung des Handels auf eroberte Gebiete gewinnt die Schifffahrt erheblich an Bedeutung. Via Seeweg ist es möglich, Ressourcen aus dem gesamten Mittelmeerraum zu akquirieren und vergleichsweise kostengünstig zu einem der römischen Zielhäfen – in den meisten Fällen handelt es sich um die Häfen in Puteoli und Ostia[193] – befördern zu lassen.[194] Wiewohl die römische Handelsschifffahrt insbesondere zu Beginn der Kaiserzeit ihre Blütezeit erlebt, bleiben ihre Herausforderungen und Risiken weiterhin bestehen.[195]

Mit dem Aufschwung des Schifftransports büßt der Landtransport an Bedeutung ein. Er ist nämlich aufgrund des beschränkten Straßenverkehrsnetzes umständlicher sowie technisch aufwändiger und dadurch wesentlich kostenintensiver.[196] Für den Binnentransfer ist der Landtransport jedoch (weiterhin) unerlässlich, nicht zuletzt, da selbst verschiffte Güter vom jeweiligen Zielhafen zur gewünschten Enddestination am Land befördert werden müssen.[197]

2.1.7 *Locatio conductio operarum*

Durch Abschluss eines Dienstvertrages (*locatio conductio operarum*) verpflichten sich Freigelassene und Freigeborene (niederen Standes) zur Lohnarbeit.[198] Diese betrifft überwiegend manuelle Tätigkeiten, die tageweise oder saisonal nachgefragt werden.[199] Eher selten ist die Anstellung für höhere Dienste, wie die eines Schreibers (*exceptor*).[200] Für das Zurverfügungstellen seiner Arbeitskraft erhält der Dienstnehmer (*locator*) vom Dienstgeber (*conductor*) den vereinbarten Lohn.[201] Ist der *locator* schuldlos daran verhindert, seinen Dienst zu erbringen, verliert er seinen Anspruch auf Zahlung des vereinbaren Entgelts nicht.[202]

---

192 *Meyer-Termeer*, Haftung der Schiffer (1978) 147; *Ormerod*, Piracy (1924) 15.
193 *Meyer-Termeer*, Haftung der Schiffer 148.
194 *Martin*, Mules, TAPhA 120 (1990) 301.
195 *Meyer-Termeer*, Haftung der Schiffer (1978) 147; *Ormerod*, Piracy (1924) 15.
196 *Du Plessis*, Letting and Hiring (2012) 82; *Martin*, Land Transportation, in *Aubert/Sirks* (Hrsg), Speculum Iuris (2002) 151; *Martin*, TAPhA 120 (1990) 301 f; *Meyer-Termeer*, Haftung der Schiffer (1978) 147.
197 *Martin*, TAPhA 120 (1990) 301.
198 Siehe mwN Kaser, RPR I[2] (1971) 568 f.
199 *Kaser/Knütel/Lohsse*, Römisches Privatrecht[21] (2017) 275; *Mrozek*, Lohnarbeit (1989) 100; *De Martino*, Wirtschaftsgeschichte (1985) 124 f; *Mayer-Maly*, Locatio Conductio (1956) 124.
200 *Kaser/Knutel/Lohsse*, Romisches Privatrecht[21] (2017) 275; siehe auch Ulp. (32 ed.) D. 19.2.19.9.
201 *Zimmermann*, Law of Obligations (1990) 384 f; *Kaser*, RPR I[2] (1971) 569 f.
202 Siehe mwN *Kaser/Knütel/Lohsse*, Römisches Privatrecht[21] (2017) 276 f.

In der römischen Gesellschaft spielt die *locatio conductio operarum* eine im Vergleich zu den anderen Unterkategorien der *locatio conductio* untergeordnete Rolle:[203] Dies liegt vor allem daran, dass die Arbeitswelt[204] in der römischen Klassik durch die Sklavenwirtschaft[205] dominiert ist und Sklaven aufgrund ihres *status* keine Vertragspartei einer *locatio conductio operarum*[206] sein können. Darüber hinaus werden freie Lohnarbeiter nicht selten zum Kriegsdienst eingezogen, was dazu führt, dass sie ihre dienstvertragliche Beschäftigung (zumindest vorübergehend) nicht ausüben können.[207] Zudem werden Dienste höherer Art (*artes liberales*[208]), wie die eines Lehrers, Arztes oder Architekten, häufig von Personen höheren Ranges (*honestiores*[209]) angeboten und ausgeführt; diese können aber ihre Tätigkeit aufgrund ihrer sozialen Stellung grundsätzlich nicht gegen Entgelt, folglich auch nicht im Rahmen einer *locatio conductio operarum*, ausüben.[210]

Nichtsdestoweniger bildet die *locatio conductio operarum* einen fixen Bestandteil in der römisch-antiken Arbeitswelt[211], nicht zuletzt da nur ein

---

203 *Kaser/Knütel/Lohsse*, Römisches Privatrecht[21] (2017) 275; *Du Plessis*, Letting and Hiring (2012) 114; *Zimmermann*, Law of Obligations (1990) 387; *Kaser*, RPR I[2] (1971) 568.

204 Für weitergehende Ausführungen zur Arbeitswelt in der römischen Klassik siehe *Ebert et al.*, Arbeitswelt (1983) 116 ff.

205 Mit Beendigung der Eroberungskriege lässt aber der Zustrom neuer Sklaven nach, woraufhin die Sklavenwirtschaft etwas zurückgedrängt wird und freie Lohnarbeit an Bedeutung gewinnt; siehe *Bodel*, Slave Labour, in *Bradley/Cartledge* (Hrsg), World History of Slavery (2011) 311 ff; *Wicke*, Haftung (2000) 49; *Mrozek*, Lohnarbeit (1989) 93; *Rainer*, SZ 105 (1988) 745; *De Martino*, Wirtschaftsgeschichte (1985) 85, 294; *Ebert et al.*, Die Arbeitswelt (1983) 117; *Molnár*, ANRW II 14 (1982) 611; *Schulz*, Classical Roman Law (1951) 544; .

206 Werden fremde Sklaven zur Arbeit gegen Entgelt eingesetzt, handelt es sich um eine Sklavenmiete (*locatio conductio rei*); siehe Paul. (13 ed.) D. 19.2.42; Paul. (21 ed.) D. 19.2.43; Paul. (22 ed.) D. 19.2.45.1; siehe auch *Zimmermann*, Law of Obligations (1990) 387; *De Martino*, Wirtschaftsgeschichte (1985) 124.

207 *Mrozek*, Lohnarbeit (1989) 82.

208 Zum Verhältnis der sogenannten *artes liberales* zur *locatio conductio operarum* siehe mwN *Du Plessis*, Letting and Hiring (2012) 94 ff.

209 Siehe dazu *Garnsey*, Social Status (1970) 223 ff.

210 Für Empfänger solcher Gefälligkeiten besteht aber seit der Spätklassik eine sittliche Pflicht, dem Gefälligen eine Ehrengabe (*honorarium*) darzubringen; siehe *Kaser/Knütel/Lohsse*, Römisches Privatrecht[21] (2017) 275; *Du Plessis*, Letting and Hiring (2012) 94 ff; *Zimmermann*, Law of Obligations (1990) 388; *Kaser*, RPR I[2] (1971) 569; *Mayer-Maly*, Locatio Conductio (1956) 145 ff; *Erdmann*, SZ 66 (1948) 568 ff.

211 *Kaser/Knütel*/Lohsse, Römisches Privatrecht[21] (2017) 275; *Ebert et al.*, Die Arbeitswelt (1983) 101.

kleiner Teil der freien Bevölkerung vermögend ist und sich nichtvermögende freie Personen zur Deckung ihrer Lebensbedürfnisse zu (niederem) Arbeitsdienst verdingen müssen.[212]

2.1.8 Die Haftung für eigenes Fehlverhalten – Haftungskriterien

Wiewohl *locator* und *conductor* aufgrund der *bona fides*-Klausel zur Sorgfalt und wechselseitigen Vertragstreue verpflichtet sind, ist ihre Vertragshaftung eine Thematik, derer sich die römischen Juristen im Zusammenhang mit der *locatio conductio* wiederholt annehmen (müssen). Ist der entstandene Schaden eines Vertragspartners auf vorwerfbares Verhalten des jeweils anderen zurückzuführen, so haftet der Schädiger *ex contractu.*[213]

Als allgemeine Haftungskriterien der *locatio conductio* etablieren sich *dolus* und *culpa.* Sowohl *conductor*es als auch *locatores* werden an diesen Kriterien gemessen.[214] Während die römischen Juristen eine relativ klare Vorstellung von *dolus* als vertraglichem Haftungskriterium haben,[215] ist der *culpa*-Begriff äußerst facettenreich und kontrovers diskutiert.[216] Im Verlauf der Klassik erhält der *culpa*-Begriff zunehmend Profil und Systematik, wobei das konkrete Vorliegen von *culpa* weiterhin im Kontext des jeweiligen Sachverhaltes unter Berücksichtigung des dem Vertragsverhältnis zugrundeliegenden *bona fides*-Prinzips beurteilt wird.[217]

Die folgenden Unterkapitel bieten einen Überblick über die Quellen zur *locatio conductio*, welche *dolus* und *culpa* als allgemeine Haftungskriterien für persönliches Fehlverhalten des *locator* bzw *conductor* qualifizieren. Daran schließt eine Auseinandersetzung mit der Frage, inwieweit *custodia* ebenfalls als ein (allgemeines) Haftungskriterium bei der *locatio conductio* einzustufen ist.

---

212 Siehe *Mrozek*, Lohnarbeit (1989) 95, 105, 119; *Pöhlmann*, Übervölkerung (1984) 40 ff.

213 *Du Plessis*, Letting and Hiring (2012) 26 f; *MacCormack*, Index 22 (1994) 195 ff; *Frier*, SZ 95 (1978) 242.

214 *Du Plessis*, Letting and Hiring (2012) 24; *Molnár*, ANRW II 14 (1982) 587.

215 *Du Plessis*, Liability, in *Fiori* (Hrsg), Modelli teorici IV (2011) 72 f; *MacCormack*, Index 22 (1994) 206; weiterführend zum *dolus*-Begriff siehe *Ter Beek*, Dolus I (1999) 5 ff; *Meissel,* Dolus, in Neuer Pauly III (1997) 736 f; *Zimmermann*, Law of Obligation (1990) 664 ff.

216 *Du Plessis*, Letting and Hiring (2012) 35 ff; *MacCormack*, SDHI 38 (1972) 123 ff.

217 *Du Plessis*, Letting and Hiring (2012) 26 f, 36; *Du Plessis*, Liability, in *Fiori* (Hrsg), Modelli teorici IV (2011) 66; *MacCormack*, Index 22 (1994) 196 f; *Frier*, SZ 95 (1978) 242.

a) Dolus

Die überlieferten Quellen, welche *dolus* als Haftungskriterium bei der *locatio conductio* anführen, sind äußerst zurückhaltend hinsichtlich der Frage, was unter *dolus* konkret zu verstehen ist. Unbestritten ist aber, dass eine Vertragspartei, wenn ihr *dolus* anzulasten ist, jedenfalls haftpflichtig wird, wie folgende Fragmente zeigen, welche sich ganz abstrakt mit vertraglichen Haftungskriterien (der *locatio conductio*) beschäftigen:

> Ulp. (28 ed.) D. 13.6.5.2
> *[...] Sed ubi utriusque utilitas vertitur, ut in empto, ut in locato, ut in dote, ut in pignore, ut in societate, et dolus et culpa praestatur.*[218]
>
> Ulp. (30 ed.) D. 16.3.1.10
> *In conducto et locato [...] et dolum et culpam praestabunt [...].*[219]
>
> Ulp. (29 Sab.) D. 50.17.23
> *[...] Dolum et culpam mandatum, commodatum, venditum, pignori acceptum, locatum [...].*[220]

Als weiterer Nachweis, dass *dolus* als allgemeines Haftungskriterium bei der *locatio conductio* anerkannt ist, dient das bereits in Kapitel 1.2 erwähnte Labeo-Fragment D. 19.2.60.7:

> Lab. (5 post. a Iavol. epit.) D. 19.2.60.7
> *Servum meum mulionem conduxisti: neglegentia eius mulus tuus perit. [...] non ultra me tibi praestaturum, quam dolum malum et culpam meam abesse [...].*[221]

Ein *locator* vermietet einen Maultiertreibersklaven, dessen Nachlässigkeit zum Tod des dem Mieter gehörenden Maultieres führt. Gefragt wird, ob der *locator* für diesen Schaden dem *conductor* einstehen muss. Labeo entscheidet, dass der *locator* nicht vertraglich hafte, wenn ihm weder *dolus malus* noch *culpa* vorzuwerfen ist. Im Umkehrschluss lässt sich daraus ableiten,

---

218 Übersetzung: [...] Wenn es aber um den Nutzen beider Parteien geht, wie beim Kauf, bei der Miete, bei der Mitgift, beim Pfand oder bei der Gesellschaft, dann wird sowohl für Vorsatz als auch für Fahrlässigkeit gehaftet; *Zimmermann*, in *Behrends et al.* (Hrsg), CIC III (1999) 165.

219 Übersetzung: Beim Werk- und beim Mietvertrag [...] haben sie für Vorsatz und Fahrlässigkeit einzustehen; angelehnt an *Knütel*, in *Behrends et al.* (Hrsg), CIC III (1999) 332.

220 Eigene Übersetzung: [...] Auftrag, Leihe, Kauf, Pfand und Miete [beinhalten die Haftungskriterien] Vorsatz und Fahrlässigkeit.

221 Übersetzung: Du hast meinen Sklaven als Maultiertreiber gemietet. Infolge seiner Nachlässigkeit ist dein Maultier eingegangen. [...] Ich muss dir nicht für mehr einstehen als dafür, dass ich ohne Vorsatz und Fahrlässigkeit gehandelt habe; angelehnt an *Luig*, in *Behrends et al.* (Hrsg), CIC III (1999) 591.

dass ein *locator,* dem entweder *dolus* (*malus*) oder *culpa* vorzuwerfen ist, im Schadensfall haften muss.

Was unter dolosem Verhalten konkret zu verstehen ist, lässt sich aus D. 19.2.60.7 nicht herauslesen. Mehr ist diesbezüglich aus dem Paulus-Fragment D. 19.2.24 pr. zu gewinnen:

Paul. (34 ed.) D. 19.2.24 pr.
Si in lege locationis comprehensum sit, ut arbitratu domini opus adprobetur, perinde habetur, ac si viri boni arbitrium comprehensum fuisset, idemque servatur, si alterius cuiuslibet arbitrium comprehensum sit: nam fides bona exigit, ut arbitrium tale praestetur, quale viro bono convenit. Idque arbitrium ad qualitatem operis, non ad prorogandum tempus, quod lege finitum sit, pertinet, nisi id ipsum lege comprehensum sit. Quibus consequens est, ut irrita sit adprobatio dolo conductoris facta, ut ex locato agi possit.[222]

Locator und *conductor* schließen einen Werkvertrag. Es wird vereinbart, dass der Werkbesteller (oder ein Dritter) nach eigenem Ermessen das Werk als vertragsgemäß anerkennen soll (*arbitrium boni viri*[223]). Als die Anerkennung des Werkes vorzunehmen ist, besteht Uneinigkeit zwischen den Vertragsparteien hinsichtlich des Umfanges der Anerkennungsbefugnis. Nach Ansicht von Paulus ist die Anerkennung der Vertragsmäßigkeit des Werkes aufgrund der *bona fides*-Klausel jeweils nach dem Maßstab eines redlichen Mannes (*vir bonus*) vorzunehmen. Wenn der *conductor* bei der Beurteilung der Vertragskonformität des Werkes durch einen Dritten dolos auf die Entscheidung Einfluss genommen hat, so hafte er dem *locator* aus dem Werkvertrag.

Das Verhältnis von den Vergleichspaaren *bona fides* zu *vir bonus* und *dolus* zur Haftung ex *locato* deutet darauf hin, dass das haftungsbegründende dolose Verhalten des *conductor* das Gegenteil von der aufgrund der

222 Übersetzung: Wenn in den Vertragsbedingungen eines Werkvertrages vereinbart worden ist, dass der Eigentümer das Werk nach seinem Ermessen als vertragsgemäß anerkennen soll, dann wird das so angesehen, dass die Vereinbarung das Ermessen eines redlichen Mannes meint. Und dasselbe wird angenommen, wenn die Vereinbarung auf das Ermessen eines beliebigen Dritten verweist. Denn Treu und Glauben gebieten, dass das Ermessen so ausgeübt wird, wie es sich für einen redlichen Mann gehört. Dieses Ermessen betrifft die Beschaffenheit des Werkes und nicht eine Verlängerung der Frist, die in den Vertragsbestimmungen festgelegt war, es sei denn, gerade das ist im Vertrag bestimmt worden. Daraus folgt, dass eine durch Arglist des Unternehmers erreichte Billigung nichtig ist, sodass mit der Klage aus dem Werkvertrag vorgegangen werden kann; angelehnt an *Luig*, in *Behrends et al.* (Hrsg), CIC III (1999) 571.

223 Für weitergehende Ausführungen zum *arbitrium/arbitratus boni viri* siehe mwN *Lehne-Gstreinthaler,* Schiedsgerichtsbarkeit, in *Pfeiffer/Grotkamp* (Hrsg), Außergerichtliche Konfliktlösung (2017) 157 f.

bona fides geschuldeten Redlichkeit ist. Anschließend an die Ausführungen von *Du Plessis*[224] und *MacCormack*[225], welche Vertreter eines weiten *dolus*-Begriffes sind, ist *dolus* ganz allgemein als ein erheblicher Verstoß gegen die vertraglich gebotene *bona fides* zu verstehen.

b) Culpa

Während *dolus* Situationen beschreibt, in denen ein Vertragspartner den Nachteil seines Gegenübers durch ein treuwidriges Verhalten (mehr oder weniger) in Kauf nimmt,[226] beruht die *culpa*-Haftung nicht auf einer in Kauf genommenen Schädigung, sondern vielmehr auf einem unbewussten Außerachtlassen der (objektiv) geschuldeten Sorgfalt.[227] Der Umfang der einzuhaltenden Sorgfalt hängt jeweils vom konkreten Vertragsverhältnis ab,[228] sodass sich im Laufe der römischen Klassik verschiedenste Formen der *culpa*-Haftung entwickeln.[229] Aufgrund ihres weiten Anwendungsbereichs gewinnt die vertragliche *culpa*-Haftung gegenüber der *dolus*-Haftung an Bedeutung.[230] Diese Entwicklung lässt sich ausgehend vom Labeo-Fragment D. 14.2.10.1 etwa im Bereich des Schifftransports wahrnehmen:[231]

> Lab. (1 pith. a Paul. epit.) D. 14.2.10.1
> *Si [...] navem conduxisti [...] nauta [...] merces tuae [...] in navem deteriorem [...] transtulit et merces tue cum ea nave perierunt [...] <non> habes ex conducto locato cum priore nauta actionem [...] si navis eius vitium fecerit sine dolo malo et culpa eius.*[232]

Ein Schiff wird zur Beförderung von Waren gechartert. Vor der Ankunft am Zielort lässt der Kapitän des Schiffes die Waren auf ein schlechteres Schiff umladen, woraufhin diese gemeinsam mit dem (schlechteren) Schiff sinken. Gefragt wird, ob der *conductor* mittels *actio conducti* Ersatz für den Schaden vom *locator*, dem Kapitän des ersten Schiffes, verlangen kann. Diesbezüglich differenzieren Labeo und Paulus nach den Beweggründen für

224 *Du Plessis*, Letting and Hiring (2012) 29 ff.
225 *MacCormack*, Index 22 (1994) 206.
226 *Frier*, SZ 95 (1978) 234.
227 *Frier*, SZ 95 (1978) 242 f.
228 Vgl *Klausberger*, Zurechnungsgründe (2019) 60.
229 Siehe dazu die Kapitel 4.1–4.5.
230 Siehe *Du Plessis*, Letting and Hiring (2012) 36 ff.
231 Eine ausführliche Quellenanalyse findet sich bei *Klausberger*, Zurechnungsgründe (2019) 364 ff.
232 Eigene Übersetzung: Wenn [...] du ein Schiff gechartert hast [...] und der Kapitän deine Waren auf ein schlechteres Schiff umgeladen hat, hast du <keine> Klage [...], wenn sein Schiff [des Kapitäns] ohne Vorsatz oder Fahrlässigkeit seinerseits seeuntüchtig geworden ist.

das Umladen. Nach Paulus haftet der Kapitän etwa dann nicht, wenn sein Schiff ohne *dolus* oder *culpa* seeuntüchtig geworden ist.

Einen ähnlich gelagerten Haftungsfall, der ebenfalls auf einen misslungenen Schifftransport zurückgeht, überliefert das Ulpian-Fragment D. 19.2.13.1[233]. Im Unterschied zu D. 14.2.10.1 wird hinsichtlich einer etwaigen Haftung ausschließlich auf das *culpa*-Kriterium abgestellt:

> Ulp. (32 ed.) D. 19.2.13.1
> *Si navicularius onus Minturnas vehendum conduxerit et, cum flumen Minturnense navis ea subire non posset, in aliam navem merces transtulerit eaque navis in Ostio fluminis perierit, tenetur primus navicularius? Labeo, si culpa caret, non teneri ait [...].*[234]

Ein Reeder übernimmt im Rahmen einer *locatio conductio operis* den entgeltlichen Transport einer Fracht nach Minturnae. Als sein Schiff nicht in den nach Minturnae führenden Fluss einfahren kann, lädt er die Fracht auf ein anderes Schiff um, welches in der Folge untergeht. Es stellt sich die Frage, ob der *locator* vom *conductor* Ersatz für die untergegangene Fracht verlangen kann. Labeo verneint die Haftung des Reeders, wenn diesem keine *culpa* vorzuwerfen ist.

Die wachsende Bedeutung der *culpa*-Haftung im Verhältnis zur *dolus*-Haftung lässt sich auch dem Ulpian-Fragment D. 19.2.19.2 entnehmen, welches ebenfalls ausschließlich auf das Haftungskriterium der *culpa* abstellt:

> Ulp. (32 ed.) D. 19.2.19.2
> *[...] Quod si culpa coloni quid eorum corruptum sit, ex locato eum teneri [...].*[235]

Der Eigentümer eines Landgutes verpachtet dieses an einen *colonus*. Fraglich erscheint, welches Inventar der *locator* dem Pächter zur Nutzung des Pachtobjekts überlassen muss. In einer von Ulpian beurteilten Sachverhaltsvariante stellt sich weiters die Frage nach der Einstandspflicht des *colonus* für Schäden am überlassenen Inventar. Ulpian entscheidet, dass der *colonus*

233 Eine ausführliche Quellenanalyse findet sich bei *Klausberger*, Zurechnungsgründe (2019) 363 f.

234 Übersetzung: Wenn ein Reeder es übernommen hat, eine Fracht nach Minturnae zu verschiffen, und wenn er, da sein Schiff nicht in den nach Minturnae führenden Fluss einfahren kann, die Fracht auf ein anderes Schiff umlädt, das in der Mündung des Flusses untergeht – haftet dann der erste Reeder? Labeo sagt, er hafte nicht, wenn ihn kein Verschulden trifft [...]; *Luig*, in *Behrends et al.* (Hrsg), CIC III (1999) 560 f.

235 Übersetzung: [...] Werde jedoch einer dieser Gegenstände [für die landwirtschaftliche Nutzung des Pachtobjekts dienliche Werkzeuge] durch Verschulden des Pächters beschädigt, so hafte dieser gemäß der Verpächterklage; angelehnt an *Luig*, in *Behrends et al.* (Hrsg), CIC III (1999) 567.

für Schäden am Inventar dann einstehen muss, wenn ihm *culpa* vorzuwerfen ist.

Nicht zuletzt wegen der Flexibilität des *culpa*-Begriffs und wegen der leichteren Beweisführung entwickelt sich *culpa* im Verlauf der Klassik zum zentralen Haftungskriterium bei der *locatio conductio* und *dolus* verliert an Bedeutung.[236] Abschließend gilt anhand des Ulpian-Fragments D. 4.9.3.1 zu klären, inwieweit *dolus* in der Spätklassik überhaupt noch als allgemeines Haftungskriterium bei der *locatio conductio* anerkannt ist oder gänzlich von der *culpa*-Haftung abgelöst worden ist:

> Ulp. (14 ed.) D. 4.9.3.1
> *[...] in locato conducto culpa, in deposito dolus dumtaxat praestatur [...].*[237]

Das Fragment behandelt eine Vielzahl an Haftungskonstellationen im Zusammenhang mit der Überlassung von Gegenständen zum Schifftransport[238] oder zur Verwahrung. In seiner Auseinandersetzung mit den Haftungskriterien bei der *locatio conductio* und beim unentgeltlichen Verwahrungsvertrag (*depositum*) fokussiert Ulpian, der Pomponius zitiert, auf das *culpa*-Kriterium bei der *locatio conductio*. Diesem stellt er *dolus* als (primäres) Haftungskriterium beim *depositum* gegenüber. Die Schlussfolgerung zu ziehen, dass *dolus* zur Zeit Ulpians womöglich kein allgemeines Haftungskriterium bei der *locatio conductio* (mehr) wäre, ist mE verfehlt. Vielmehr dürfte Ulpian auf die besondere Bedeutung der *culpa*-Haftung bei der *locatio conductio* hinweisen und *dolus* im niederschwelligeren Haftungskriterium *culpa* mitmeinen, so wie nach Ansicht Celus'[239] auch *culpa lata* und *diligentia quam in suis rebus* als Haftungskriterien beim *depositum* zu zählen sind.

c) Imperitia und infirmitas

Die (erfolgreiche) Ausführung eines Werkes kann je nach Aufgabenstellung bestimmte Fertigkeiten und Fachkenntnisse erfordern. Unabhängig von seinen individuellen Fähigkeiten verpflichtet sich ein Werkunternehmer, die vertraglich übernommene Tätigkeit wie ein Fachmann (*artifex*) auszuführen.[240] Für Schäden, die auf Unerfahrenheit (*imperitia*) oder Schwäche

236 *Du Plessis*, Letting and Hiring (2012) 36.
237 Eigene Übersetzung: [...] Bei der Miete und beim Werkvertrag wird [auch] für Fahrlässigkeit, bei der Verwahrung nur für Vorsatz gehaftet.
238 Für weitergehende Ausführungen zur (*custodia*-)Haftung beim Schifftransport siehe Kapitel 4.3.3.
239 Siehe Cels. (11 dig.) D. 16.3.32.
240 *Martin*, AJP 122 (2001) 109, 115; *Rainer*, SZ 108 (1992) 507; siehe auch *Cannata*, Responsabilità (1996) 56 ff.

(*infirmitas*) des *conductor* zurückzuführen sind, haftet der Werkunternehmer jedenfalls.[241] Methodisch behelfen sich die römischen Juristen mit einer Ausdehnung des *culpa*-Begriffs:

Ulp. (32 ed.) D. 19.2.9.5
Celsus etiam imperitiam culpae adnumerandam libro octavo digestorum scripsit: si quis vitulos pascendos vel sarciendum quid poliendumve conduxit, culpam eum praestare debere et quod imperitia peccavit, culpam esse: quippe ut artifex, inquit, conduxit.[242]

Jemand übernimmt es gegen Entgelt, Jungrinder zu weiden oder Kleidung auszubessern bzw zu reinigen. In Ausführung seiner Tätigkeit verursacht der *conductor* aufgrund seiner Unerfahrenheit einen Schaden. Gefragt wird, ob der *conductor* diesen tragen muss. Celsus bejaht die Haftpflicht des *conductor*, da dieser die Tätigkeit eines *artifex* übernommen hat und Unerfahrenheit (*imperitia*) als *culpa* zu werten sei.

Die *imperitia*-Haftung eines Werkunternehmers ist auch im folgenden Ulpian-Fragment überliefert:

Ulp. (32 ed.) D. 19.2.13.5
Si gemma includenda aut insculpenda data sit eaque fracta sit [...] ex locato actio, si imperitia facientis, erit.[243]

Ein Handwerker übernimmt einen Edelstein, um ihn gegen Entgelt einzufassen oder zu bearbeiten. Bei diesem Vorgang bricht der Stein. Gefragt wird, ob der *conductor ex locato* für den Schaden einstehen muss. Ulpian entscheidet, der Handwerker müsse für den Schaden vertraglich einstehen, wenn er auf dessen Unerfahrenheit – *imperitia* – zurückzuführen ist.[244]

---

241 *Klausberger*, Zurechnungsgründe (2019) 427; *MacCormack*, SZ 89 (1972) 194; *Rainer*, SZ 108 (1992) 506; *Molnár*, ANRW II 14 (1982) 611 f.

242 Übersetzung: Celsus hat im 8. Buch seiner Digesten geschrieben, dass auch Unerfahrenheit dem Verschulden zuzurechnen sei. Wenn jemand die Verpflichtung übernommen hat, Jungrinder zu weiden oder Kleidungsstücke auszubessern oder zu reinigen, dann müsse er für Verschulden einstehen, und was er aus Unerfahrenheit gemacht habe, sei ihm [gleichwohl] als Verschulden vorzuwerfen; er habe nämlich, wie Celsus sagt, die Vertragsleistung als Fachmann übernommen; siehe *Luig*, in *Behrends et al.* (Hrsg), CIC III (1999) 558 f.

243 Übersetzung: Ist ein Edelstein zum Einfassen oder zum Schneiden gegeben worden und <bei der Bearbeitung> gebrochen [...], so ist die Klage aus dem Werkvertrag gegeben, wenn er [der Edelstein] wegen Unerfahrenheit bricht; angelehnt an *Luig*, in *Behrends et al.* (Hrsg), CIC III (1999) 561.

244 Eine ausführliche Quellenanalyse findet sich bei *Klausberger*, Zurechnungsgründe (2019) 355 ff.

Daran anknüpfend zeigt das Ulpian-Fragment D. 9.2.7.8, dass *imperitia* als Unterkategorie der *culpa* nicht nur für das Vertragsrecht (*der locatio conductio*), sondern auch für das Deliktsrecht[245] von Relevanz ist:

Ulp. (18 ed.) D. 9.2.7.8
Proculus ait, si medicus servum imperite secuerit, vel ex locato vel ex lege Aquilia competere actionem.[246]

Ein Arzt (*medicus*) verpflichtet sich entgeltlich dazu, einen fremden Sklaven zu operieren, wobei die Operation misslingt und der Sklave einen Schaden davonträgt. Fraglich erscheint, ob der Arzt dafür einstehen muss, wenn der Schaden auf seine Unerfahrenheit (*imperitia*) zurückzuführen ist. Proculus entscheidet, dass der Operateur für Schäden, die auf seine Unerfahrenheit zurückzuführen sind, sowohl werkvertraglich als auch gemäß der *lex Aquilia* hafte.[247]

Neben der vertraglichen *actio locati* gewährt Proculus dem *dominus* des Sklaven alternativ[248] die deliktische *actio legis Aquiliae* wegen „Sachbeschädigung"[249]. Die deliktische Haftung setzt grundsätzlich – wie die Klagen *ex locato* – *culpa* des Schädigers voraus. Aufgrund der vertraglichen Übernahme, den Sklaven zu operieren, prüft Proculus das *culpa*-Kriterium anhand der hypothetischen Maßfigur eines *bonus medicus*: Abweichungen vom erforderlichen Sorgfaltsmaß bedeuten *culpa*.[250]

Neben der *imperitia* gibt es bei Übernahme einer Fachtätigkeit noch ein weiteres objektiviertes Haftungskriterium, nämlich Schwäche (*infirmitas*). Dies belegt etwa das Gaius-Fragment D. 9.2.8.1:

Gai. (7 ed. prov.) D. 9.2.8.1
Mulionem quoque, si per imperitiam impetum mularum retinere non potuerit, si eae alienum hominem obtriverint, volgo dicitur culpae nomine teneri. Idem

---

245 Siehe mwN *Klausberger*, Zurechnungsgründe (2019) 71 ff; *Martin*, AJP 122 (2001) 115 ff.

246 Übersetzung: Proculus sagt: Hat ein Arzt einen Sklaven unsachgemäß operiert, so steht entweder die Klage aus dem Behandlungsvertrag oder die Klage gemäß der *lex Aquilia* zu; angelehnt an *Apathy*, in *Behrends et al.* (Hrsg), CIC II (1995) 737.

247 Im antiken Rom dürften staatlich geprüfte Qualifikationsnachweise für die Tätigkeit als Arzt grundsätzlich nicht erforderlich gewesen sein, weshalb es für Patienten nicht immer ein einfaches Unterfangen gewesen ist, einen geeigneten Arzt zu konsultieren; siehe *Wacke*, SZ 113 (1996) 388 ff.

248 *Martin*, AJP 122 (2001) 110, 113.

249 Sachenrechtlich werden Sklaven als Dinge (*res*) eingestuft, deren schuldhafte Verletzung oder Tötung deliktische Schadenersatzansprüche gemäß der *lex Aquilia* auslöst; *Watson*, Roman Slave Law (1987) 46.

250 *Klausberger*, Zurechnungsgründe (2019) 73.

dicitur et si propter infirmitatem sustinere mularum impetum non potuerit: nec videtur iniquum, si infirmitas culpae adnumeretur, cum affectare quisque non debeat, in quo vel intellegit vel intellegere debet infirmitatem suam alii periculosam futuram [...].[251]

Maultiere, die von einem Maultiertreiber (*mulio*) getrieben werden, entreißen sich der Obhut des *mulio* aufgrund dessen Unerfahrenheit (*imperitia*) bzw Körperschwäche (*infirmitas*). In der Folge trampeln sie einen fremden Sklaven (*alienum hominum*) nieder. Gefragt wird, ob *imperitia* bzw *infirmitas* einen haftungsrelevanten Schuldvorwurf des *mulio* begründen. Gaius entscheidet, dass sowohl *imperitia* als auch *infirmitas* der *culpa* zuzurechnen und folglich für den Maultiertreiber haftungsbegründend seien.

Nach Ansicht von Gaius ist es unerheblich, ob ein Schaden auf *imperitia* oder *infirmitas* zurückzuführen ist: In beiden Fällen hafte der für diese (Fach-)Tätigkeit ungeeignete Maultiertreiber für den Schaden, der dem Gewalthaber des getöteten Sklaven entsteht – *mulionem [...] per imperitiam [...] culpae nomine teneri; infirmitas culpae adnumeretur.*

Durchzusetzen ist der Anspruch wohl mittels analoger Klage zur *lex Aquilia* wegen *mortis causam praestare.*[252] Wiewohl ein ausdrücklicher Hinweis hinsichtlich der vertraglichen Haftungsdimension fehlt, lässt die Systematik der besprochenen Quellen den Schluss zu, dass *infirmitas* auch im vertraglichen Bereich der *locatio conductio* als eine Kategorie der *culpa* zu qualifizieren ist.[253]

d) Custodia

Custodia bedeutet (untechnisch) die sichere Verwahrung bzw Bewachung (einer fremden Sache).[254] Im juristischen Kontext wird *custodia* als ein

---

251 Übersetzung: Auch ein Maultiertreiber haftet, wie man gewöhnlich sagt, wegen Verschuldens, wenn er durchgehende Maultiere aus Unerfahrenheit nicht zurückhalten kann und diese einen fremden Sklaven niedertrampeln. Dasselbe nimmt man auch an, wenn er aus Mangel an Kraft die durchgehenden Maultiere nicht zurückhalten konnte. Und es erscheint nicht unangemessen, wenn Mangel an Kraft dem Verschulden zugerechnet wird, weil niemand eine Aufgabe übernehmen soll, bei der er erkennt oder erkennen müsste, dass sein Mangel an Kraft für einen anderen gefährlich werden könne [...]; angelehnt an *Apathy*, in *Behrends et al.* (Hrsg), CIC II (1995)737 f.

252 Der Tatbestand *occidere* des 1. Kapitels der *lex Aquilia* scheidet aus, da der Maultiertreiber die Tiere nicht aktiv zur Tötung des Sklaven antreibt.

253 Siehe *Molnár*, ANRW II 14 (1982) 611 f.

254 Siehe etwa *Meissel*, JAP 4 (1993–94) 213; *Van den Bergh*, TR 43 (1975) 63; *MacCormack*, SZ 89 (1972) 155; *Heumann/Seckel*, Handlexikon[11] (1971) 116;

vertragliches Haftungskriterium diskutiert: Wer aufgrund eines konkreten Vertragsverhältnisses zur *custodia* verpflichtet ist, habe die ihm überlassene Sache sicher[255] und nicht bloß gewöhnlich sorgfältig zu verwahren; widrigenfalls müsse er den Nachteil tragen (*custodiam praestare*[256]).[257] Wem konkret die *custodia*-Pflicht obliegt und wofür man bei ihrer Verletzung haftet, zählt zu den meist diskutierten und umstrittensten Fragen in der Romanistik.[258]

Für die gegenständliche Arbeit stellen sich im Zusammenhang mit der *custodia*-Thematik insbesondere folgende Fragen: Ist *custodia* ein allgemeines Haftungskriterium im römischen Vertragsrecht? Wenn nein, ist *custodia* ein allgemeines Haftungskriterium bei der *locatio conductio*? Wenn nein, ist *custodia* ein allgemeines Haftungskriterium bei einer der Unterkategorien der *locatio conductio* (*locatio conductio rei/operis/operarum*)? Wenn nein, ist *custodia*-Haftung zumindest bestimmten Vertragsverhältnissen innerhalb einer der Unterkategorien der *locatio conductio* inhärent?

Diese Fragen verlangen zunächst, den Charakter der *custodia*-Haftung – soweit dies möglich ist – allgemein zu erfassen. Daher stellen sich weitere Folgefragen: Was ist der konkrete Anwendungsbereich der *custodia*-Haftung und wo liegen ihre haftungsrechtlichen Grenzen? Unterliegen Vertragsparteien der *custodia*-Haftung eo ipso durch Abschluss eines konkreten Vertrages oder beruht sie auf einer im Einzelnen ausgehandelten

---

Cannata, Responsabilità contrattuale (1966) 49 ff; *Berger*, Encyclopedic Dictionary (1953) 422.

255 Hat man eine fremde Sache in seiner Obhut, werden abhängig vom Vertragstyp und der *utilitas* unterschiedliche Sorgfaltsmaßstäbe für ihre Verwahrung angesetzt. Unterliegt eine Vertragspartei der *custodia*-Pflicht, ist der Sorgfaltsmaßstab äußerst streng; statt vieler *Robaye*, L'obligation de garde (1987) 13 ff; *Van den Bergh*, TR 43 (1975) 66 f.

256 In den überlieferten Quellen finden sich neben der Phrase *„custodiam praestare"* auch noch weitere Ausdrücke, wie etwa *„custodiam ad eum pertinet"*, *„custodiae nomine teneri"*, *„periculum custodiae subire"* und *„custodia venit"*; *Van den Bergh*, TR 43 (1975) 71; *MacCormack*, SZ 89 (1972) 156.

257 *Du Plessis*, CLJ 65 (2006) 426; *Meissel*, JAP 4 (1993–94) 213; *Zimmermann*, Law of Obligations (1990) 194; *MacCormack*, SZ 89 (1972) 155 ff; *Cannata*, Responsabilità contrattuale (1966) 24 ff; *Rosenthal*, SZ 68 (1951) 222.

258 Siehe mwN *Kordasiewicz*, RIDA 58 (2011) 193; *Du Plessis*, CLJ 65 (2006) 426; *Molnár*, ANRW II 14 (1982) 585 ff; *Van den Bergh*, TR 43 (1975) 59 ff; *MacCormack*, SZ 89 (1972) 150 ff; *Wubbe*, SZ 76 (1959) 519; *Mayer-Maly*, Locatio Conductio (1956) 202 ff. Aufgrund des bloß ausschnittweisen Zugangs via *„Google-Books"* kann die Monografie *Serrano-Vicente*, Custodiam praestare: La prestación de custodia en el derecho romano (2007) im Rahmen dieser Studie nur partiell berücksichtigt werden.

Nebenvereinbarung? Ist die *custodia*-Haftung von einem konkreten Verschulden abhängig oder wird sie verschuldensunabhängig gewährt?

Wenn eine nicht vom *vinculum iuris* erfasste Person im Zuge einer *locatio conductio* eine vertraglich überlassene Sache (Vertragsobjekt) vom Übernehmer stiehlt (furtum), so gilt dies als *casus minor*-Ereignis und begründet per se keine vertragliche Haftpflicht.[259] In manchen Diebstahlsfällen begründen römische Juristen aber eine Haftpflicht des bestohlenen Vertragspartners, und zwar wenn die Juristen von einer besonderen Obsorgepflicht (*custodia*) ausgehen.[260] Ob Sachbeschädigung durch eine dritte Person ebenfalls ein Anwendungsfall einer vertraglichen *custodia*-Haftung sein kann, lässt sich den Quellen nicht eindeutig entnehmen und ist in der Literatur daher strittig.[261]

Einigkeit herrscht in der Romanistik aber darüber, dass höhere Gewalt (*vis maior*-Ereignisse) jedenfalls vom Anwendungsbereich einer *custodia*-Haftung ausgenommen sind.[262] Einigkeit besteht unter Romanistinnen und Romanisten auch darüber, dass die *custodia* – im Unterschied zu *dolus* und *culpa* – nicht als allgemeines vertragliches Haftungskriterium in der römischen Klassik[263] zu qualifizieren ist.[264] Ebenso wird die *custodia* von der hA[265] – mE zutreffend – nicht als allgemeines Haftungskriterium bei der *locatio conductio* qualifiziert. In den überlieferten Quellen zur *locatio*

---

259 Siehe *Knütel*, SZ 100 (1983) 356; *Molnár*, ANRW II 14 (1982) 597, 629.

260 *Wicke*, Haftung (2000) 65; *Cannata*, Responsabilitá contrattuale (1996) 129; *Reichard*, SZ 107 (1990) 62; *Knütel*, SZ 100 (1983) 356; *Molnár*, ANRW II 14 (1982) 595 ff; *MacCormack*, SZ 89 (1972) 161; *Kaser*, RPR I² (1971) 507; *Hoffmann-Riem*, SZ 86 (1969) 395; *Mayer-Maly*, Locatio Conductio (1956) 205.

261 Die *custodia*-Haftung für Sachbeschädigung befürwortend, siehe etwa *Haymann*, SZ 40 (1919) 206. Die *custodia*-Haftung für Sachbeschädigung ablehnend, siehe etwa *Kordasiewicz*, RIDA 58 (2011) 210. Eine *media sententia*, wonach sich die Erstreckung der *custodia*-Haftung auch auf Sachbeschädigung, jedoch erst im Laufe der Klassik unter Marcellus bzw ihm folgend Ulpian etabliert, vertritt *Knütel*, SZ 100 (1983) 357; siehe auch Ulp. (5 ed.) D. 19.2.41.

262 *Du Plessis*, Letting and Hiring (2012) 60; *Bürge*, Index 22 (1994) 390; *Földi*, RIDA 40 (1993) 272; *Knütel*, SZ 100 (1983) 356; *Molnár*, ANRW II 14 (1982) 611; *Cannata*, Responsabilità contrattuale (1966) 132.

263 Zur nachklassischen Entwicklung siehe etwa *Jörs/Kunkel/Wenger*, Römisches Privatrecht³ (1949) 234.

264 Siehe Ulp. (28 ed.) D. 13.6.5.2: *[...] in contractibus interdum dolum solum, interdum et culpam praestamus [...]*; Ulp. (29 ed.) D. 50.17.23: *Contractus quidam dolum malum dumtaxat recipiunt, quidam et dolum et culpam [...]*; *Du Plessis*, CLJ 65 (2006) 426 f; *Reichard*, SZ 107 (1990) 63; *Van den Bergh*, TR 43 (1975) 67, 71; *MacCormack*, SZ 89 (1972) 178; *Cannata*, Responsabilità contrattuale (1966) 111 ff.

265 *Du Plessis*, CLJ 65 (2006) 426 f; *Robaye*, L'obligation de garde (1987) 193 ff; *MacCormack*, SZ 89 (1972) 161; *Rosenthal*, SZ 68 (1951) 238, 263.

conductio werden nämlich – wie oben gezeigt[266] – regelmäßig bloß *dolus* und *culpa* als allgemeine Haftungskriterien genannt.[267] Die einzige Quelle, welche den Anschein erweckt, *custodia* gelte neben *dolus* und *culpa* als ein allgemeines Haftungskriterium bei der *locatio conductio*, ist das Kaiserreskript C. 4.65.28.[268] Dieses gilt es, im Folgenden zu untersuchen:

> C. 4.65.28
> *In iudicio tam locati quam conducti dolum et custodiam, non etiam casum, cui resisti non potest, venire constat.*[269] *(a. 294)*

Gemäß dem Reskript der Kaiser Diocletian und Maximian müssen die Vertragspartner einer *locatio conductio* für *dolus* und *custodia* einstehen, nicht aber für höhere Gewalt (*casum, cui resisti non potest*). In welchem Kontext dieses Reskript ergeht, insbesondere für welche Kategorien der *locatio conductio custodia* als Haftungskriterium zu qualifizieren ist, verschweigt das Fragment.

In seiner Auseinandersetzung mit dem Kaiserreskript kommt *Haymann*[270] zum Ergebnis, dem Fragment lägen derart weitreichende Kürzungen zugrunde, dass seine Rekonstruktion aussichtslos erscheine. Ähnlich argumentiert *Rosenthal*[271], der den Versuch der Rekonstruktion (des vermeintlich interpolierten) Kaiserreskripts unternimmt und dabei ua „*custodiam*" durch das anerkannte Haftungskriterium „*culpam*" ersetzt. Letztlich kommt er zum Ergebnis, dass das Fragment aufgrund vermeintlicher gravierender Eingriffe bedeutungslos sei.

Krückmann[272] wählt einen anderen Ansatz bei der Rekonstruktion des Fragments. Er erklärt sich die Absenz von *culpa* im Kaiserreskript anhand prozessualer Überlegungen, wonach im gegenständlichen Fall wohl der Kläger seinen Ersatzanspruch (bloß) auf *dolus* bzw eine Verletzung der *custodia* seitens des Beklagten gestützt und sich der Beklagte dagegen auf die Haftungsbefreiung eines *vis maior*-Ereignisses berufen habe.[273]

---

266 Siehe die Kapitel 2.1.8 a) und 2.1.8 b).

267 Siehe etwa Lab. (5 post. a Iavol. epit.) D. 19.2.60.7; Ulp. (28 ed.) D. 13.6.5.2; Ulp. (29 ed.) D. 50.17.23; Paul. (34 ed.) D. 19.2.24 pr.; Lab. (1 pith. a Paul. epit.) D. 14.2.10.1; Ulp. (30 ed.) D. 16.3.1.10.

268 Siehe *Robaye*, L'obligation de garde (1987) 193.

269 Übersetzung: Bei den Klagen aus dem Miet-/Pachtvertrag, Werkvertrag und Dienstvertrag steht fest, dass einen [Vertragspartner] Vorsatz und mangelnde Bewachung trifft, nicht aber Zufall, dem man nicht widerstehen kann.

270 *Haymann*, SZ 40 (1919) 235.

271 *Rosenthal*, SZ 68 (1951) 240.

272 *Krückmann*, SZ 64 (1944) 35.

273 Zu denken ist etwa an einen Fall, demzufolge ein Vertragspartner dem jeweils anderen eine Sache überlassen hat, welche sodann von einem Dritten entwendet

Mayer-Maly[274] folgt *Krückmanns* Ansicht dahingehend, dass sich das Reskript ursprünglich auf einen konkreten Einzelfall bezogen habe, bei dem ausschließlich die Haftungs- bzw Gefahrtragungskriterien *dolus*, *custodia* und *vis maior* zur Debatte gestanden seien. Gleichzeitig relativiert er diesen Rekonstruktionsansatz – *Haymann* und *Rosenthal* folgend – mit dem Argument, weitreichende Kürzungen seitens der Kompilatoren[275] verunmöglichten die exakte Rekonstruktion des Sachverhalts.

MacCormack[276] nimmt ebenfalls erhebliche Kürzungen am überlieferten Fragment an und geht davon aus, dass in der Originalversion des Reskripts auch *culpa* behandelt worden sei. Gleichzeitig hält er aber eine den Vertragsparteien einer *locatio conductio* obliegende *custodia*-Pflicht prinzipiell für denkbar.

Molnár[277] vermutet keine weitreichenden Interpolationen, vielmehr geht er davon aus, dass jeder *conductor* bzw *locator*, dem eine Sache des Vertragspartners anvertraut wird, der *custodia*-Haftung unterliege. Das Haftungskriterium der *culpa* sei ihm zufolge im konkreten Fall entweder nicht einschlägig oder insofern mitberücksichtigt, als es zwischen *dolus* und *custodia* liege.

Schließlich stellt *Robaye*[278] einen umfassenden Vergleich zwischen der Aussage des Reskripts und anderen Quellen an, die sich mit Haftungskriterien bei *der locatio conductio* beschäftigen. Seiner Ansicht nach könne aus C. 4.65.28 jedenfalls keine allgemeine *custodia*-Haftung für die *locatio conductio* abgeleitet werden. Zu sehr spieße sich eine gegenteilige Ansicht mit den Juristenentscheidungen, die in zahlreichen klassischen Fragmenten überliefert sind, welche (zumindest implizit) *custodia* als allgemeines Haftungskriterium bei der *locatio conductio* in der römischen Klassik verneinen.

Der Ansicht *Robayes* ist zuzustimmen. Einerseits gibt es eine Vielzahl an Quellen, welche sich ausdrücklich mit den allgemeinen Haftungskriterien bei der *locatio conductio* beschäftigen, aber als solche bloß *dolus* und *culpa*,

---

worden ist. Der Kläger könnte sich diesfalls auf ein etwaiges doloses – weil kollusionsartiges – Zusammenwirken des Vertragspartners mit dem Dieb oder zumindest auf eine Verletzung der *custodia*-Pflicht berufen haben, wohingegen sich der Beklagte hinsichtlich des Verlustes der Sache auf einen Raub berufen haben könnte; vgl Ulp. (32 ed.) D. 19.2.9.4.

274 *Mayer-Maly*, Locatio Conductio (1956) 214.

275 Zur Tätigkeit der Kompilatoren siehe Kapitel 1.4 Fn 25.

276 *MacCormack*, SZ 89 (1972) 205.

277 *Molnár*, ANRW II 14 (1982) 613 f; siehe auch *Hoffmann-Riem*, SZ 86 (1969) 396.

278 *Robaye*, L'obligation de garde (1987) 193 ff.

nicht aber *custodia* ausweisen. Andererseits ist das Reskript aufgrund weitreichender Kürzungen (und womöglich Interpolationen) derart lückenhaft, dass sich eine verallgemeinerungsfähige Aussage zur *custodia* aus dem überlieferten Quellentext nicht entnehmen lässt.[279] Zudem datiert das Reskript aus dem Jahr 294, also aus nachklassischer Zeit, weshalb es äußerst fraglich erscheint, ob es überhaupt klassisches Gedankengut widerspiegelt.

Es kann daher festgehalten werden, dass *custodia* nicht als allgemeines Haftungskriterium bei der *locatio conductio* einzustufen ist.[280] Das schließt aber nicht aus, dass einem konkreten Vertragsverhältnis eine *custodia*-Pflicht zugrunde liegen kann, wie einige Quellen belegen.[281] Insbesondere betrifft die *custodia*-Haftung *fullones* und *sarcinatores, horrearii* und *nautae/caupones/stabularii*,[282] was in Kapitel 4.3 zu zeigen sein wird.

2.2 Die Noxalhaftung

2.2.1 Die Haftung des *dominus insciens*

Die Noxalhaftung ist eine bereits in vorklassischer Zeit[283] entwickelte Haftungsfigur *sui generis*.[284] Es handelt sich dabei um eine verschuldensunabhängige[285] Einstandspflicht des *dominus insciens* für Delikte[286] seiner

---

279 So auch *Cannata*, Responsabilità contrattuale (1966) 54.

280 Siehe Fn 265.

281 Unstrittigerweise unterliegen Personen einer *custodia*-Haftung, welche für die Bewachung einer Sache ein Entgelt nehmen; siehe Gai. (5 ed. prov.) D. 19.2.40: *Qui mercedem accipit pro custodia alicuius rei, is huius periculum custodiae praestat*; siehe auch *MacCormack*, SZ 89 (1972) 203 f.

282 Siehe *Van den Bergh*, TR 43 (1975) 67; siehe aber etwa auch Ulp. (29 Sab.) D. 47.2.14.17 zur (in der romanistischen Literatur umstrittenen) *custodia*-Haftung des Briefträgers; *Molnár*, ANRW II 14 (1982) 600 f; *Rosenthal*, SZ 68 (1951) 240.

283 *Flach*, Zwölftafelgesetz (2004) 159 ff.

284 *Pennitz* in HRPR (2023) § 105 Rz 6 Fn 55; *Pennitz*, Obligatio domini, in *Harke* (Hrsg), Drittbeteiligung (2010) 73.

285 Die Haftung eines *dominus* beruht aus dessen Sicht nicht auf einem eigenen Fehlverhalten, sondern bloß auf dem Faktum des Gewaltverhältnisses zum Delinquenten. Beim unmittelbaren Schädiger selbst müssen freilich die Voraussetzungen erfüllt sein, welche erforderlich wären, damit es – im Fall seiner Gewaltfreiheit – zu einer deliktischen Haftung in eigener Person käme; *Klausberger*, Zurechnungsgründe (2019) 82 f.

286 Die Haftung erstreckt sich auf sämtliche Privat- inklusive Quasidelikte. Daneben bestehen auch andere Konstellationen, in denen eine Noxalhaftung möglich ist; siehe *Pennitz* in HRPR (2023) § 105 Rz 4, 15 ff; *Wicke*, Haftung (2000) 43.

Sklaven bzw Hauskinder,[287] soweit Ansprüche gegen diese nicht klagsweise durchgesetzt werden können.[288] Passivlegitimiert ist nach dem Grundsatz[289] *noxa*[290] *caput*[291] *sequitur* derjenige *dominus*, welcher im Zeitpunkt der Klagserhebung Gewalt über den unmittelbaren Schädiger hat.[292]

Kommt es zur Klage[293] der durch einen fremden Gewaltunterworfenen geschädigten Person, steht es dem Gewalthaber des Schädigers offen, sich auf den Prozess einzulassen.[294] Entscheidet sich der *dominus* dagegen, hat er den gewaltunterworfenen Schädiger prinzipiell[295] sogleich auszuliefern.[296] Lässt sich der Gewalthaber aber auf das Verfahren ein,[297] so kann er den unmittelbaren Schädiger zunächst verteidigen.[298] Misslingt die Verteidigung, so haftet der *dominus*[299], wobei ihm eine Wahlmöglichkeit (*facultas*

---

287 *Pennitz*, Obligatio domini, in *Harke* (Hrsg), Drittbeteiligung (2010) 71 ff; *Cursi*, Responsabilità, in *Carvajal/Miglietta* (Hrsg), Estudios Jurídicos II (2001) 184 f; *Zimmermann*, Law of Obligations (1990) 916; *Benöhr*, SZ 97 (1980) 276.

288 Siehe Kapitel 1.1 Fn 6.

289 Siehe Gai. (7 ed. prov.) D. 9.4.20: *Qui ex pluribus noxis diversis temporibus experitur, ex uni noxia servi dominium nanctus nullam amplius actionem habet adversus eum, qui dominus fuerat, cum actio noxalis caput sequatur […]*; siehe auch *Sirks*, TR 81 (2013) 81 ff; *Schmidlin*, Rechtsregeln (1970) 94 ff; *Kaser*, RPR I² (1971) 632; *Buckland*, Slavery (1908) 106.

290 Zur Etymologie des Begriffes „*noxa*" siehe mwN *Scheibelreiter*, Buße und Wiedergutmachung, in *Gamauf* (Hrsg), Ausgleich oder Buße (2017) 20; *Sirks*, TR 81 (2013) 82; *Daube*, CLJ 7 (1939) 26 ff; *Von Wyss*, Haftung (1867) 17 f.

291 Zur Etymologie des Begriffes „*caput*" siehe mwN *Sirks*, TR 81 (2013) 81 ff.

292 *Sirks*, TR 81 (2013) 108; *Wicke*, Haftung (2000) 45; *Schmidlin*, Rechtsregeln (1970) 94 ff; *Buckland*, Slavery (1908) 106.

293 Zur Prozessformel der *actiones noxales* siehe mwN *Pennitz* in HRPR (2023) § 105 Rz 1 f; *Klausberger*, Zurechnungsgründe (2019) 81 f; *Lenel*, SZ 47 (1927) 1 ff.

294 *Klinck*, SZ 132 (2015) 140.

295 Handelt es sich beim Täter um einen Haussohn (*filius familias*), so kann sich dieser möglicherweise selbst verteidigen; siehe *Klinck*, SZ 132 (2015) 140 f.

296 Siehe Ulp. (23 ed.) D. 9.4.21: *Quotiens dominus ex noxali causa convenitur, si nolit suspicere iudicium, in ea causa res est, ut debeat noxae dedere eum, cuius nomine iudicium non suscipitur […]*.

297 Eine ausführliche Auseinandersetzung mit dem Prozessablauf bei Noxalklagen bietet *Pennitz* in HRPR (2023) § 105 Rz 11 f.

298 Siehe *Pennitz* in HRPR (2023) § 105 Rz 12; *Pennitz*, Obligatio domini, in *Harke* (Hrsg), Drittbeteiligung (2010) 73.

299 Es handelt sich dabei nicht um die bloße Übernahme einer fremden Obligation, sondern um eine eigene Obligation des Gewalthabers; *Sirks*, TR 81 (2013) 107; *Kaser*, RPR I² (1971) 631; *Lenel*, SZ 47 (1927) 27; siehe aber mit aA *Biondi*, Actiones noxales (1925) 254 f.

in solutione[300]) zukommt:[301] Entweder er leistet dem Geschädigten eine Geldbuße[302] oder er liefert den unmittelbaren Schädiger haftungsbefreiend aus.[303]

Die Geldbuße entspricht jenem Betrag, den ein gewaltfreier Schädiger bei Verübung desselben Delikts als Buße leisten müsste.[304] Handelt es sich um einen hohen, den Wert des Sklaven deutlich übersteigenden Betrag, so wird der Gewalthaber zur Erledigung der Haftpflicht seinen Gewaltunterworfenen ausliefern, sofern keine besonderen Gründe[305] dagegensprechen.

Der Zweck der Auslieferung des unmittelbaren Schädigers (*noxae deditio*[306]) liegt nach altrömischem Recht in der Möglichkeit, den Delinquenten für seine Tat zu bestrafen.[307] Die *noxae deditio* bewirkt nämlich, dass der Schädiger in die *mancipium*-Gewalt[308] des Tatopfers bzw in dessen Eigentum[309] gelangt, fortan also dessen Gewalt unterliegt.[310] Im Verlauf der Klassik setzt sich eine „ökonomischere" Handhabung der Noxalhaftung durch. Es wird Praxis, dass ein ausgelieferter Schädiger in den Arbeitsbetrieb des Geschädigten eingegliedert wird, um den Schaden durch Ausnützung seiner Arbeitskraft auszugleichen.[311] Ebenfalls entwickelt sich im Verlauf der Klassik die Praxis, dass der Prätor die Freilassung ausgelieferter und in den

---

300 *Pennitz*, Obligatio domini, in *Harke* (Hrsg), Drittbeteiligung (2010) 73.

301 Siehe Gai. (2 ed. prov.) D. 9.4.1: *Noxales actiones appellantur, quae non ex contractu, sed ex noxa atque maleficio servorum adversus nos instituuntur: quarum actionum vis et potestas haec est, ut, si damnati fuerimus, liceat nobis deditione ipsius corporis quod deliquerit evitare litis aestimationem.*

302 Zur Frage betreffend den buß- oder schadenersatzrechtlichen Charakter der *actio legis Aquiliae* siehe *Finkenauer*, Pönale Elemente, in Gamauf (Hrsg), Ausgleich oder Buße (2017) 37; *Wallinga*, Actio legis Aquiliae, in FS Knütel (2009) 1385 ff.

303 Die Möglichkeit, seine Haftung durch Preisgabe des Schädigers in Grenzen zu halten, ist darauf zurückzuführen, dass der *dominus* verschuldensunabhängig für Delikte seiner Gewaltunterworfenen einstehen muss und sein Risiko nicht ausufern soll; *Cursi*, SZ 132 (2015) 378 f; *Benöhr*, SZ 97 (1980) 274.

304 *Von Wyss*, Haftung (1867) 36.

305 Haustöchter werden seit jeher aus sittlichen Gründen nicht ausgeliefert; *Pennitz* in HRPR (2023) § 105 Rz 23 Fn 195.

306 Zur Etymologie des Begriffes „*noxae deditio*" siehe mwN *Kaser*, SZ 87 (1970) 445 f.

307 *Gröschler*, Responsabilità nossale, in Studi in onore Metro III (2010) 198 ff; *Schmidlin*, Rechtsregeln (1970) 94 ff; *Lenel*, SZ 47 (1927) 19.

308 Siehe etwa Gai. Inst. 1.140–141.

309 Siehe etwa Paul. (22 ed.) D. 9.4.17.1.

310 *Kaser* RPR I^2 (1971) 113.

311 *Wicke*, Haftung (2000) 46; *Benöhr*, Sklavendelikte, SZ 97 (1980) 274.

Arbeitsbetrieb des Geschädigten integrierter Hauskinder erzwingt, sobald diese den verursachten Schaden abgearbeitet haben.[312]

In nachklassischer Zeit kommt die Noxalhaftung für Delikte von Hauskindern außer Übung und der Geschädigte kann sich direkt an die delinquente Person wenden.[313] Hinsichtlich Sklaven bleibt die Noxalhaftung auch in nachklassischer Zeit bestehen, jedoch entwickelt sich auch bei Sklaven nach Abarbeiten des Schadens eine Pflicht des Geschädigten zur Rückgabe des delinquenten Sklaven an den ursprünglichen *dominus*, sobald der Sklave den Schaden durch seine Arbeitsleistung ausgeglichen hat.[314]

2.2.2 Die Haftung des *dominus sciens*

Verübt ein Gewaltunterworfener ein Delikt, führt dies – wie soeben in Kapitel 2.2.1 erörtert – grundsätzlich zur Noxalhaftung seines *dominus* (bzw *pater familias*). Es kann aber auch zu einer Deliktshaftung des Gewalthabers ohne Möglichkeit der Auslieferung des Gewaltunterworfenen kommen.[315] Dies etwa dann, wenn ein *dominus* erfährt, dass eine ihm gewaltunterworfene Person vorhat, ein Delikt zu begehen, und er die Ausführung nicht verhindert, obwohl ihm dies möglich wäre.[316] Man spricht in solchen Fällen von der Haftung des *dominus sciens*.[317]

Diese unbeschränkte Einstandspflicht des wissenden Gewalthabers steht nach Ansicht klassischer Juristen in elektiver Konkurrenz zu seiner Noxalhaftung.[318] Im Unterschied zur Noxalhaftung, welche sich gegen

312 Siehe *Wicke*, Haftung (2000) 46.

313 Bei Selbstverteidigung des *filius familias* ist es teilweise bereits in klassischer Zeit zur Personalvollstreckung gegen ihn gekommen; siehe *Pennitz* in HRPR (2023) § 105 Rz 23 Fn 195; *Klinck*, SZ 132 (2015) 141.

314 *Wicke*, Haftung (2000) 46.

315 Zu diesen haftungsrechtlichen Sonderkonstellationen siehe *Pennitz* in HRPR (2023) § 105 Rz 13 ff; siehe auch *Wallinga*, Actio legis Aquiliae, in FS Knütel (2009) 1389.

316 Siehe Ulp. (18 ed.) D. 9.4.2 pr.: *Si servus sciente domino occidit, in solidum dominum obligat [...]: si autem insciente, noxalis est, nec enim debuit ex maleficio servi in plus teneri, quam ut noxae eum dedat.*

317 Siehe Ulp. (3 ed.) D. 9.4.3: *In omnibus noxalibus actionibus, ubicumque scientia exigitur domini, sic accipienda est, si, cum prohibere posset, non prohibuit: aliud est enim auctorem esse servo delinquenti, aliud pati delinquere*; siehe auch Paul. (3 ed.) D. 9.4.4 pr.

318 Nimmt der Geschädigte den *dominus sciens* direkt in Anspruch, so fällt die Noxalhaftung weg und *vice versa*; siehe Paul. (3 ed.) D. 9.4.4.2; Ulp. (18 ed.) D. 9.4.2.1.

den jeweiligen *dominus* im Klagszeitpunkt richtet, bezieht sich die unbeschränkte Haftung des *dominus sciens* stets auf den Gewalthaber im Zeitpunkt der Deliktsbegehung des Gewaltunterworfenen.[319]

319 Siehe Ulp. (18 ed.) D. 9.4.2.1: *Is qui non prohibuit, sive dominus manet sive desiit esse dominus, hac actione tenetur: sufficit enim, si eo tempore dominus, quo non prohibeat [...].*

3. Grundsatz der eigenen Verantwortlichkeit

3.1 Einleitung

Ulp. (52 ed.) D. 39.1.5.5
[...] neque enim debet nocere factum alterius ei qui nihil fecit.[320]

Dieser aus dem Ulpian-Fragment D. 39.1.5.5 entnommene Gedanke findet sich in zahlreichen römischen Quellen in variierten Formulierungen und unterschiedlichen Zusammenhängen.[321] Fraglich erscheint, ob sich aus diesen Texten ein allgemeiner Haftungsgrundsatz[322] für die römische Klassik rekonstruieren lässt, wie er heute[323] etwa in § 1313 ABGB normiert ist:

§ 1313 ABGB
Für fremde, widerrechtliche Handlungen, woran jemand keinen Theil genommen hat, ist er in der Regel auch nicht verantwortlich. Selbst in den Fällen, wo die Gesetze das Gegentheil anordnen, bleibt ihm der Rückersatz gegen den Schuldtragenden vorbehalten.

In der modernen Rechtstheorie werden generelle Normen in Regeln und Prinzipien eingeteilt.[324] Regeln sind konkrete Verhaltensanordnungen, die durch eine strikte Anwendbarkeit gekennzeichnet sind, wohingegen Prinzipien Normen mit einem hohen Generalitätsgrad sind, die gebieten, dass ihr Norminhalt relativ zur rechtlichen und tatsächlichen Möglichkeit in hohem Maße realisiert wird, wenngleich sie mit widerstreitenden Prinzipien abgewogen werden müssen.[325]

---

320 Eigene Übersetzung: [...] denn das Verhalten eines anderen darf niemandem zum Nachteil gereichen, der nichts gemacht hat.

321 *Wicke*, Haftung (2000) 49; *Knütel*, SZ 100 (1983) 359 ff; *Phillimore*, Principles (1856) 35 ff.

322 Römischrechtliche Grundsätze sind als Leitsätze zu verstehen, die – soweit sie einschlägig sind – im Rahmen der Beurteilung konkreter juristischer Fallentscheidung heranzuziehen sind, wobei die Besonderheit eines konkreten Sachverhalts es rechtfertigen kann, einen einschlägigen Grundsatz zugunsten einer sachgerechten Entscheidung unangewendet zu lassen; siehe *Kaser*, Methode[2] (1969) 60, 62.

323 *Schacherreiter* in *Kletečka/Schauer*, ABGB-ON[1.08] § 1313 Rz 1; *Ondreassova*, Gehilfenhaftung (2013) 15; *Reischauer* in *Rummel*, ABGB[3] § 1313 ABGB Rz 1.

324 Siehe mwN *Potacs*, Rechtstheorie[2] (2019) 105 ff; *Alexy*, Rechtsregeln, in *Alexy et al.* (Hrsg), Juristische Begründungslehre (2003) 218 ff; *Dworkin*, University of Chicago Law Review 35 (1967) 22 ff.

325 *Alexy*, Rechtsregeln, in *Alexy et al.* (Hrsg), Juristische Begründungslehre (2003) 224.

Im Gegensatz zu den modernen kontinentaleuropäischen Kodifikationen handelt es sich beim klassischen römischen Privatrecht um kein abgeschlossen konzipiertes System generell abstrakter Normen.[326] Vielmehr ist die Jurisprudenz der römischen Klassik vorrangig von Kasuistik geprägt, deren Hauptcharakteristikum in der Beurteilung konkreter (Einzel-)Fälle liegt.[327] Ausgehend von der kasuistischen Fallpraxis bilden die römischen Juristen in induktiven Schritten Leitsätze heraus.[328] Diese fassen das durch die einzelnen Fallentscheidungen etablierte Recht zusammen und nehmen somit eine Mittelposition zwischen Rechtssetzung und Beschreibung des Rechts ein.

Die von den römischen Juristen entwickelten Leitsätze werden zum Teil ausdrücklich als *regulae*[329] formuliert, zum Teil ergibt sich ihr regelhafter Charakter aus der Spruchform mehrerer Entscheidungen.[330] Festzuhalten ist, dass der römischrechtliche Terminus *regula* nicht als deckungsgleich mit dem Begriff der Regel iSd modernen Rechtstheorie zu verstehen ist: Während manche römische *regulae* dem modernen Regel-Begriff entsprechen, sind andere eher iSd modernen Rechtsprinzips zu verstehen.[331]

Regulae iSd zweiten Kategorie sind auch vergleichbar mit den *principles* des angloamerikanischen *case law*-Systems. *Principles* sind Rechtsgrundsätze iSv richterlichen Orientierungsmaßstäben, die im Rahmen der Entscheidungsfindung heranzuziehen und wechselseitig abzuwägen sind.[332] Ebenso sind auch römischrechtliche Grundsätze wechselseitig abzuwägen, weshalb ihnen keine unumstößliche Wirkung zukommt. Vielmehr kann die Besonderheit eines konkreten Sachverhalts es erfordern, von einem etablierten Grundsatz abzuweichen.[333] Dies überliefert Paulus in seinem Kommentar *ad Plautium*:

> Paul. (16 Plaut.) D. 50.17.1[334]
> *Regula est, quae rem quae est breviter enarrat. Non ex regula ius sumatur, sed ex iure quod est regula fiat. Per regulam igitur brevis rerum narratio traditur, et,*

---

326 *Böhr*, Verbot der eigenmächtigen Besitzumwandlung (2002) 25; *Kaser*, Methode^2 (1969) 50 ff.

327 *Wacke*, SZ 109 (1992) 418; *Nörr*, SZ 89 (1972) 71; *Kaser*, RPR I^2 (1971) 181 ff; *Kaser*, Methode^2 (1969) 54; *Schulz*, Prinzipien (1934) 34 f; *Pugliese*, RIDA 3 (1956) 354.

328 Siehe mwN *Horak*, SZ 101 (1984) 279.

329 Für weitergehende Ausführungen zur *regula* siehe *Böhr*, Besitzumwandlung (2002) 18; *Winkel*, Fundamina 2 (1996) 108 ff; *Schmidlin*, ANRW II 15 (1976) 117 ff; *Nörr*, SZ 89 (1972) 18 ff; *Schmidlin*, Rechtsregeln (1970) 1 ff; *Stein*, Regulae iuris (1966) 1 ff.

330 *Nörr*, SZ 89 (1972) 37 ff; *Schmidlin*, Rechtsregeln (1970) 7.

331 Siehe *Winkel*, Fundamina 2 (1996) 112 ff.

332 *Potacs*, Rechtstheorie^2 (2019) 109 f.

333 *Kaser*, Methode^2 (1969) 60, 62.

334 Für eine ausführliche etymologische Auseinandersetzung mit dem Paulus-Fragment siehe *Behrens*, SZ 75 (1958) 353 ff.

ut ait Sabinus, quasi causae coniectio est, quae simul in aliquot vitiata est, perdit officium suum.[335]

Gemäß dem ersten Satz des Paulus-Fragments ist die *regula* als die Kurzbeschreibung eines Rechtsfalles zu verstehen. Im zweiten Satz erklärt Paulus, dass sich Recht nicht von einer Regel ableite, sondern sich vielmehr die Regel aus dem Recht entwickle. Im dritten und letzten Satz kommt es neben der Wiederholung der Aussage des ersten Satzes zu einer Gegenüberstellung zwischen *regula* und *causae coniectio*, der Kurzdarstellung eines Rechtsfalles durch die Streitparteien im Verfahren *in iure* vor dem Prätor (*praetor*[336]).[337] Zuletzt führt Paulus aus, dass eine Regel zu weichen habe, wenn Sie mit einem konkreten Rechtsfall nicht vereinbar ist.

Das Paulus-Fragment haben die Kompilatoren Justinians aus ihrer Ordnung herausgelöst, etwas gekürzt[338] und an den Anfang der Regelsammlung in D. 50.17 gesetzt, ohne aber in den Wortlaut des von den Kürzungen verschont gebliebenen Teils selbst eingegriffen zu haben.[339] Die Quelle dürfte sich ursprünglich auf eine konkrete *regula* bezogen haben, wobei sich eine exakte Einordnung des Fragments aufgrund der Kürzungen als schwierig erweist.[340]

Lenel[341] reiht das Fragment – versuchsweise[342] – an die letzte Stelle von D. 50.16 betreffend den Problemkreis der Freilassung Gewaltunterworfener (*manumissio*). *Daube*[343] vermutet, die Quelle beziehe sich ursprünglich auf die *regula Catoniana*, welche die (Un-)Gültigkeit bestimmter Legate betrifft.[344] *Hausmaninger*[345] steht dieser Ansicht mangels griffiger

335 Eigene Übersetzung: Eine Regel ist etwas, das einen Rechtsfall kurz erklärt. Das Recht werde nicht von einer Regel abgeleitet, sondern die Regel entstehe aus dem Recht. Durch eine Regel wird also eine kurze Darstellung eines Rechtsfalles gegeben und sie ist, wie Sabinus sagt, gleichsam eine *causae coniectio*, die ihre Anwendung verliert, sobald sie in irgendeiner Weise entkräftet wird.

336 Zur Stellung des *praetor* im römischen Zivilprozess siehe *Kaser/Hackl*, Zivilprozessrecht² (1996) 172 f.

337 *Kaser/Hackl*, Zivilprozessrecht² (1996) 116.

338 *Behrens*, SZ 75 (1958) 355.

339 *Schmidlin*, Rechtsregeln (1970) 8; *Daube*, SZ 76 (1959) 208.

340 Siehe *Schmidlin*, Rechtsregeln (1970) 11 f.

341 *Lenel*, Palingenesia Iuris Civilis II (1889) 1173.

342 *Hausmaninger*, TR 36 (1968) 474 Fn 10; *Daube*, SZ 76 (1959) 205.

343 *Daube*, SZ 76 (1959) 205 ff; siehe auch *Stein*, Regulae iuris (1966) 67.

344 Zur *regula Catoniana* siehe mwN *Choe*, Regula Catoniana, in FS Knütel (2009) 213 ff; *Hausmaninger*, TR 36 (1968) 469 ff.

345 *Hausmaninger*, TR 36 (1968) 473 ff.

Quellenbeweise eher skeptisch gegenüber, bietet aber selbst keinen konkreten Ansatz zur der Quelleneinordnung an. *Schmidlin*[346] erachtet *Daubes* Argumentation – auch wenn sie nicht mit Sicherheit belegbar sei – für nachvollziehbar, weist aber darauf hin, dass die scharfe Bemerkung von Paulus, selbst wenn sie sich konkret auf die *regula Catoniana* beziehe, als verallgemeinerungsfähige Aussage zu verstehen sei. *Böhr*[347] geht noch einen Schritt weiter und argumentiert, dass die im Fragment geäußerten Gedanken von „prinzipieller Natur" seien und „allgemeine Gültigkeit" beanspruchten.

Im ersten Satz der Quelle definiert Paulus den zentralen Gegenstand des Fragments, die *regula*: Eine Regel – so Paulus – sei eine kurze (*breviter*) beschreibende Wiedergabe (*enarrat*) eines Rechtsfalles (*rem*).[348] Durch ihren kurzgehaltenen Umriss werde ein konkreter Sachverhalt abstrakt und (bloß) in seinem wesentlichen Inhalt zusammengefasst.

Der zweite Satz des Paulus-Fragments wird in der Literatur zum Teil als eine unter den römischen Juristen übereinstimmende Ansicht verstanden, wonach Recht (welches der Entscheidung eines konkreten Einzelfalls zugrunde liegt) nicht zwingend aus einer *regula* abgeleitet werden könne.[349] Die konjunktivischen Ausdrücke *non sumatur* und *fiat* lassen jedoch vermuten, es handle sich nicht um eine gesicherte Rechtsansicht, vielmehr (nur) um eine mahnende Ansicht Paulus', dass die Regel nicht über, sondern unter das *ius* zu stellen sei.[350]

Es ist demnach wahrscheinlich, dass hinsichtlich der rechtlichen Qualität von *regulae* eine Juristenkontroverse bestanden hat. Jedenfalls ist die Abneigung gegen starre Regeln und Definitionen (*definitiones*[351]) auch bei anderen römischen Juristen überliefert,[352] da die Gefahr bestehe, dass diese zu weit bzw zu eng gefasst und daher nicht verlässlich sind.[353]

---

346 *Schmidlin*, Rechtsregeln (1970) 11.

347 *Böhr*, Besitzumwandlung (2002) 18.

348 *Böhr*, Besitzumwandlung (2002) 20.

349 Siehe mwN *Hausmaninger*, Nemo sibi ipse causam possessionis mutare potest, in GS Schmidt (1966) 411 Fn 46.

350 *Isola*, Venire contra factum proprium (2017) 7; *Nörr*, SZ 89 (1972) 30; *Schmidlin*, Rechtsregeln (1970) 9 f; *Hausmaninger*, Nemo sibi ipse causam possessionis mutare potest, in GS Schmidt (1966) 412; *Daube*, SZ 76 (1959) 205.

351 Celsus verwendet die Termini *regula* und *definitio* synonym; siehe *Schmidlin*, ANRW II 15 (1976) 117; *Behrens*, SZ 74 (1957) 360; siehe auch Cels. (35 dig.) D. 34.7.1.

352 Siehe Iavol. (11 epist.) D. 50.17.202: *Omnis definitio in iure civili periculosa est: parum est enim, ut non subverti posset.*

353 *Kaser*, Methode^2 (1969) 61 f; *Pugliese*, RIDA 3 (1956) 354; *Wenger*, Canon (1942) 55; *Schulz*, Prinzipien (1934) 27 ff.

Zusammenfassend kann festgehalten werden, dass die *regula* bloß eine – wenn auch bedeutende – Rechtsquelle neben weiteren ist und es sein kann, dass sie im Einzelfall uU von einer anderen Norm ausgestochen wird.

Der dritte Satz der Quelle knüpft zunächst an die Aussage des Einleitungssatzes, wonach eine Regel die normative Essenz eines (kurz dargestellten) Rechtsfalles ist – *per regulam igitur brevis rerum narratio traditur.* Darauf folgt ein Vergleich der *regula* mit der erstmals in den 12 Tafeln erwähnten *causae coniectio.*[354] Bei der *causae coniectio* handelt es sich um einen Prozessabschnitt im Legisaktionenverfahren, in dem ein zu beurteilender Rechtsfall auf das Wesentliche reduziert dem Prätor (*in iure*) zur (vorläufigen) Beurteilung vorgelegt wird.[355]

Die Funktion und Grenzen der *causae coniectio* korrespondieren mit dem Regelverständnis, wie es im Paulus-Fragment zum Ausdruck kommt: Die *causae coniectio* fasst den Verfahrensgegenstand vorläufig zusammen und liefert ein Programm für den möglichen Verfahrensausgang. Sofern sich die (Kurz-)Darstellung der *causae coniectio* in concreto aber als unzutreffend erweist, hat sich der Richter (im Verfahren *apud iudicem*) bei der Entscheidungsfindung davon zu lösen.[356] Ähnliches gelte – wie Paulus auf Sabinus verweisend ausführt – auch für die *regula.*

ME ist das Paulus-Fragment wie folgt zu verstehen: *Regulae* sind Leitsätze, an denen sich die römischen Juristen orientieren, wenn ein Rechtsfall einer sachgerechten Lösung zugeführt werden soll. Da sich *regulae* auf ihre normative Essenz beschränken, unterliegen sie im jeweiligen Anwendungszusammenhang einer präzisierenden Überprüfung: Stellt sich bei der Entscheidungsfindung heraus, dass eine vermeintlich einschlägige *regula* nicht den Spezifika eines konkreten Falles gerecht wird, so hat sie der Jurist zugunsten einer sachgerechten Entscheidung nicht oder nur eingeschränkt zu beachten.

Zusammenfassend lässt sich Folgendes festhalten: Trotz vorherrschender Kasuistik in der römischen Klassik entwickeln sich gewisse Rechtsgrundsätze, *regulae*, welche die römischen Juristen bei ihrer Entscheidungsfindung leiten. Die künftige Einhaltung etablierter Rechtsgrundsätze beruht aber nicht auf ihrer (erhöhten) Normqualität und auch nicht auf einer sonstigen

---

354 Tab. 1.7: *Ni ita pagunt, in comitio aut in foro ante meridiem caus<s>am conicito*; siehe auch *Kaser/Hackl*, Zivilprozessrecht^{2} (1996) 116.

355 Siehe Gai. Inst. 4.15: *[...] deinde, cum ad iudicem venerant antequam apud eum causam perorarent, solebant breviter ei et quasi per indicem re exponere; quae dicebatur ‚causae coniectio' [...];* siehe auch *Böhr*, Besitzumwandlung (2002) 31 ff; *Wacke*, OIR 5 (1999) 175 ff; *Kaser/Hackl*, Zivilprozessrecht^{2} (1996) 116 Fn 14; *Behrens*, SZ 75 (1958) 358.

356 *Böhr*, Besitzumwandlung (2002) 33 f.

streng gesetzlichen Grundlage.[357] Vielmehr wird die Einhaltung einer *regula* durch ihre innere Richtigkeit empfohlen, da sie von der (bisherigen) Autorität der römischen Juristen getragen ist. Kollidiert ein Sachverhalt mit einer *regula* dahingehend, dass ihre Anwendung im konkreten Fall zu einem inadäquaten Ergebnis führen würde, so ist sie im Sinne des Primats sachgerechter Entscheidungsfindung in concreto nicht oder nur eingeschränkt anzuwenden, wodurch ihr Geltungsbereich präzisiert[358] wird.[359]

Hinsichtlich der eingangs erörterten Frage, ob sich für die römische Klassik ein Grundsatz der eigenen Verantwortlichkeit rekonstruieren lässt, ist nach Durchsicht der klassischen römischen Rechtsquellen jedenfalls festzuhalten, dass es keine als *regula* bezeichnete Bestimmung gibt, der zufolge man für fremdes Handeln – in Ermangelung eigenen Fehlverhaltens – nicht einstehen muss. Jedoch lässt sich ein Grundsatz der eigenen Verantwortlichkeit womöglich aus der Zusammenschau mehrerer einschlägiger Quellen rekonstruieren.[360] Dies gilt es, im Folgenden zu untersuchen.

3.2 Grundsatz der eigenen Verantwortlichkeit *im römischen Vermögensprivatrecht?*

a) D. 39.1.5.5

Zunächst steht das Ulpian-Fragment D. 39.1.5.5 im Fokus, welches den bereits in Kapitel 1.1 und 3.1 angesprochenen Passus *„neque enim debet nocere factum alterius ei qui nihil fecit"* enthält:

> Ulp. (52 ed.) D. 39.1.5.5
> *Si plurium res sit, in qua opus novum fiat et uni nuntietur, recte facta nuntiatio est omnibusque dominis videtur denuntiatum: sed si unus aedificaverit post operis novi nuntiationem, alii, qui non aedificaverint, non tenebuntur:* ***neque enim debet nocere factum alterius ei qui nihil fecit.***[361]

---

357 *Nörr*, SZ 89 (1972) 71.

358 *Wacke*, OIR 5 (1999) 178.

359 *Kaser*, Methode² (1969) 62, 74.

360 So wird dem Passus *„noxa caput sequitur"*, welcher zu den von den römischen Juristen am häufigsten zitierten Rechtsphrasen zählt, berechtigterweise Grundsatzcharakter beigemessen, ohne in irgendeiner Quelle ausdrücklich als *regula* bezeichnet zu sein; siehe *Nörr*, SZ 89 (1972) 66.

361 Eigene Übersetzung: Wenn die Sache [das Grundstück], worauf der Neubau begonnen wird, Eigentum mehrerer ist, und ein Einspruch wegen Neubaus gegenüber einem der Eigentümer verkündet wird, so ist er gültig und gegen alle gerichtet. Wenn aber einer [der Eigentümer] nach erfolgtem Einspruch wegen Neubaus gebaut hat, so werden die anderen, die nicht gebaut haben, nicht verpflichtet: **denn das Verhalten eines anderen darf niemandem zum Nachteil gereichen, der nichts gemacht hat.**

Ulpian erörtert einen Sachverhalt betreffend eine Eigentümergemeinschaft, die auf ihrem Grundstück einen Neubau beginnt, wogegen jemand einen Einspruch wegen Bauführung (*operis novi nuntiatio*) erhebt, welcher einem der Miteigentümer verkündet wird. Entgegen der *operis novi nuntiatio* setzt ein anderer Miteigentümer den Bau fort. Gefragt wird, ob das Verhalten des Bauführers seinen Miteigentümern zuzurechnen ist.

Die *operis novi nuntiatio* ist ein starkes Instrument zur Regulierung von Neubauten auf benachbarten Grundstücken.[362] Bei erwarteter Beeinträchtigung gewisser privater bzw öffentlicher Interessen kann durch öffentliche Anzeige ein durch einen Neubau beschwerter Eigentümer oder Servitutsberechtigter des Nachbargrundstücks (Nuntiant) dem Bauführer (Nuntiat) das Fortsetzen seiner noch nicht abgeschlossenen Bautätigkeit untersagen.[363] Infolgedessen muss die Bauführung (zumindest vorübergehend[364]) eingestellt werden.[365]

Wird der Bau dennoch rechtswidrig[366] fortgeführt – wie es im gegenständlichen Fall offenbar geschieht –, erhält der Nuntiant ein restitutorisches Interdikt (*interdictum demolitorium*[367]). Mit diesem kann er die Beseitigung aller baulichen Aktivitäten nach dem erfolgten Einspruch (*contra nuntiationem*) verlangen.[368] Weigert sich der Bauführer, das Neugebaute abzutragen, so wird er auf den Geldwert verurteilt.[369] Ist der Bauführer nicht liquide, stellt sich für den Nuntianten die Frage, ob er seinen Ersatzanspruch auch gegen die Miteigentümer des Grundstücks richten kann, die selbst nicht die Bautätigkeit unerlaubt fortgesetzt haben.

---

362 *Rainer*, Bau- und nachbarrechtliche Bestimmungen (1987) 169.

363 Ulp. (52 ed.) D. 39.1.1.16: *Nuntiatio fit aut iuris nostri conservandi causa aut damni depellendi aut publici iuris tuendi gratia*; siehe auch *Rainer*, Seminarios Complutenses 8 (1996) 223 ff.

364 Die Bautätigkeit ist so lange einzustellen, bis entsprechende Sicherheiten vom Nuntiaten bestellt sind; *Rainer*, Bau- und nachbarrechtliche Bestimmungen (1987) 169 ff.

365 *Finkenauer*, Stipulation (2010) 253; *Salmen-Everinghoff*, Cautio damni infecti (2009) 37 f; *Rainer*, Bau- und nachbarrechtliche Bestimmungen (1987) 152 ff.

366 Zu den (rechtskonformen) Handlungsmöglichkeiten eines Nuntiaten, um die Wirkungen der Nuntiation außer Kraft zu setzen, siehe *Finkenauer*, Stipulation (2010) 253; *Rainer*, Bau- und nachbarrechtliche Bestimmungen 169.

367 Die Bezeichnung des Interdikts stammt aus der Glossatorenzeit; *Finkenauer*, Stipulation (2010) 253; *Rainer*, Bau- und nachbarrechtliche Bestimmungen (1987) 188.

368 *Finkenauer*, Stipulation (2010) 253; *Rainer*, Bau- und nachbarrechtliche Bestimmungen (1987) 177 f.

369 *Rainer*, Bau- und nachbarrechtliche Bestimmungen (2010) 193.

Ulpian entscheidet zunächst, es reiche aus, die *operis novi nuntiatio* gegenüber einem Eigentümer des Grundstückes zu erklären, um alle Miteigentümer daran zu binden.[370] Für Schäden, die aus der rechtswidrig fortgesetzten Bautätigkeit resultieren, hafte aber bloß der konkrete Bauführer. Die Miteigentümer, welche die Fortsetzung des Neubaus unterlassen haben, haften nicht. Diese sind wohl – wie die Erben des Grundstückes eines Nuntiaten[371] – bloß dazu verpflichtet, die Abtragung des Neubaus zu dulden. Darüber hinaus soll ihnen die von ihrem Miteigentümer eigenmächtig fortgesetzte Bautätigkeit aber nicht schaden, denn das Verhalten eines anderen dürfe niemandem zum Nachteil gereichen, der nichts gemacht hat – *neque enim debet nocere factum alterius ei qui nihil fecit.*

b) D. 44.4.11 pr.

Ein vergleichbar abstrakt formulierter Passus findet sich im Neraz-Fragment D. 44.4.11 pr. zur Prozessführung eines *procurator* für seinen Geschäftsherrn:

> Nerat. (4 membran.) D. 44.4.11 pr.
> *Si procurator agit, de dolo eius excipi non debet, quia aliena lis est isque rei extraneus,* ***neque alienus dolus nocere alteri debet*** *[...].*[372]

Der Prozessvertreter (*procurator*[373]) eines Geschäftsherrn klagt eine in der Quelle nicht näher bezeichnete Person. Die beklagte Person begehrt sodann juristische Auskunft darüber, ob sie gegen die Klage eine *exceptio doli* wegen eines vom *procurator* vor Klagserhebung gesetzten dolosen

---

370 Unstrittig dürfte die Ansicht Ulpians sein, dass die gegenüber einem Bauführer (und Eigentümer des Baugrundstückes) erklärte *operis novi nuntiatio* auch für alle anderen bauführenden Miteigentümer verbindlich ist; *Rainer*, Bau- und nachbarrechtliche Bestimmungen (1987) 162 f.

371 Siehe Marcell. (15 dig.) D. 39.1.22: *Cui opus novum nuntiatum est, ante remissam nuntiationem opere facto decessit: debet heres eius patientiam destruendi operis adversario praestare: nam et in restituendo huiusmodi opere eius, qui contra edictum fecit, poena versatur, porro autem in poenam heres non succedit.*

372 Eigene Übersetzung: Wenn ein Prozessvertreter Klage erhebt, so darf wegen seiner eigenen Arglist keine Einrede erhoben werden, da der gegenständliche Rechtsstreit ihn nichts angeht und er diesbezüglich ein Außenstehender ist **und die Arglist einer Person einem anderen nicht schaden darf** [...].

373 Für weitergehende Ausführungen zum Tätigkeitsbereich des *procurator* siehe mwN *Briguglio*, Studi sul procurator I (2007) 1 ff; *Klinck*, SZ 123 (2007) 32 ff; *Behrends*, Die Prokuratur des klassischen römischen Zivilrechts, SZ 88 (1971) 215 ff; *Kaser*, RPR I^2 (1971) 265 f.

Verhaltens einwenden kann. Fraglich erscheint, ob dem Geschäftsherrn das treuwidrige Verhalten des *procurator* zugerechnet wird.

Dies verneint Neraz, da der *procurator* hinsichtlich des übernommenen Rechtsstreites ein Außenstehender (*extraneus*) sei und fremde Arglist einem anderen nicht schaden dürfe – *neque alienus dolus nocere alteri debet.*

c) D. 3.3.27 pr.

Eine an Neraz inhaltlich unmittelbar anknüpfende Rechtsansicht vertritt Ulpian in D. 3.3.27 pr.:

> Ulp. (9 ed.) D. 3.3.27 pr.
> *In causae cognitione etiam hoc versabitur, ut ita demum transferri a procuratore iudicium permittatur, si quis omnia iudicii ab eo transferre paratus sit. Ceterum si velit quaedam transferre, quaedam relinquere, iuste procurator hanc inconstantiam recusabit. Sed haec ita, si mandato domini procurator egit. Ceterum si mandatum non est, cum neque in iudicium quicquam deduxerit, nec tu ea comprobasti: quae invito te acta sunt tibi non praeiudicant ideoque translatio earum litium non est tibi necessaria,* ***ne alieno facto onereris*** *[...].*[374]

Ulpian thematisiert einen Fall der Prozessvertretung durch einen *procurator* in mehreren Sachverhaltsvarianten.[375] Für das gegenständliche Kapitel interessiert bloß die am Ende des Fragments behandelte Frage, inwieweit ein Geschäftsherr für das unakkordierte Handeln seines *procurator* im Prozess einstehen muss.

Ulpian führt aus, dass ein Geschäftsherr durch jegliches – also nicht bloß doloses – eigenmächtiges Verhalten seines *procurator* nicht belastet werden dürfe – *ne alieno facto onereris.*

d) D. 2.10.2

Die nächste zu erörternde Quelle ist das Paulus-Fragment D. 2.10.2:

---

374 Übersetzung: In der Voruntersuchung spielt auch eine Rolle, dass es nur dann zulässig ist, dem Prozessvertreter den Prozess zu entziehen, wenn jemand bereit ist, den Prozess im Ganzen von ihm zu übernehmen. Doch, wenn er den Prozess in einigen Punkten übernehmen will, in einigen nicht, wird der Prozessvertreter mit Recht solche Inkonsequenz ablehnen. Dies gilt freilich nur dann, wenn der Prozessvertreter im Auftrag des Geschäftsherrn tätig war. Andernfalls, wenn kein Auftrag vorliegt und wenn er nichts rechtsanhängig gemacht hat und du auch nichts genehmigt hast, bringt dir das, was ohne deinen Willen geschehen ist, keinen Nachteil, und daher bist du zur Übernahme solcher Prozesse nicht gezwungen, damit du nicht durch fremdes Tun belastet bist; angelehnt an *Huwiler*, in *Behrends et al.* (Hrsg), CIC II (1995) 287.

375 Zur *translatio iudicii* siehe mwN *Domisch*, SZ 135 (2018) 724 ff; *Erxleben*, Translatio iudicii (2017) 1 ff.

Paul. (6 ed.) D. 2.10.2
Si actoris servus domino sciente et cum possit non prohibente dolo fecerit, quo minus in iudicio sistam, Ofilius dandam mihi exceptionem adversus dominum ait, ne ex dolo servi dominus lucretur. Si vero sine voluntate domini servus hoc fecerit, Sabinus noxale iudicium dandum ait nec factum servi domino obesse debere nisi hactenus, ut ipso careat: quando ipse nihil deliquit.[376]

Gemäß der palingenetischen Einordnung *Lenels*[377] und nach hA[378] ist Ausgangspunkt des Streitfalles ein zwischen Kläger und Beklagtem stipuliertes Gestellungsversprechen (*vadimonium*).[379] Es verpflichtet den Beklagten, zu einem bestimmten Zeitpunkt am Gerichtsort zu erscheinen. Im gegenständlichen Fall bewirkt der Sklave des Klägers arglistig, dass der Beklagte nicht wie vereinbart vor Gericht erscheinen kann. Gefragt wird, inwieweit sich der *dominus* das Verhalten seines Sklaven zurechnen lassen muss.

Paulus differenziert zwei Varianten dahingehend, ob der *dominus* vom Vorhaben des Sklaven Bescheid gewusst und diesen dennoch nicht daran gehindert hat oder ob er in Unkenntnis darüber gewesen ist. Weiß der Gewalthaber über das Vorhaben des Sklaven Bescheid und könnte die Handlung des Sklaven unterbinden, so ist er als *dominus sciens*[380] einzustufen. Diesfalls wird ihm das schädigende Verhalten des Sklaven persönlich so zugerechnet, als ob der *dominus* den Beklagten selbst am Erscheinen vor Gericht gehindert hätte, weshalb dem Beklagten eine *exceptio doli* gewährt wird.

Verfügt der Gewalthaber hingegen über kein vorwerfbares Wissen, ist er als *dominus insciens*[381] zu qualifizieren: Diesfalls erhält der Beklagte keine Einrede der Arglist und der *dominus* des Sklaven haftet für dessen Fehlverhalten bloß *noxaliter*. Gemäß der bereits im 12-Tafelgesetz verankerten

---

376 Übersetzung: Wenn ein Sklave des Klägers arglistig bewirkt hat, dass ich nicht vor Gericht erscheine, und der Kläger als Gewalthaber davon wusste und ihn nicht gehindert hat, obwohl er es konnte, dann ist mir, wie Ofilius sagt, gegen den Gewalthaber [der aus dem Gestellungsversprechen klagt] eine Einrede zu gewähren, damit der Gewalthaber aus der Arglist seines Sklaven keinen Vorteil zieht. Hat der Sklave die Tat dagegen ohne Einverständnis des Gewalthabers begangen, so ist eine Noxalklage zu erteilen, sagt Sabinus, und die Tat des Sklaven dürfe dem Gewalthaber nur insoweit schaden, als er den Sklaven verlieren kann, da er selbst nichts Unrechtes getan hat; angelehnt an *Harder*, in *Behrends et al.* (Hrsg), CIC II (1995) 203.

377 *Lenel*, Palingenesia I (1889) 975 f.

378 Siehe etwa *Harder* in *Behrends et al.* (Hrsg), CIC II (1995) 203; *Knütel*, Hilfspersonen, SZ 1983 (100) 367 ff.

379 Zum *vadimonium* siehe *Finkenauer*, Stipulation (2010) 250 ff.

380 Zur Stellung des *dominus sciens* siehe bereits Kapitel 2.2.2.

381 Zur Stellung des *dominus insciens* siehe bereits Kapitel 2.2.1.

Noxalhaftung[382] muss ein *dominus* zwar verschuldensunabhängig für Delikte eigener Gewaltunterworfener einstehen, er kann jedoch anstelle einer Bußgeldzahlung den schädigenden Sklaven haftungsbefreiend ausliefern. Darauf verweist Paulus, demzufolge das eigenmächtige deliktische Handeln eines Sklaven dessen schuldlosem *dominus* (*insciens*) nicht mehr schaden dürfe, als den eigenen Sklaven zu verlieren – *nec factum servi domino obesse debere nisi hactenus, ut ipso careat: quando ipse nihil deliquit.*

e) D. 18.6.12

Das Alfen-Fragment D. 18.6.12 befasst sich ebenfalls mit einem Fall der Schadensverursachung durch Sklaven des Vertragspartners und der Frage, inwieweit deren *dominus* für ihr Fehlverhalten einstehen muss:

> Alf. (2 dig.) D. 18.6.12
> *Si vendita insula combusta esset, cum incendium sine culpa fieri non possit, quid iuris sit? Respondit, quia sine patris familias culpa fieri potest neque, si servorum neglegentia factum esset, continuo dominus in culpa erit, quam ob rem si venditor eam diligentiam adhibuisset in insula custodienda, quam debent homines frugi et diligentes praestare, si quid accidisset, nihil ad eum pertinebit.*[383]

Ein verkauftes Mietshaus (*insula*) brennt vor Übergabe aufgrund einer Nachlässigkeit der Sklaven des Verkäufers (*venditor*) ab. Gefragt wird, ob der *venditor* oder der Käufer (*emptor*) den entstandenen Schaden tragen muss. Servius, der Lehrer von Alfen,[384] beantwortet die Rechtsfrage gutachterlich – was durch *respondit* zum Ausdruck gebracht wird –, dass aus der schadensverursachenden *neglegentia* der Sklaven nicht zwingend ein schuldhaftes Verhalten des Verkäufers abgeleitet werden könne. Wenn der Verkäufer demnach die vertraglich geschuldete Sorgfalt persönlich eingehalten

---

382 Zur Noxalhaftung siehe bereits Kapitel 2.2.

383 Übersetzung: Was ist rechtens, wenn ein verkauftes Mietshaus abgebrannt ist, da es doch ohne Verschulden zu einem Brand nicht kommen kann? Er hat gutachtlich entschieden: Da es ohne Verschulden des Hausvaters zu einem Brand kommen kann und dem Gewalthaber nicht schon deshalb, weil etwas aus Nachlässigkeit der Sklaven geschehen ist, ein Verschulden vorgeworfen werden kann, treffen den Verkäufer, auch wenn etwas Derartiges geschehen ist, keinerlei Folgen, wenn er diejenige Sorgfalt bei der Bewachung des Mietshauses angewendet hat, die tüchtige und sorgfältige Personen beachten müssen; angelehnt an *Behrends*, in *Behrends et al.* (Hrsg), CIC III (1999) 507.

384 Alfen, der Schüler des Servius, verweist wiederholt auf die Lehre Servius', was er (auch) in dieser Quelle mit „*respondit*" zum Ausdruck bringt; siehe mwN *Roth*, Alfeni Digesta (1999) 23.

habe, hafte er – so Servius – nicht vertraglich. Vielmehr trage der Käufer ab Perfektion des Kaufvertrags die Gefahr des zufälligen Unterganges.[385]

Wiewohl die Quelle nicht darauf eingeht, kann man überlegen, ob der Verkäufer dem Käufer – nach allgemeinen Haftungsgrundsätzen – zumindest deliktisch haftet. Dazu ist zunächst festzuhalten, dass der Käufer mangels Übergabe noch nicht Eigentümer des Grundstückes geworden ist. Folglich kommt ihm (prinzipiell) nicht die *actio legis Aquiliae noxalis* zu, um deliktischen Schadenersatz geltend zu machen. Nichtsdestoweniger trägt aber der Käufer ab Perfektion des Kaufvertrages bereits die Gefahr für den zufälligen Untergang des Kaufgegenstandes.

Analog zum Übergang der Diebstahlsklage – *actio furti* – vom Eigentümer auf einen zur *custodia* verpflichteten Nichteigentümer,[386] könnte man argumentierten, dass die *actio legis Aquiliae* ab Gefahrenübergang auf den Erwerber übergeht. Im Unterschied zum beschriebenen Vergleichsfall, demzufolge die Diebstahlsklage (nur) dann übergeht, wenn der Eigentümer zuvor von der *custodia*-pflichtigen Person Ersatz erhalten hat,[387] ginge der hypothetische Klagsübergang der *actio legis Aquiliae* (*noxalis*) gerade zulasten des Verkäufers, der mangels Übergabe noch Eigentümer des Grundstückes ist. Solch ein Klagsübergang stünde in einem gewissen Spannungsverhältnis zum *periculum est emptoris*-Grundsatz[388] und erscheint durch keine Quelle belegbar.[389]

f) D. 28.5.45 (44)

Das Alfen-Fragment D. 28.5.45 (44)[390] ist ein weiterer Quellenbeleg aus der Frühklassik zur Thematik, inwieweit das Verhalten einer Person jemand anderem zum Nachteil gereichen dürfe:

---

385 Siehe Paul. (33 ad ed.) D. 18.6.8 pr.: *Necessario sciendum est, quando perfecta sit emptio: tunc enim sciemus, cuius periculum sit: nam perfecta emptione periculum ad emptorem respiciet.*

386 Siehe mwN *Meissel*, JAP 4 (1993–94) 215; *Kaser*, RPR I² (1971) 617; siehe etwa auch Gai. Inst. 3.205–206 (in Kapitel 4.2.1 d)).

387 Siehe Kapitel 4.3.2 e) Fn 673.

388 Siehe *Pennitz*, Periculum rei venditae (2000) 3 ff, 69 ff; *Krückmann*, Custodia, SZ 64 (1944) 22.

389 Siehe aber Kapitel 4.1.1 zum im Verlauf der römischen Klassik entwickelten Institut der vertraglichen Noxalhaftung, welches zu Zeiten von Servius wohl noch nicht etabliert gewesen sein dürfte.

390 Für eine ausführliche Auseinandersetzung mit der Quelle siehe *Watson*, Irish Jurist 3 (1968) 377 ff.

Alf. (5 dig.) D. 28.5.45 (44)
Pater familias testamento duos heredes instituerat: eos monumentum facere iusserat in diebus certis: deinde ita scripserat: "Qui eorum non ita fecerit, omnes exheredes sunto": alter heres hereditatem praetermiserat, reliquus heres consulebat, cum ipse monumentum exstruxisset, numquid minus heres esset ob eam rem, quod coheres eius hereditatem non adisset. Respondit ***neminem ex alterius facto hereditati*** *neque alligari* ***neque exheredari posse****, sed uti quisque condicionem implesset, quamvis nemo adisset praeterea, tamen eum heredem esse.*[391]

Ein Hausvater (*pater familias*) setzt in seinem Testament zwei Erben mit der Bedingung ein, sie sollen innerhalb einer bestimmten Frist ein Grabmal für ihn errichten. Sofern einer nicht wie angeordnet handeln würde, sollten beide gemäß dem Testament enterbt sein. Einer der beiden tritt in der Folge sein Erbe nicht an, während der andere das Grabmal eigenständig errichtet und die Erbschaft begehrt. Gefragt wird, ob derjenige erben kann, der das Grabmal errichtet hat, ohne dass der andere die testamentarische Bedingung (mit-)erfüllt. Servius[392] antwortet, dass der Errichter des Grabmals, der die testamentarische Bedingung erfüllt hat, nicht sein Erbe durch die Handlung (bzw Unterlassung) des Miterben verlieren könne – *neminem ex alterius [...] exheredari posse.*

Mit seiner Entscheidung greift der Jurist scheinbar in die Privatautonomie des letztwillig verfügenden *pater familias* ein, da er nicht streng nach dem Wortlaut des Testaments entscheidet. Tatsächlich dürfte es Servius gelingen, den wahren Willen des Verstorbenen zu berücksichtigen, dass binnen der im Testament festgesetzten Frist ein Grabmal für ihn errichtet und die damit testamentarisch beauftragte Person für ihren getätigten Aufwand mit dem Erbe belohnt wird. Inwieweit der Entscheidung von Servius primär erbrechtliche Topoi – etwa *favor heredis* und *favor testamenti*[393] – zugrunde liegen oder aber gerade haftungsrechtliche

391 Übersetzung: Ein Hausvater hatte im Testament zwei Erben eingesetzt. Diesen hatte er befohlen, innerhalb einer bestimmten Frist ein Grabmal zu errichten. Dann hat er geschrieben: 'Wenn einer von ihnen nicht so handelt, sollen alle enterbt sein'. Der eine Erbe hatte die Erbschaft abgelehnt, der andere suchte Rat, ob er, nachdem er das Grabmal errichtet habe, etwa deshalb nicht Erbe sei, weil sein Miterbe die Erbschaft nicht angetreten hatte. Er hat entschieden, **niemand könne** durch die **Handlung eines anderen** die Erbschaft verbindlich erwerben oder **enterbt werden**. Vielmehr sei jeder Erbe, soweit er selbst die Bedingung erfüllt habe, auch wenn sonst niemand das Erbe angetreten habe; angelehnt an *Rüfner*, in *Knütel et al.* (Hrsg), CIC V (2012) 74.

392 Siehe *Watson*, Irish Jurist 3 (1968) 378.

393 Die Grundsätze *„favor testamenti"* und *„favor heredis"* sind miteinander verwandt: Während der erste Grundsatz die Erbeinsetzung an sich begünstigt, schützt der zweite den Erben gegen Forderungen, die sein Vermögen beeinträchtigen; *Wieling*, Testamentsauslegung (1972) 82 f.

Überlegungen entscheidungsbildend sind, lässt sich der Quelle nicht entnehmen.

g) D. 10.2.45.1

Abschließend lassen sich aus dem Pomponius-Fragment D. 10.2.45.1 wichtige Erkenntnisse für die Frage nach dem Bestehen eines Grundsatzes der eigenen Verantwortlichkeit in der römischen Klassik ziehen:

> Pomp. (13 Sab.) D. 10.2.45.1
> *Dolus, quem servus heredis admisit, in iudicium familiae erciscundae non venit, nisi si domini culpa in hoc erat, quod non idoneum servum rei communi applicuerit.*[394]

Eine Sache, welche sich im Eigentum zweier Miterben befindet, wird vom Sklaven eines Miterben dolos beschädigt. Fraglich erscheint, ob der andere Miterbe den Schaden mittels Erbteilungsklage (*actio familiae erciscundae*) geltend machen kann. Pomponius entscheidet, dass Arglist des Sklaven eines Miterben grundsätzlich nicht von der Erbteilungsklage erfasst sei – *dolus, quem servus heredis admisit, in iudicium familiae erciscundae non venit.*

Daran anschließend beschreibt Pomponius aber eine Sachverhaltsvariante, derzufolge der Miterbe mittels *actio familiae erciscundae*[395] Ersatz verlangen könne: Hat der Erbe einen unzuverlässigen Sklaven mit der gemeinschaftlichen Sache befasst, so sei ihm *culpa* vorzuwerfen, weshalb er hafte. Konkreter Anknüpfungspunkt der Haftung ist aber nicht das Fehlverhalten des Sklaven, sondern die Sorglosigkeit des Erben, die zur Miterbschaft gehörende Sache einem unzuverlässigen Sklaven anvertraut zu haben.[396] Insofern ist auch diese Sachverhaltsvariante als ein Nachweis für die Existenz eines Grundsatzes der eignen Verantwortlichkeit zu qualifizieren.

In Anbetracht der vorangegangen Quellenanalyse lässt sich mE für die Zeit der römischen Klassik ein Grundsatz der eigenen Verantwortlichkeit konstatieren.[397] Demzufolge ist die Haftpflicht einer Person abhängig von ihrer rechtswidrigen und schuldhaften (Mit-)Verursachung eines Schadens.[398]

---

394 Übersetzung: Arglist, die der Sklave eines Erben begangen hat, wird von der Erbteilungsklage nicht erfasst, es sei denn, dass ein Verschulden des Eigentümers des Sklaven darin bestand, dass er einen ungeeigneten Sklaven mit der gemeinschaftlichen Sache befasst hat; siehe *Behrends*, in *Behrends et al.* (Hrsg), CIC II (1995) 828.

395 Zur *actio familiae erciscundae* siehe mwN Kaser, RPR I^2 (1971) 728.

396 Siehe dazu Kapitel 4.4 und Kapitel 4.5 zur Haftung wegen *culpa in eligendo und culpa in habendo vel inducendo.*

397 *Knütel*, SZ 100 (1983) 359; *Seiler*, JZ 22 (1967) 526.

398 *Von Jhering*, Schuldmoment (1867) 40 ff.

3.3 Zwischenergebnis

1. Trotz vorherrschender Kasuistik in der römischen Klassik entwickeln sich gewisse Rechtsgrundsätze, *regulae*, welche die Entscheidungspraxis der römischen Juristen leiten. Die künftige Anwendung etablierter Rechtsgrundsätze beruht nicht auf ihrer (erhöhten) Normqualität. Vielmehr wird die Einhaltung eines Rechtsgrundsatzes durch seine innere Richtigkeit empfohlen, da er von der (bisherigen) Autorität der römischen Juristen getragen ist. Kollidiert ein neu auftretender Rechtsfall mit einer *regula* dahingehend, dass ihre Anwendung zu einem inadäquaten Ergebnis führen würde, so ist sie im Sinne des Primats sachgerechter Entscheidungsfindung in concreto nicht bzw bloß eingeschränkt zu berücksichtigen, wodurch ihr Geltungsbereich präzisiert wird.
2. Aus den soeben skizzierten Quellen, die unterschiedlichsten Rechtsgebieten zuzuordnen sind, lässt sich mE ein allgemeiner Grundsatz der eigenen Verantwortlichkeit in der römischen Klassik rekonstruieren. Demnach hat jede Person prinzipiell bloß für ihr eigenes Fehlverhalten einzustehen.
3. Eingeschränkt ist dieser Grundsatz etwa durch die Noxalhaftung, der verschuldensunabhängigen Einstandspflicht eines *dominus* für Delikte seiner Gewaltunterworfenen, die aufgrund ihres *status* nicht erfolgreich in Anspruch genommen werden können. Die Konzeption der Noxalhaftung beschränkt aber nicht nur, sondern bestätigt auch in gewisser Weise den Grundsatz der eigenen Verantwortlichkeit, und zwar insofern, als ein schuldloser *dominus* anstelle der Bußgeldzahlung seine Haftung durch Auslieferung des gewaltunterworfenen Schädigers erledigen kann und mangels eigenen Fehlverhaltens nicht unbeschränkt haftet.
4. Eine vertragliche Haftung für einen Schaden, den eine nicht vom Vertragsverhältnis erfasste Person herbeigeführt hat, ist in der Konzeptionierung des die Vertragsparteien bindende *vinculum iuris* prinzipiell nicht vorgesehen. Nichtsdestoweniger zeigt etwa D. 10.2.45.1, dass eine (quasi-)vertragliche Haftung für einen von einem Dritten herbeigeführten Schaden dann möglich ist, wenn einem Vertragspartner ein der unmittelbaren Schadensverursachung durch eine andere Person vorangegangenes vorwerfbares Verhalten anzulasten ist. Anknüpfungspunkt solch einer Haftung ist strenggenommen aber nicht das Fehlverhalten des Dritten, sondern das vorwerfbare Verhalten des Vertragspartners selbst. Insofern erfährt der Grundsatz der eigenen Verantwortlichkeit zwar im Wesentlichen erneut eine gewisse Einschränkung, obgleich er auch durch solche Haftungsfälle prinzipiell bestätigt wird.

5. Zur Konstatierung des Grundsatzes der eigenen Verantwortlichkeit wurden Quellen zur *locatio conductio* bewusst ausgeblendet. Inwieweit sich der Grundsatz der eigenen Verantwortlichkeit in den Quellen zur *locatio conductio* profiliert, wird im Folgenden anhand konkreter Fallbeispiele erörtert.

3.4 Nachweise zum Grundsatz der eigenen Verantwortlichkeit bei der *locatio conductio*

a) D. 19.2.60.7

Eine Quelle, die den Grundsatz der eigenen Verantwortlichkeit bei der *locatio conductio* anschaulich bestätigt, ist das bereits einleitend in Kapitel 1.2 und 2.1.8 a) besprochene Labeo-Fragment D. 19.2.60.7:

> Lab. (5 post. a Iavol. epit.) D. 19.2.60.7
> *Servum meum mulionem conduxisti: neglegentia eius mulus tuus perit. si ipse se locasset ex peculio dumtaxat et in rem versum damnum tibi praestaturum dico: sin autem ipse eum locassem,* ***non ultra me tibi praestaturum, quam dolum malum et culpam meam abesse:*** *quod si sine definitione personae mulionem a me conduxisti et ego eum tibi dedissem, cuius neglegentia iumentum perierit, illam quoque culpam me tibi praestaturum aio, quod eum elegissem, qui eiusmodi damno te adficeret.*[399]

Labeo erörtert einen Fall, in dem der Sklave eines *dominus* als Maultiertreiber vermietet wird, welcher in Ausübung seiner Tätigkeit den Tod eines dem Mieter gehörenden Maultieres aus Nachlässigkeit (*neglegentia*) verursacht. Hinsichtlich der Ersatzpflicht für den entstandenen Schaden differenziert der Jurist, ob der Sklave selbst den Vertrag geschlossen oder sein *dominus* mit dem Mieter kontrahiert hat.

Hat der Sklave den Mietvertrag geschlossen, so kann sein *dominus* bloß adjektizisch in Anspruch genommen werden. Hat der *dominus* selbst den

---

399 Übersetzung: Du hast meinen Sklaven als Maultiertreiber gemietet. Infolge seiner Nachlässigkeit ist dein Maultier eingegangen. Ich sage, wenn er [der Sklave] selbst eine Dienstmiete abgeschlossen hat, dann hafte ich dir auf Schadenersatz nur bis zur Höhe des Sonderguts und [falls der Sklave den Mietzins abgeführt hat] wegen Zuwendung in das Vermögen [des Gewalthabers]. Wenn aber ich selbst ihn vermietet habe, brauche ich dir nicht für mehr einzustehen als dafür, dass ich ohne Vorsatz und Fahrlässigkeit gehandelt habe. Wenn du aber, ohne eine bestimmte Person zu nennen, einen Maultiertreiber gemietet hast und ich dir daraufhin einen Maultiertreiber überlasse, durch dessen Nachlässigkeit dein Lasttier umkommt, dann, so sage ich, muss ich dir auch für das Verschulden einstehen, weil ich jemanden ausgewählt habe, der dir einen derartigen Schaden zugefügt hat; angelehnt an *Luig*, in *Behrends et al.* (Hrsg), CIC III (1999) 591.

Mietvertrag geschlossen, werden zwei Varianten unterschieden. Gemäß der ersten Variante unterliegt der *locator* keiner unbeschränkten Vertragshaftung, wenn ihm kein Fehlverhalten anzulasten ist – *non ultra me tibi praestaturum, quam dolum malum et culpam meam abesse.* Der Vermieter kann aber – wiewohl dies in der Quelle nicht explizit zum Ausdruck kommt – als *dominus* des schädigenden Sklaven nach den allgemeinen Grundsätzen der Noxalhaftung deliktisch belangt werden, wobei er seine Haftpflicht durch Auslieferung des Sklaven erledigen kann.

Gemäß der zweiten Sachverhaltsvariante unterliegt der *locator* einer unbeschränkten Vertragshaftung, wenn er einen für die vereinbarte Tätigkeit als Maultiertreiber untauglichen Sklaven auswählt und dieser aus Nachlässigkeit einen Schaden herbeiführt – *illam [...] culpam [...], quod eum elegissem.*[400]

b) D. 19.2.45 pr.

Ein – was den Haftungsumfang des *locator* betrifft – ähnlich gelagerter Fall findet sich im Paulus-Fragment D. 19.2.45 pr.:[401]

> Paul. (22 ed.) D. 19.2.45 pr.
> *Si domum tibi locavero et servi mei tibi damnum dederint vel furtum fecerint,* ***non teneor tibi ex conducto, sed noxali actione.***[402]

Ein Haus wird vermietet und Sklaven des *locator* fügen dem *conductor* einen Schaden zu oder bestehlen ihn. Gefragt wird, inwieweit der schuldlose Vermieter dem Mieter für die Delikte seiner Sklaven einstehen muss. Paulus entscheidet, der Vermieter hafte – wohl mangels Eigenverschuldens oder mangels eines Konnexes zwischen dem Mietverhältnis und den Delikten der Sklaven – nicht vertraglich, sondern bloß noxaliter – *non teneor tibi ex conducto, sed noxali actione.*

c) D. 19.2.9.4

Die nächste zu untersuchende Quelle ist das Ulpian-Fragment D. 19.2.9.4:

---

400 Für eine ausführliche Erörterung dieser Quellenstelle, insbesondere hinsichtlich der Haftung wegen *culpa in eligendo*, siehe Kapitel 4.4. a).

401 Für eine ausführliche Erörterung dieser Quellenstelle siehe Kapitel 4.1.3. a).

402 Übersetzung: Wenn ich dir ein Haus vermietet habe und meine Sklaven dir einen Schaden zugefügt oder etwas gestohlen haben, so **hafte ich dir nicht aus Vermietung, sondern nur gemäß der Noxalklage**; angelehnt an *Luig*, in *Behrends et al.*, CIC III (1999) 582.

Ulp. (32 ed.) D. 19.2.9.4
Imperator Antoninus cum patre, cum grex esset abactus quem quis conduxerat, ita rescripsit: 'si capras latrones ***citra tuam fraudem*** *abegisse probari potest iudicio locati,* ***casum praestare non cogeris*** *[...]'.*[403]

Räuber treiben die von einem *conductor* gepachtete Tierherde weg. Es stellt sich die Frage, ob der Pächter für den daraus resultierenden Schaden einstehen muss. Ganz allgemein gilt Raub als unabwendbares Zufallsereignis (*casus/vis maior*).[404] In Übereinstimmung mit dem *casum sentit dominus*-Grundsatz habe – so Ulpian – der *conductor* nicht für den Raub einzustehen, wenn ihm kein arglistiges Handeln vorzuwerfen ist – *citra tuam fraudem [...] casum praestare non cogeris.*

Für den Fall, dass dem Pächter jedoch vor dem Räubereinfall arglistiges Verhalten (*fraus*) vorzuwerfen ist,[405] kann aus dem Fragment geschlossen werden, dass er von seinem Verpächter *ex contractu* in Anspruch genommen werden kann. Anknüpfungspunkt der Vertragshaftung wäre – wie in D. 10.2.45.1 – das vorwerfbare Verhalten des Pächters und nicht das Handeln der Räuber, welche die Tierherde weggetrieben haben.

d) D. 9.2.27.11

Eine weitere einschlägige Quelle ist das Ulpian-Fragment D. 9.2.27.11:[406]

Ulp. (18 ed.) D. 9.2.27.11
Proculus ait, cum coloni servi villam exussissent, colonum vel ex locato vel lege Aquilia teneri, ita ut colonus possit ***servos noxae dedere****, et si uno iudicio res esset iudicata, altero amplius non agendum. Sed haec ita,* ***si culpa colonus careret****: ceterum si* ***noxios servos habuit****, damni eum iniuria* ***teneri****, cur tales habuit [...].*[407]

---

403 Übersetzung: Kaiser Antoninus [Caracalla] hat gemeinsam mit seinem Vater [Septimius Severus] in einem Fall, in dem eine Herde weggetrieben worden war, die jemand gepachtet hatte, folgendes Reskript erlassen: ‚Wenn bewiesen werden kann, dass Räuber die Ziegen **ohne deine Arglist** weggetrieben haben, dann wirst du in dem Prozess über die Pacht **nicht gezwungen, für diesen Zufall einzustehen** [...]'; angelehnt an *Luig*, in *Behrends et al.* (Hrsg), CIC III (1999) 558.

404 Siehe *Du Plessis*, Letting and Hiring (2012) 47; *Schulz*, GrünhutsZ 38 (1911) 32.

405 Zu denken ist etwa an ein kollusionsartiges Zusammenwirken mit den Räubern.

406 Für eine ausführliche Erörterung dieser Quellenstelle siehe Kapitel 4.5 a).

407 Übersetzung: Haben Sklaven eines Pächters das [gemietete] Landhaus durch Brand zerstört, so hafte der Pächter, sagt Proculus, entweder aus dem Pachtvertrag oder nach der *lex Aquilia*, jedoch so, dass er die **Sklaven** [dem Geschädigten] als Schädiger **ausliefern kann** und dass, falls die Sache aufgrund einer der beiden Klagen entschieden worden ist, die andere nicht mehr erhoben werden kann; **immer vorausgesetzt, den Pächter treffe kein Verschulden.** Habe er dagegen **Sklaven, die zu schädlichen Handlungen neigen, so hafte er** wegen widerrechtlich zugefügten Schadens, weil er sich solche Sklaven hielt [...]; angelehnt an *Apathy*, in *Behrends et al.* (Hrsg), CIC II (1995) 748.

Sklaven eines Pächters verursachen einen Brand des am gepachteten Grundstück befindlichen Landhauses. Gefragt wird, ob der Pächter für den von seinen Sklaven verursachten Schaden einstehen muss. Proculus entscheidet, der Pächter hafte sowohl aus dem Pachtvertrag als auch gemäß der *lex Aquilia*, jedoch insofern beschränkt, als er die Sklaven haftungsbefreiend ausliefern könne – *colonum vel ex locato vel lege Aquilia teneri, ita ut colonus possit servos noxae dedere.*

Die noxale Haftungsbeschränkung gelte nach Ansicht Proculus' aber nur, wenn – wie in Sachverhaltsvariante eins – dem Pächter kein Verschulden anzulasten sei – *si culpa colonus careret.* In Sachverhaltsvariante zwei vertritt Proculus hingegen eine unbeschränkte Haftpflicht des *conductor*, wenn dieser unzuverlässige Sklaven am Bestandobjekt hält und ebendiese den Schaden am Bestandobjekt verursachen – *si noxios servos habuit, damni eum iniuria teneri, cur tales habuit.*

Der Passus *damni eum iniuria teneri* suggeriert, es handle sich um eine deliktische Haftung gemäß der *lex Aquilia,* welche Proculus befürwortet. Plausibel erscheint es aber, dass Proculus die unbeschränkte Haftpflicht auch auf die vertragliche *actio locati* bezieht.[408]

3.5 Ergebnisse

1. „Für fremde, widerrechtliche Handlungen, woran jemand keinen Theil genommen hat, ist er in der Regel auch nicht verantwortlich [...]". Dieser in § 1313 ABGB verankerte Grundsatz hat seinen Ursprung in der römischen Klassik, wie nahezu wortgleiche Aussagen römischer Juristen[409] zeigen.[410] Aus den oben analysierten Quellen lässt sich für die römische Klassik – auch im Bereich der *locatio conductio* – ein Grundsatz der eigenen Verantwortlichkeit rekonstruieren, demzufolge niemand für fremdes, sondern vielmehr bloß für eigenes (schädigendes) Handeln

408 Siehe dazu die Ausführungen in Kapitel 4.5 a) Fn 849, 850.

409 Siehe etwa Ulp. (52 ed.) D. 39.1.5.5; Nerat. (4 membran.) D. 44.4.11 pr.; Ulp. (9 ed.) D. 3.3.27 pr.

410 Der *Zeiller* Commentar schweigt indes zum römischrechtlichen Ursprung der Norm. Nach der Ansicht *von Zeillers* bedürfe § 1313 ABGB keiner (näheren) kommentarischen Erklärung; *von Zeiller*, Commentar III/2 (1813) 741: „Daß man für ganz fremde beschädigende Handlungen, woran jemand weder unmittelbar, noch mittelbar (§.1301.) Theil genommen hat, wo man also auf keine Art als Beschädiger betrachtet werden kann, nicht verantwortlich sei, ist eine so einleuchtende Wahrheit, dass sie in dem Gesetzbuche keiner Erwähnung bedürfte [...]."

einzustehen habe – *neque enim debet nocere factum alterius ei qui nihil fecit.*[411]

2. Der Grundsatz der eigenen Verantwortlichkeit verfügt über keine unumstößliche Wirkung. So beschränkt respektive konkretisiert das Institut der Noxalhaftung den Grundsatz. Demnach muss der *dominus* eines delinquenten Gewaltunterworfenen zwar verschuldensunabhängig für einen von diesem herbeigeführten Schaden einstehen, jedoch kann er den Gewaltunterworfenen anstelle einer Bußgeldzahlung haftungsbefreiend ausliefern.
3. Eine unbeschränkte vertragliche Haftung für das Verhalten anderer Personen ist im klassischem römischen Recht prinzipiell – so auch im Bereich der *locatio conductio* – nicht vorgesehen. Die Besonderheit eines konkreten Sachverhalts kann aber – wie das Pomponius-Fragment D. 10.2.45.1 ganz allgemein belegt – eine unbeschränkte Vertragshaftung für Schäden, die einem Vertragspartner von einer nicht vom *vinculum iuris* erfassten Person herbeigeführt worden sind, rechtfertigen.
4. Wie etwa die Sachverhaltsvarianten in D. 19.2.60.7 und D. 9.2.27.11 zeigen, ist eine Vertragshaftung für von anderen Personen unmittelbar herbeigeführte Schäden auch im Bereich der *locatio conductio* möglich. Dogmatisch handelt es sich bei den Haftungsvarianten aber nicht um Fälle der Haftung für fremdes Verschulden, sondern um eine Haftung für eigenes Fehlverhalten, welches der unmittelbaren Schadensherbeiführung vorgelagert ist. Dies kann etwa eine *culpa in eligendo*[412] (D. 19.2.60.7) oder eine *culpa in habendo vel inducendo*[413] (D. 9.2.27.11) sein.

---

411 Siehe *Wicke*, Haftung (2000) 49 f; *Knütel*, SZ 100 (1983) 359 ff; *Van den Bergh*, TR 43 (1975) 60.

412 Siehe dazu Kapitel 4.4.

413 Siehe dazu Kapitel 4.5.

Teil 2

4. Modelle der Haftung für das Verhalten anderer Personen bei der *locatio conductio*

4.1 Die Noxalhaftung bei der *locatio conductio*

Unbeschadet des in Kapitel 3 aufgezeigten Grundsatzes der eigenen Verantwortlichkeit finden sich einige klassische Fragmente zur *locatio conductio*, welche eine vertragliche Haftung für Schäden vorsehen, die von einer nicht vom *vinculum iuris* erfassten Person herbeigeführt worden sind. Erste Nachweise bilden – trotz ihres deliktsrechtlichen Fokus – einzelne Fälle zur Noxalhaftung, nämlich Coll. 12.7.9, D. 9.2.27.11, D. 19.2.45 pr. und D. 19.2.45.1.[414] Diese Fälle veranschaulichen einerseits das grundsätzliche Spannungsverhältnis zwischen verschuldensunabhängiger beschränkter Deliktshaftung und verschuldensabhängiger unbeschränkter Vertragshaftung. Andererseits zeigen sie, dass Delikts- und Vertragsklagen häufig in einem engen Verhältnis zueinander stehen und gegebenenfalls in elektiver Konkurrenz zueinander gewährt werden können.[415]

In den folgenden Unterkapiteln folgt eine systematische Einteilung der Fälle der Haftung für das Verhalten anderer Personen bei der *locatio conductio* in folgende Haftungsmodelle: (1) Die (vertragliche) Noxalhaftung, (2) Die Haftung infolge der Verletzung einer Nebenvereinbarung, (3) Die *custodia*-Haftung, (4) Die Haftung wegen *culpa in eligendo*, (5) Die Haftung wegen *culpa in habendo vel inducendo* und (6) Die Haftung für das Verschulden eingesetzter Hilfspersonen – Der Säulentransportfall: D. 19.2.25.7.

In diesen Unterkapiteln soll einerseits die Entwicklung der unterschiedlichen Haftungsmodelle erörtert werden, andererseits gilt es zu überprüfen, inwieweit die zu besprechenden Haftungsfälle mit dem postulierten Grundsatz der eigenen Verantwortlichkeit in Einklang zu bringen sind.

4.1.1 Die Deliktshaftung des *conductor* mit noxaler Beschränkung (Coll. 12.7.9)

Zunächst steht die Collatiostelle 12.7.9 im Fokus der Analyse, die das Naheverhältnis zwischen Vertrags- und Deliktshaftung (im Bereich der *locatio conductio*) aufzeigt:

---

414 *Finkenauer*, Pönale Elemente, in *Gamauf* (Hrsg), Ausgleich oder Buße (2017) 60.

415 Zu Modellen der Haftung bei der *locatio conductio rei* siehe bereits *Tritremmel*, RIDA 66 (2019) 229 ff.

Ulp. (18 ed.) Coll. 12.7.9
Sed et si qui servi inquilini insulam exusserint, libro X Urseius refert Sabinum respondisse lege Aquilia servorum nomine dominum noxali iudicio conveniendum: ex locato autem dominum teneri negat. Proculus autem respondit, cum coloni servi villam exusserint, colonum vel ex locato vel lege Aquilia teneri, ita ut colonus servos posset noxae dedere et si uno iudicio res esset iudicata, altero amplius non agendum.[416]

Sklaven eines Mieters (*inquilinus*) verursachen einen Brand des Mietshauses. Gefragt wird, inwieweit der Mieter für den Schaden einstehen muss. Urseius referiert ein *responsum*[417] des Sabinus, demzufolge der Mieter mit einer *actio legis Aquiliae noxalis* belangt werden könne. Hervorzuheben ist die Ergänzung von Urseius, wonach die Vertragsklage *actio locati* nicht zustehe.[418] Demgegenüber spricht Proculus für den Fall, dass Sklaven eines Pächters (*colonus*) das gepachtete Landhaus in Brand setzen, dem *locator* sowohl die deliktische *actio legis Aquiliae* als auch die vertragliche *actio locati* gegen den *conductor* zu; beide gewährt Proculus aber mit noxaler Beschränkung und der judizialen Konsumption[419] der jeweils anderen Klage, sobald über eine der Klagen endgültig entschieden worden ist.[420]

In den gegenständlichen Sachverhalten ist dem *conductor* selbst wohl kein Verschulden anzulasten.[421] Wiewohl die Schuldlosigkeit des *inquilinus*

---

416 Eigene Übersetzung: Ferner überliefert Urseius in seinem zehnten Buch ein Rechtsgutsachten des Sabinus, dass, wenn Sklaven eines Mieters das Mietshaus durch Brand zerstört haben, ihr Gewalthaber mittels noxaler Klage gemäß der *lex Aquilia* im Namen der Sklaven hafte; er verneint aber, dass der Gewalthaber aus dem Mietvertrag hafte. Proculus antwortet aber, dass der Pächter sowohl aus dem Pachtvertrag als auch gemäß der *lex Aquilia* hafte, wenn Sklaven des Pächters das gepachtete Landhaus durch Brand zerstören; der Pächter hafte aber so, dass er die Sklaven [dem Verpächter] ausliefern könne und falls die Rechtssache aufgrund einer der beiden Klagen entschieden worden ist, die andere nicht mehr erhoben werden könne.

417 Zu den gutachterlichen Fallentscheidungen (*respona*) siehe mwN *Rainer*, RIDA 66 (2019) 203 ff; *Kaser*, RPR I^2 (1971) 210 f.

418 *Mayer-Maly* vermutet, Sabinus und Urseius hätten mangels Konnexität zwischen eingetretenem Schaden und Mietverhältnis eine Vertragshaftung abgelehnt; *Mayer-Maly*, Locatio Conductio (1956) 200. Dieser Ansicht schließt sich *von Lübtow* an; *von Lübtow*, Lex Aquilia (1971) 71; siehe auch Paul. (22 ed.) D. 19.2.45 pr.-1.

419 *Mayer-Maly*, Locatio Conductio (1956) 200; siehe auch *Kaser*/Hackl, Zivilprozessrecht^2 (1996) 307.

420 *Knütel*, SZ 100 (1983) 392 f; *Johne*/*Köhn*/*Weber*, Kolonen (1983) 215 f.

421 Siehe *Knütel*, SZ 100 (1983) 396. Demgegenüber vertritt *Mayer-Maly* die Ansicht, Proculus könne den *conductor* keinesfalls frei von *sua culpa* gesehen haben. Seiner Meinung nach unterliege die Quellenstelle einer nachklassischen

im Fragment nicht ausdrücklich erwähnt ist, weist die noxale Beschränkung seiner Haftpflicht auf seine mangelnde persönliche Schuld hin.

Die Besonderheit der Quelle liegt in der von Proculus dem *locator* gegen den Pächter zugesprochenen *actio locati* mit noxaler Beschränkung – *colonum vel ex locato vel lege Aquilia teneri, ita ut colonus servos posset noxae dedere.* Während die beschränkte Vertragshaftung des *conductor* in der älteren Literatur schwerwiegenden Interpolationsverdächtigungen ausgesetzt gewesen ist,[422] geht die nunmehr hA von ihrer Klassizität aus.[423]

Der vorliegende Schulenstreit[424] zwischen Sabinianern und Prokulianern passt zur in der romanistischen Literatur vielfach vertretenen Ansicht, die Lehrmeinungen der Sabinianer seien eher konservativ und die der Prokulianer eher progressiv:[425] Der Sabinianer Urseius rückt nicht von der traditionellen, deliktischen Noxalhaftung ab, wohingegen Proculus progressiv – wenn auch im ersten Moment ungewöhnlich – alternativ eine Vertragsklage mit noxaler Beschränkung vertritt.

4.1.2 Die Vertragshaftung des *conductor* mit noxaler Beschränkung (D. 9.2.27.11)

Der bei Proculus dokumentierte Entwicklungsschritt einer Vertragshaftung mit noxaler Beschränkung (Coll. 12.7.9) leitet zur Parallelüberlieferung D. 9.2.27.11 über, welche in Sachverhaltsvariante eins, bei (nahezu) gleichlautendem Sachverhalt, ausschließlich die prokulianische Lehrmeinung

---

Bearbeitung, welche er aber weder näher erörtert noch begründet; siehe *Mayer-Maly*, Locatio Conductio (1956) 200.

422 Siehe etwa *Schulz*, GrünhutsZ 38 (1911) 33; *Haymann*, SZ 40 (1919) 253.

423 Bereits *Pflüger*, der grundsätzlich äußerst textkritisch ist, hat die Interpolationsverdächtigungen überzeugend entkräftet; *Pflüger*, SZ 65 (1947) 194. Einen Überblick über die Interpolationsdebatte bietet *MacCormack*, RIDA 18 (1971) 537 ff, welcher die Quelle (jedenfalls im Kern) als klassisch anerkennt. Ihm folgt sodann *Knütel*, SZ 100 (1983) 393.

424 Zu den klassischen römischen Juristen und Rechtsschulen siehe *Behrends*, SZ 128 (2011) 83 ff; *Liebs*, Hofjuristen (2010) 5 ff; *Platschek*, Index 38 (2010) 401 ff; *Nörr*, SZ 126 (2009) 44 f; *Horak*, Veteres, in FS Wesener (1992) 201 ff; *Wieacker*, Römische Rechtsgeschichte II (1988) 35 ff; *Vogt*, Rechtsschulen, in GS Kunkel (1984) 515 ff; *Behrends*, SZ 95 (1978) 192 ff; *Kunkel*, Römische Rechtsgeschichte[12] (1967) 107 ff.

425 Zur in der romanistischen Literatur kontrovers geführten Debatte bezüglich konservativer und progressiver Lehrmeinungen innerhalb der römischen Rechtsschulen siehe *Leesen*, Gaius meets Cicero (2010) 7 ff.

wiedergibt.[426] Sachverhaltsvariante zwei betrifft einen eigenständigen Fall, der an anderer Stelle[427] noch ausführlich thematisiert wird:

> Ulp. (18 ed.) D. 9.2.27.11
> *Proculus ait, cum coloni servi villam exussissent, colonum vel ex locato vel lege Aquilia teneri, ita ut colonus possit servos noxae dedere, et si uno iudicio res esset iudicata, altero amplius non agendum. Sed haec ita, si culpa colonus careret [...].*[428]

Sklaven eines Pächters zerstören das gepachtete Landhaus durch einen von ihnen herbeigeführten Brand. Gefragt wird, inwieweit der *conductor* für den von seinen Sklaven verursachten Schaden haften muss. Proculus entscheidet, der Pächter hafte entweder aus dem Pachtvertrag oder gemäß der *lex Aquilia*, jedoch insofern beschränkt, als er die Sklaven (dem geschädigten *locator*) haftungsbefreiend ausliefern und, falls über eine der beiden Klagen bereits entschieden worden ist, die andere nicht mehr angestrengt werden könne.

Wiewohl in der Lehre die Meinung vertreten worden ist, die Gewährung der *actio locati* ohne konkreten Schuldvorwurf[429] gegenüber dem *conductor* sowie deren noxale Beschränkung seien interpoliert,[430] gibt es gute Gründe, die Quelle im Kern als klassisch einzustufen:[431] Zunächst spricht der Wortlaut in D. 9.2.27.11 für die Erstreckung der Noxalität auf die Vertragsklage; *ita ut* knüpft nämlich bei *teneri* an und umfasst demnach beide Klagen.[432] Darüber hinaus ist Proculus' Ansicht zur noxal beschränkten Vertragshaftung nicht singulär, sondern durch Quellen bestätigt, in denen auch andere

---

426 Die textuellen Abweichungen gegenüber Ulp. (18 ed.) Coll. 12.7.9 sind kein Grund, an der Klassizität der Quellen zu zweifeln; *Klausberger*, Zurechnungsgründe (2019) 67.

427 Siehe Kapitel 4.5 a).

428 Übersetzung: Haben Sklaven eines Pächters das [gemietete] Landhaus durch Brand zerstört, so hafte der Pächter, sagt Proculus, sowohl aus dem Pachtvertrag als auch nach der *lex Aquilia*, jedoch so, dass er die Sklaven [dem Geschädigten] ausliefern könne und dass, falls die Sache aufgrund einer der beiden Klagen entschieden worden ist, die andere nicht mehr erhoben werden könne; immer vorausgesetzt, den Pächter treffe kein Verschulden [...]; angelehnt an *Apathy*, in *Behrends et al.* (Hrsg), CIC II (1995) 748.

429 Dass dem Pächter im vorliegenden Fall kein konkreter Schuldvorwurf anzulasten ist, ergibt sich bereits aus dem Passus *„si culpa colonus careret"*.

430 Siehe *Stein*, Fault (1958) 147; *Mayer-Maly*, Locatio Conductio (1956) 200; *Schulz*, GrünhutsZ 38 (1911) 33.

431 *Knütel*, SZ 100 (1983) 393.

432 *MacCormack*, RIDA 18 (1971) 536; *Knütel*, SZ 100 (1983) 393.

Juristen verschuldensunabhängige[433] Vertragsklagen mit noxaler Beschränkung zuerkennen.[434]

Als Begründung für die beschränkte Vertragshaftung sehen *Schipani*[435] und *Knütel*[436] den Umstand, dass die *locatio conductio* ein *bonae fidei negotium* ist und die vertragliche Haftung für Hilfspersonen auf den Grundsatz von Treu und Glauben zurückzuführen sei. *Von Lübtow*[437] meint, der Pächter habe aufgrund seiner Beherrschungsmöglichkeit für das Verschulden seiner Leute einzustehen. Während *Frier*[438] den Sinn der beschränkten Vertragsklage anzweifelt und folglich der Klassizität des Fragments kritisch gegenübersteht, lassen sich einige praktische Gründe für die Wahlmöglichkeit zwischen deliktischer und vertraglicher Klage anführen: Die in Rede stehenden Klagen sehen unterschiedliche Anspruchsvoraussetzungen vor, die von einem konkreten Sachgeschehen uU nicht kumulativ erfüllt werden. Sofern die für die Geltendmachung beider Klagen erforderlichen Voraussetzungen jedoch parallel erfüllt sind, dient die Wahlmöglichkeit dem Kläger insofern, als er jene Klage wählen kann, für die er sich die besseren Beweischancen[439] ausrechnet. Prinzipiell obliegt nämlich jeweils dem Kläger die Beweislast (*necessitas probandi*) hinsichtlich der anspruchsbegründenden Tatsachen.[440] Zusätzlich kann die Schadensberechnung unterschiedlich ausfallen, vorausgesetzt der Beklagte verzichtet auf die Auslieferung des Gewaltunterworfenen.[441]

---

433 Die Verschuldensunabhängigkeit der vertraglichen Noxalklage bezieht sich gewiss (nur) auf den einstandspflichtigen *conductor*, dem konkret kein vorwerfbares Verhalten anzulasten ist. Wie bei der deliktischen Noxalhaftung muss der gewaltunterworfenen Person, die einen Schaden herbeiführt, sehr wohl ein sorgfaltswidriges Handeln anzulasten sein; siehe *Benöhr*, SZ 97 (1980) 275.

434 Siehe Paul. (32 ed.) D. 17.1.26.7 zum *mandatum* und Ulp. (19 ed.) D. 10.2.16.6 zur quasivertraglichen *actio familae erciscundae*.

435 *Schipani*, Responsabilità (1969) 428.

436 *Knütel*, SZ 100 (1983) 396.

437 *Von Lübtow*, Lex Aquilia (1971) 71.

438 *Frier* steht der Vertragsklage mit noxaler Beschränkung skeptisch gegenüber: Einerseits ist er nicht von einer verschuldensunabhängigen Vertragsklage überzeugt. Andererseits zweifelt er die Klassizität der noxalen Beschränkung einer Vertragsklage an und behauptet (zu Unrecht), dass solch ein Haftungsszenario abgesehen von Ulpian (32 ed.) D. 19.2.11 pr. nicht überliefert sei; *Frier*, SZ 95 (1978) 263; siehe aber bereits die *Friers* Ansicht entkräftenden Belegstellen in Fn 434.

439 Zur Relevanz von Beweisfragen in der römischen Jurisprudenz siehe mwN *Gamauf*, Vindicatio Nummorum (2001) 88 ff.

440 Siehe *Wacke*, SZ 109 (1992) 419 ff.

441 *Knütel*, SZ 100 (1983) 393.

Zusammenfassend lässt sich festhalten, dass viele Gründe für den klassischen Ursprung der verschuldensunabhängigen Vertragshaftung mit noxaler Beschränkung sprechen. Angesichts dessen, dass Ulpian in D. 9.2.27.11 exklusiv auf die prokulianische Lehrmeinung verweist, kann vermutet werden, dass sich das Konzept der vertraglichen Noxalhaftung (des *conductor*) im Verlauf der römischen Klassik als anerkannte Alternative zu seiner deliktischen Noxalhaftung etabliert hat.

4.1.3 Die Haftung des *locator* mit noxaler Beschränkung

a) D. 19.2.45 pr.

Neben den Fällen zur verschuldensunabhängigen Noxalhaftung des *conductor* gibt es auch Quellen, welche die verschuldensunabhängige Noxalhaftung des *locator* für das Verhalten anderer Personen bei der *locatio conductio rei* thematisieren. Zunächst ist das Paulus-Fragment D. 19.2.45 pr. zu erörtern:

> Paul. (22 ed.) D. 19.2.45 pr.
> *Si domum tibi locavero et servi mei tibi damnum dederint vel furtum fecerint, non teneor tibi ex conducto, sed noxali actione.*[442]

Jemand mietet ein Haus. Daraufhin fügen Sklaven des Vermieters dem Mieter einen Schaden zu oder bestehlen ihn. Gefragt wird, inwieweit der Vermieter dem Mieter für die Delikte seiner Sklaven einstehen muss. Paulus entscheidet, der Vermieter hafte nicht vertraglich, sondern bloß gemäß der (deliktischen) Noxalklage.

Im vorliegenden Fall beschäftigt sich Paulus mit der Haftpflicht des *locator* für Delikte, die dessen Sklaven gegenüber dem *conductor* verüben.[443] Im Raum steht die Frage, ob der Vermieter vertraglich mittels *actio conducti* geklagt werden kann, selbst wenn ihm kein vorwerfbares Verhalten anzulasten ist.[444] Paulus spricht sich letztlich gegen die (unbeschränkte) Vertragshaftung aus, ohne seine Beweggründe offenzulegen.

Der Passus „*non teneor tibi ex conducto, sed noxali actione*" spricht dafür, dass Paulus auch eine vertragliche Haftung mit noxaler Beschränkung

---

442 Übersetzung: Wenn ich dir ein Haus vermietet habe und meine Sklaven dir einen Schaden zugefügt oder etwas gestohlen haben, hafte ich dir nicht aus dem Mietvertrag, sondern nur gemäß der Noxalklage; angelehnt an *Luig*, in *Behrends et al.* (Hrsg), CIC III (1999) 582.

443 *MacCormack*, RIDA 18 (1971) 542 ff geht fälschlicherweise von einem Sachverhalt aus, in dem Sklaven des *conductor* dem *locator* einen Schaden zufügen.

444 Da Paulus schlussendlich bloß die (deliktische) Noxalhaftung befürwortet, kann davon ausgegangen werden, dass dem *locator* selbst kein schuldhaftes Verhalten anzulasten ist.

ausschließt. Die Noxalklagen, welche der Jurist gewährt, sind daher wohl deliktischer Natur:[445] im Falle einer Sachbeschädigung die *actio legis Aquiliae noxalis* und im Falle eines Diebstahls die *actio furti noxalis.* Fraglich erscheint, warum der *locator* nicht etwa auch vertraglich (mit noxaler Beschränkung) haftet, wie etwa der *conductor* in D. 9.2.27.9.

Liebs[446] ist der Ansicht, dass die Sklaven des *conductor* in D. 9.2.27.9, welche das Bestandobjekt durch Brand zerstören, dem vorliegenden Vertragsverhältnis jedenfalls näher seien als die Sklaven des *locator. Mayer-Maly*[447] geht davon aus, dass in concreto jeder Zusammenhang zwischen dem von den Sklaven des *locator* begangenen Delikt und dem Mietverhältnis fehle. Diesen Ansichten ist einiges abzugewinnen.

Aufgrund der Kürze des Fragments kann nur vermutet werden, dass Paulus die Sklaven des *locator* überhaupt nicht in das Vertragsverhältnis miteinbezieht. Dies könnte daran liegen, dass sie im Unterschied zu Gewaltunterworfenen des *conductor* idR nicht vorhersehbar mit dem Vertragspartner ihres *dominus* oder dem Vertragsgegenstand (dem Mietobjekt) in Berührung kommen (sollen).[448] Dass es letztlich zu einer Schädigung des Vertragspartners gekommen ist, dürfte nach Ansicht von Paulus im Hinblick auf das konkrete Vertragsverhältnis für den *locator* nicht vorhersehbar gewesen sein.

Für den Fall, dass der *locator* über die schädigende Eigenschaft der Sklaven Bescheid gewusst hat und die Sklaven aufgrund des Vertragsverhältnisses vorhersehbar mit dem *conductor* in Berührung gekommen wären, ist aber zu erwarten, dass Paulus eine unbeschränkte Vertragshaftung des *locator* befürwortete.[449]

b) D. 19.2.45.1

Die Debatte hinsichtlich der verschuldensunabhängigen Vertragshaftung des *locator* spitzt sich in D. 19.2.45.1 zu:

---

445 Siehe *Du Plessis*, Letting and Hiring (2012) 134; *Frier*, SZ 95 (1978) 262.

446 *Liebs*, Klagenkonkurrenz (1972) 123 Fn 217.

447 *Mayer-Maly* führt seine Gedanken zwar nicht näher aus, dürfte aber davon ausgehen, dass der Sklave des *locator* nicht bewusst zur Vertragserfüllung herangezogen worden und daher für diesen nicht vorhersehbar in den Kontakt mit Wertsachen des *conductor* gekommen ist; *Mayer-Maly*, Locatio Conductio (1956) 157.

448 Dagegen vermutet *Du Plessis*, es handle sich bei dem Sklaven des *locator* um ein dem Mietobjekt zugehöriges Personal, wiewohl er keinen Beleg für diese Ansicht anbietet; *Du Plessis*, Letting and Hiring (2012) 134.

449 Siehe *MacCormack*, RIDA 19 (1972) 356.

Paul. (22 ed.) D. 19.2.45.1
Si hominem tibi locavero, ut habeas in taberna, et is furtum fecerit, dubitari potest, utrum ex conducto actio sufficiat, quasi longe sit a bona fide actum, ut quid patiaris detrimenti per eam rem quam conduxisti, an adhuc dicendum sit extra causam conductionis esse furti crimen et in propriam persecutionem cadere hoc delictum: quod magis est.[450]

Jemand mietet einen Sklaven, um ihn in seinem Laden zu beschäftigen. Dort bestiehlt der Sklave den *conductor*. Gefragt wird, ob der *locator* aus dem Mietverhältnis für den Diebstahl seines Sklaven haftet. Paulus entscheidet sich gegen eine vertragliche Haftung des *locator*, da das *furtum* (ohnedies) einer besonderen Verfolgung unterliege.

Das Paulus-Fragment wirft mehrere Fragen auf. Zunächst ist fraglich, ob Paulus eine unbeschränkte oder eine mittels *noxae deditio* beschränkte Haftung des *locator*[451] prüft. Weiß der *locator*, dass es sich um einen diebischen Sklaven handelt, welchen er vermietet, so haftet er als *dominus sciens* direkt und unbeschränkt *ex delicto*.[452] In Frage kommen die pönale *actio furti* und die sachwertverfolgende *condictio furtiva*, die wegen ihrer unterschiedlichen Ausrichtungen kumulativ angestrengt werden können.[453]

Nicht undenkbar erscheint für Paulus auch das Gewähren einer vertraglichen Haftung, sofern der Diebstahl des Sklaven als Vertragsverletzung des *locator* gewertet werden kann. Solch eine Vertragsverletzung könnte bereits aus dem Grund vorliegen, dass der *locator* durch das Vermieten eines (diebischen) Sklaven, welcher dem Mieter durch ein *furtum* einen Schaden zufügt, die vertraglich geschuldete *bona fides* verletzt – *quasi longe sit a bona fide actum, ut quid patiaris detrimenti per eam rem quam conduxisti.*[454]

450 Übersetzung: Wenn ich dir einen Sklaven vermietet habe, damit du ihn in deinem Laden beschäftigst, und der Sklave [dort] einen Diebstahl begeht, kann man Zweifel haben, ob die Voraussetzungen der Mieterklage gegeben sind, weil ein Ergebnis, dass du durch die gemietete Sache einen Schaden hinnehmen müsstest, von Treu und Glauben weit entfernt wäre, oder ob man weiterhin sagen muss, dass das Vergehen des Diebstahls außerhalb des Rechtsverhältnisses der Miete liegt und dieses Delikt einer besonderen Verfolgung unterfällt. Zweiteres ist eher anzunehmen; angelehnt an *Luig*, in Behrends *et al.*, CIC III (1999) 583.

451 Das Durchsetzen einer Klage gegen den Sklaven selbst ist bei aufrechtem Gewaltverhältnis nicht möglich; siehe *Pennitz*, Obligatio domini, in *Harke* (Hrsg), Drittbeteiligung (2010) 73; siehe auch bereits Kapitel 1.1 Fn 6.

452 Der *dominus* hätte nämlich den Diebstahl verhindern können, indem er den diebischen Sklaven etwa gar nicht vermietet; *Pennitz*, Obligatio domini, in *Harke* (Hrsg), Drittbeteiligung (2010) 75.

453 *Zimmermann*, Law of Obligations (1990) 942; *Kaser*, RPR I^2 (1971) 618; *Levy*, Konkurrenz I (1964) 428 f.

454 Siehe *MacCormack*, RIDA 19 (1972) 357.

Gemäß der Systematik der Entscheidung und mangels gegenteiliger Hinweise dürfte dem *locator* im vorliegenden Fall kein vorwerfbares Verhalten anzulasten sein, etwa weil der Sklave für die überlassene Tätigkeit grundsätzlich geeignet ist und bis dato noch nicht gestohlen hat.[455] Eine unbeschränkte Haftung aus Vertrag[456] bzw Delikt scheidet demnach aus.[457] In Frage kommt folglich bloß eine Noxalhaftung des *locator.*[458]

Die Erwägung, dem *conductor* eine Vertragsklage gegen den *locator* zu gewähren, lässt darauf schließen, dass sich Paulus in die Debatte hinsichtlich der Vertragshaftung mit noxaler Beschränkung einbringt.[459] Die Phrase „*quod magis est*" drückt aus, dass das Gewähren einer vertraglichen Noxalhaftung (zumindest nach der Ansicht anderer Juristen) vertretbar erscheint. Dass sich Paulus letztlich (nur) für die deliktische *actio furti noxalis* entscheidet, kann als Befürwortung der traditionellen Lehrmeinung der Sabinianer gewertet werden.[460] Da die *actio furti* als Pönalklage im Falle einer unterlassenen Auslieferung des Sklaven seitens des *locator* ohnedies zumindest auf den Wert des *duplum*[461] der gestohlenen Sachen geht und mittels *condictio furtiva* zusätzlich der Sachwert des Diebesguts verlangt werden kann, dürfte Paulus in concreto wohl auch keine Notwendigkeit für eine alternative Vertragsklage (mit noxaler Beschränkung) gesehen haben.

Zusammenfassend lässt sich folgendes festhalten: Bestiehlt ein vermieteter Sklave eines *locator* den *conductor,* führt dies nicht zwingend zur vertraglichen Haftung des *locator.* Um unbeschränkt *ex contractu* haftpflichtig zu werden, muss es dem *locator* konkret vorwerfbar sein, solch einen Sklaven vermietet zu haben. In Ermangelung eines eigenen vorwerfbaren Verhaltens haftet der *locator* ausschließlich gemäß der deliktischen *actio furti noxalis.*

---

455 Siehe *Robaye,* RIDA 38 (1991) 353.

456 *Du Plessis,* Letting and Hiring (2012) 134 geht hingegen davon aus, dass Paulus dem Mieter einen vertraglichen Schadenersatzanspruch gewährt. Dies lässt sich mE nicht aus der Quelle entnehmen, vielmehr bloß, dass scheinbar andere Juristen eine (beschränkte) vertragliche Haftung in diesem Fall befürworteten.

457 Hätte der Vermieter von der diebischen Veranlagung seines Sklaven aber gewusst, so würde ihn Paulus wohl unbeschränkt *ex delicto* sowie *ex contractu* haften lassen; *Robaye,* RIDA 38 (1991) 353; *MacCormack,* RIDA 29 (1972) 57; *Thomas,* Labeo 17 (1971) 31.

458 Zusätzlich unterliegt der Sklave der Jurisdiktion des *praefectus vigilium*; *Du Plessis,* Letting and Hiring (2012) 134.

459 *MacCormack,* RIDA 19 (1972) 357 geht hingegen davon aus, dass Paulus bloß zwischen einer unbeschränkten vertraglichen bzw beschränkten deliktischen Klage schwankt. Diese Ansicht ist mE nicht überzeugend.

460 *Talamanca,* Bona fides, in Studi in onore di Alberto Burdese IV (2003) 225.

461 Zum Haftungsumfang beim *furtum* und zur Debatte hinsichtlich *furtum manifestum/nec manifestum* siehe mwN *Kaser,* RPR I² (1971) 616 f.

Paulus' Entscheidung dürfte wohl (auch) von der sabinianischen Lehre zur Noxalhaftung geprägt sein. Offen bleibt daher, ob die Prokulianer bei Diebstahl durch den vermieteten Sklaven eine vertragliche Haftung des *locator* mit noxaler Beschränkung gewähren würden. Dafür spricht, dass bereits Paulus in D. 19.2.45.1 eine etwaige Vertragshaftung nicht kategorisch ausschließt – *dubitari potest, utrum ex conducto actio sufficiat, quasi longe sit a bona fide actum.*

4.1.4 Ergebnisse

1. Die Noxalhaftung ist eine verschuldensunabhängige Haftung des *dominus* bzw *pater familias* für Delikte seiner Sklaven bzw Hauskinder. Sie ist insofern beschränkt, als sich der Gewalthaber durch Auslieferung des jeweiligen Schädigers von seiner Haftpflicht befreien kann.
2. Beschädigen oder zerstören Sklaven eines *conductor* das im Eigentum des *locator* befindliche Bestandobjekt, etwa durch Herbeiführen eines Brandes, so haftet der *conductor* gemäß der *actio legis Aquiliae noxalis*, sofern ihm selbst kein vorwerfbares Verhalten anzulasten ist. Durch Auslieferung der schädigenden Sklaven kann sich der *conductor* der Bußgeldzahlung entziehen.
3. Strittig erweist sich die Frage, ob im Rahmen der *locatio conductio rei* ein Vertragspartner einer verschuldensunabhängigen Vertragshaftung mit noxaler Beschränkung unterliegen kann. Nach der Lehrmeinung der Sabinianer ist eine vertragliche Noxalhaftung nicht möglich. Demgegenüber befürworten die Prokulianer (zumindest) die vertragliche Noxalhaftung eines *conductor*, welche mittels *actio locati noxalis* durchgesetzt werden kann. Die prokulianische Ansicht zur vertraglichen Noxalhaftung des *conductor* könnte sich – wie D. 9.2.27.11 andeutet – im Verlauf der römischen Klassik durchgesetzt haben.
4. Demgegenüber ist die Entwicklung einer vertraglichen Noxalhaftung des *locator* in der römischen Klassik äußerst fraglich. Eine verschuldensunabhängige vertragliche Haftpflicht (mit noxaler Beschränkung) des *locator* für den Diebstahl seines von ihm vermieteten Sklaven wird von Paulus, als Anhänger der sabinianischen Lehrmeinung zur Noxalhaftung, verneint. Mangels konkreter Quellenbelege lässt sich nicht eindeutig klären, ob Vertreter der prokulianischen Lehrmeinung im konkreten Fall eine vertragliche *actio conducti* mit noxaler Beschränkung befürworteten. Gemäß der Systematik von D. 19.2.45.1 scheint es jedenfalls nicht undenkbar, dass Vertreter der prokulianischen Lehrmeinung nicht nur das Institut der vertraglichen Noxalhaftung des *conductor* sondern auch des *locator* anerkennen.

4.2 Die Haftung infolge der Verletzung einer Nebenvereinbarung

Beim Abschluss einer *locatio conductio* ist es geläufig, dass die Vertragsparteien Nebenvereinbarungen (*pacta adiecta*) treffen.[462] Entscheidende Voraussetzung für deren wirksames Zustandekommen ist der Konsens der Vertragsparteien, weshalb sowohl mündliche, schriftliche[463] als auch konkludente[464] Vereinbarungen Verbindlichkeit[465] erzeugen.[466] Da es sich bei den Klagen der *locatio conductio* um *bonae fidei iudicia*[467] handelt, können Ansprüche, die aus formlosen *pacta adiecta* resultieren, mit den Vertragsklagen durchgesetzt werden; einer Einkleidung der jeweiligen Abmachung in eine *stipulatio* bedarf es nicht.[468]

Häufig handelt es sich bei Nebenvereinbarungen um Klauseln, die einem *conductor*[469] spezielle Pflichten im Umgang mit ihm vom *locator* anvertrauten Sachen[470] auferlegen, um die Gefahr ihrer Beschädigung zu reduzieren. Das Zuwiderhandeln des verpflichteten Vertragspartners kann bewirken, dass sich seine Haftpflicht erweitert.[471] So ist es auch möglich, dass er für schädigendes Handeln anderer Personen unbeschränkt haftpflichtig wird.[472] Weigert sich der *conductor*, den Schaden zu ersetzen, kann der geschädigte

---

462 *Du Plessis*, RLT 3 (2006) 79 ff; *Müller*, Gefahrtragung (2002) 103; *Zimmermann*, Law of Obligations (1990) 355 ff; *Neeve*, Colonus (1984) 5 ff; *Frier*, Landlords and Tenants (1980) 61 ff; *Frier*, SZ 95 (1978) 243 ff; *Mayer-Maly*, Locatio Conductio (1956) 106 f.

463 *Neeve*, Colonus (1984) 5 f. Insbesondere Beweisgründe dürften Grund für den Abschluss von schriftlichen Vertragsvereinbarung sein; *Du Plessis*, Letting and Hiring (2012) 18 f; *Meyer*, Legitimacy and Law (2004) 227 ff.

464 Siehe *Kaser*, RPR I² (1971) 487.

465 Siehe Gai. (10 ed. prov.) D. 19.2.25.3: *Conductor omnia secundum legem conductionis facere debet [...].*

466 Siehe *Du Plessis*, Notes on a Fire, in *Sturm et al.* (Hrsg), Liber Amicorum Guido Tsuno (2013) 312; *Du Plessis*, RLT 3 (2006) 79; *Kaser*, RPR I² (1971) 487.

467 Siehe bereits Kapitel 2.1.4.

468 *Klausberger*, Zurechnungsgründe (2019) 353; siehe auch *Finkenauer*, Stipulation (2010) 3 ff.

469 Die überlieferten Quellen behandeln ausschließlich Vereinbarungen, die einem *conductor* (Mieter/Pächter oder Werkunternehmer) spezielle Pflichten auferlegen; *Frier*, Landlords and Tenants (1980) 63.

470 Dabei handelt es sich entweder um ein Bestandobjekt oder um eine im Rahmen eines Werkvertrages zur Bearbeitung übernommene Sache.

471 *Tröger*, Arbeitsteilung (2012) 83 f; *Wicke*, Haftung (2000) 63; *Frier*, Landlords and Tenants (1980) 142; *Metro*, L'obbligazione di custodire (1966) 174 ff, 178.

472 *Klausberger*, Zurechnungsgründe (2019) 350; *Fiori*, Locatio Conductio (1999) 91; *Knütel*, SZ 100 (1983) 364.

locator mittels *actio locati* (der *conductor* vice versa mittels *actio conducti*) Ersatz für das Interesse (*id quod interest*[473]) verlangen. Im Folgenden werden sämtliche Digestenstellen erörtert, welche haftpflichtverändernde Nebenvereinbarungen bei der *locatio conductio* behandeln.[474]

4.2.1 Fälle zur *locatio conductio rei*

a) D. 19.2.30.4

Dass ein Pächter aufgrund einer Nebenvereinbarung für das Handeln einer anderen Person unbeschränkt haftpflichtig werden kann, ist aus vorklassischer Zeit bei Alfen[475] überliefert:

> Alf. (3 dig. a Paul. epit.) D. 19.2.30.4
> *Colonus villam hac lege acceperat, ut in incorruptam redderet praeter vim et vetustatem: coloni servus villam incendit non fortuito casu. Non videri eam vim exceptam respondit nec id pactum esse, ut, si aliquis domesticus eam incendisset, ne praestaret, sed extrariam vim utrosque excipere voluisse.*[476]

Ein Pächter (*colonus*) übernimmt ein Landhaus unter der Vereinbarung, dass er es – abgesehen von Schädigungen durch höhere Gewalt (*vis*) oder natürliche Abnützung (*vetustas*) – unversehrt zurückgeben werde. In der Folge verursacht ein Sklave des *colonus* einen Brand auf dem Landgut. Gefragt wird, ob der Pächter aufgrund der Nebenvereinbarung für den von seinem Sklaven verursachten Schaden einstehen müsse.[477]

---

473 Zum *id quod interest* siehe mwN *Medicus*, SZ 114 (1998) 75 ff; *Medicus*, Id quod interest (1962).

474 Zur *locatio conductio rei* siehe Ulp. (32 ed.) D. 19.2.9.2–3, D. 19.2.11 pr., D. 19.2.11.1, D. 19.2.11.4; Hermog. (2 iur. epit.) D. 19.2.12; Alf. (7 dig.) D. 19.2.29, (3 dig. a Paul. epit.) D. 19.2.30.2, D. 19.2.30.4; zur *locatio conductio operis* siehe Ulp. (28 ed.) D. 14.3.5.10, (32 ed.) D. 19.2.13.3.

475 Alfen ist ein spätrepublikanischer Jurist aus dem 1. Jh v. Chr.; *Roth*, Alfeni Digesta (1999) 17.

476 Übersetzung: Ein Pächter hatte ein Landhaus mit der Abmachung übernommen, dass er es [nach Vertragsende] unbeschädigt zurückgeben werde, abgesehen von Fällen höherer Gewalt und natürlicher Abnützung. Ein Sklave des Pächters verursachte einen Brand des Landhauses, und zwar nach den Umständen nicht zufällig. Dazu hat er das Gutachten erteilt, dies sei ersichtlich kein Fall der ausgenommenen höheren Gewalt, und es sei auch nicht vereinbart worden, dass er nicht hafte, wenn irgendjemand vom Gesinde einen Brand des Landhauses verursacht. Vielmehr hätten sie beide eine von außen kommende höhere Gewalt ausnehmen wollen; angelehnt an *Luig*, in *Behrends et al.* (Hrsg), CIC III (1999) 577.

477 Eine (unbeschränkte) vertragliche Haftung des *conductor* für von Sklaven herbeigeführte Schäden ist im Entscheidungszeitpunkt des Falles grundsätzlich

Eine Haftpflicht des *colonus* gemäß den allgemeinen Haftungskriterien *dolus* und *culpa* scheidet aus;[478] ein persönlich schuldhaftes Verhalten wird ihm – laut Sachverhalt – nicht angelastet. Jedoch hat der Pächter vertraglich versprochen[479], das Pachtobjekt nach Vertragsende unversehrt zurückzustellen, abgesehen von Beschädigungen, die auf *vis* oder *vetustas* zurückzuführen sind. Zu prüfen ist daher zunächst, ob einer dieser Ausnahmetatbestände erfüllt ist, welcher die nebenvertraglich auferlegte Haftpflicht des *conductor* ausschließt.

Der Haftungsausschluss für *vetustas* ist nicht einschlägig, da kein Fall natürlicher Abnützung vorliegt.[480] Fraglich erscheint hingegen, ob der Feuerschaden am Pachtobjekt als *vis* zu qualifizieren ist.[481] Mit Etablierung der *vis maior* als abstraktes Gefahrtragungskriterium wird Feuer in den klassischen Quellen als gängiges Beispiel eines *vis maior*-Ereignisses angeführt.[482] Im Hinblick darauf, dass im vorliegenden Fall eine Haftung für *vis* (*maior*) den *conductor* gerade nicht verpflichten soll, erscheint seine Vertragshaftung zweifelhaft.

Hoffmann-Riem[483] argumentiert diesbezüglich, dass schadenstiftendes Handeln eigener Leute – wie Sklaven – für den Gewalthaber bloß niederer Zufall (*casus minor*) sei, weshalb der *colonus* aufgrund seiner „Garantieerklärung“ den vom Sklaven verursachten Schaden zu verantworten habe. Dem ist mit *Luzatto*[484], *Mayer-Maly*[485] und *Du Plessis*[486] zu entgegnen, dass

---

nicht vorgesehen. Eine vertragliche Haftpflicht könnte aber womöglich aus der Verletzung einer Nebenvereinbarung resultieren.

478 Entgegen *Hoffmann-Riem*, SZ 86 (1969) 398 deutet die Quelle auch auf keine *custodia*-Haftung hin; siehe *Roth*, Alfeni Digesta (1999) 110 Fn 34; *Sargenti*, SDHI 20 (1954) 158. Wie in Kapitel 4.3.4 Fn 756 ausgeführt, handelt es sich nämlich bei einer Sachbeschädigung durch eine nicht vom *vinculum iuris* erfasste Person idR um keinen Anwendungsfall der *custodia*-Haftung. Zudem findet sich in der gegenständlichen Quellenüberlieferung auch kein Hinweis auf eine vermeintlich *custodia*-bedingte Haftung.

479 *Mayer-Maly*, Locatio Conductio (1956) 190 spricht von einer Garantie.

480 *Watson*, Law of Obligations (1965) 119.

481 Der Ausdruck *vis* entspricht wohl annährend dem sich erst allmählich entwickelnden Terminus *vis maior*; siehe mwN *Frier*, SZ 95 (1978) 251; *Nörr*, Kausalitätsprobleme, in FS Wieacker (1978) 123.

482 Siehe mwN *Molnár*, Iura 32 (1981) 84; *Kaser*, RPR I^2 (1971) 508; *Watson*, Law of Obligations (1965) 120; *Mayer-Maly*, Höhere Gewalt, in FS Steinwenter (1958) 59 ff.

483 *Hoffmann-Riem*, SZ 86 (1969) 398.

484 *Luzzatto*, Caso fortuito I (1938) 215 f.

485 *Mayer-Maly*, Locatio Conductio (1956) 191.

486 *Du Plessis*, Liability, in *Fiori* (Hrsg), Modelli teorici IV (2011) 89 ff.

die römischen Juristen im Entscheidungszeitpunkt des Falles wohl noch nicht (konkret) zwischen *casus und vis* (*maior*) differenziert haben und es beiden Kriterien zum Beurteilungszeitpunkt an genereller Abstraktheit mangelt. Um sich ein abschließendes Urteil zum haftungsbefreienden Tatbestand *vis* bilden zu können, muss der wahre Wille der Parteien (*id quod actum est*[487]) durch Auslegung des Pachtvertrages ermittelt werden.[488]

Mit Verweis auf die vorliegende *lex locationis* und nach Würdigung des Sachverhaltes entscheidet Servius[489], der Pächter müsse für den Feuerschaden einstehen, da er die unbeschadete Rückgabe der überlassenen Sache zugesichert hat. Zwar sei die Haftpflicht für *vis* abbedungen, doch hätten die Vertragspartner bloß die Einstandspflicht für *vis extraria*[490] ausnehmen wollen, wobei das Fehlverhalten eigener Sklaven (die sich in der Einflusssphäre des *conductor* befinden) grundsätzlich nicht als von außen kommende, unbeeinflussbare Gewalt anzusehen sei, gegen die sich der *conductor* nicht zur Wehr setzen hätte können.[491]

Da der vom Sklaven verursachte Brand des Pachtobjektes den Umständen nach nicht zufällig entstanden ist (*non fortuito casu*[492]) und daher nicht als *vis*-Ereignis einzustufen ist, wirkt die Entscheidung von Servius konsistent: In Ermangelung eines Ausnahmetatbestandes haftet der Pächter aufgrund seiner vertraglichen Zusicherung für den von seinem Sklaven am

---

487 Zum *id quod actum est* siehe *Babusiaux*, Id quod actum est (2006); *Pringsheim*, SZ 78 (1962) 1 ff.

488 Siehe *Frier*, SZ 95 (1978) 251; *Nörr*, Kausalitätsprobleme, in FS Wieacker (1978) 123.

489 Alfen verweist auch in dieser Quelle auf die Ansicht seines Lehrers Servius, was Alfen erneut mit „*respondit*" zum Ausdruck bringt; siehe mwN Roth, Alfeni Digesta (1999) 23; *Knütel*, SZ 100 (1983) 365; *Nörr*, Kausalitätsprobleme, in FS Wieacker (1978) 123; *Visky*, RIDA 3 (1949) 473; *Frier*, SZ 95 (1978) 250.

490 Gemeint sind mE Ereignisse, die außerhalb der Einflusssphäre des *conductor* liegen (etwa Blitzschlag, Sturm oder Erdbeben); siehe *Molnár*, ANRW II 14 (1982) 629; *Frier*, SZ 95 (1978) 251. Als *vis* (*extraria*) ist wohl auch das Inbrandsetzen der *villa* durch einen fremden Sklaven einzustufen; *Fiori*, Locatio Conductio (1999) 88.

491 *Johne/Köhn/Weber*, Kolonen (1983) 213.

492 Der Passus „*non fortuito casu*" ist in der älteren Literatur mehrfach für interpoliert erachtet worden. Demgegenüber plädiert *Frier*, SZ 95 (1978) 250 ff, der sich mit den Interpolationsverdächtigungen ausführlich auseinandersetzt, überzeugend für die Klassizität dieses Passus und versteht darunter den Umstand, dass das Feuer nicht aufgrund einer unkontrollierbaren höheren Kraft herbeigeführt worden sei; *Frier*, SZ 95 (1978) 250 ff; siehe auch *Johne/Köhn/Weber*, Kolonen (1983) 213.

Pachtobjekt verursachten Schaden *ex locato*, ohne seine Einstandspflicht durch *noxae deditio* des schadenstiftenden Sklaven abwenden zu können.[493]

b) D. 19.2.11.4

Wohl um die in der römischen Antike stets hohe Gefahr eines Brandes[494] einzudämmen, haben *locator* und *conductor* in D. 19.2.11.4 eine Nebenvereinbarung zum Schutz des Bestandobjekts[495] vereinbart, welche dem *conductor* das Einlagern von Heu untersagt:[496]

> Ulp. (32 ed.) D. 19.2.11.4
> *Inter conductorem et locatorem convenerat, ne in villa urbana faenum componeretur: composuit: deinde servus igne illato succendit. Ait Labeo teneri conductorem ex locato, quia ipse causam praebuit inferendo contra conductionem.*[497]

Locator und *conductor* vereinbaren, dass im überlassenen herrschaftlichen Wohnsitz[498] (*villa urbana*[499]) kein Heu gelagert werde. Es wird jedoch Heu in der *villa* gelagert und ein Sklave des Mieters verursacht in der Folge einen

493 *Klausberger*, Zurechnungsgründe (2019) 353.

494 Im antiken Rom hat es täglich zum Teil großflächig gebrannt. Gründe dafür sind ua die enge Bauweise der Häuser sowie unzureichend gesicherte offene Feuerstellen gewesen; siehe *Gerkens*, Selbsthilfe bei Brandgefahr, in *Sturm et al.* (Hrsg), Liber Amicorum Guido Tsuno (2013) 103 ff; siehe auch Ulp. (1 de off. praef. vig.) D. 1.15.2: *Pluribus uno die incendiis exortis.*

495 Nach dem Wortlaut des überlieferten Fragments ist unklar, ob zwischen *locator* und *conductor* eine Miete oder Pacht abgeschlossen worden ist. Für Miete argumentiert *Klausberger*, Zurechnungsgründe (2019) 350 Fn 123; siehe auch *Willvonseder*, Condicio sine qua non (1984) 19. Dagegen vertritt *Luig*, in *Behrends et al.* (Hrsg), CIC III (19999) 560, es handele sich um eine Pacht. *Frier*, SZ 95 (1978) 249 und *Mayer-Maly*, Locatio Conductio (1956) 197 lassen die Einordung offen. Letztendlich spielt die Unterscheidung für die im Fokus stehende Haftpflicht des *conductor* keine wesentliche Rolle.

496 Siehe *Zimmermann*, Law of Obligations (1990) 147.

497 Übersetzung: Zwischen Mieter und Vermieter war vereinbart worden, dass im [gemieteten] herrschaftlichen Wohnsitz kein Heu gelagert werden dürfe. Der Mieter lagerte dennoch Heu. Darauf setzt ein Sklave dadurch, dass er ein Feuer entzündete, das Haus in Brand. Labeo sagt, der Mieter hafte gemäß der Vermieterklage, weil er selbst dadurch, dass entgegen dem Mietvertrag Heu im herrschaftlichen Wohnsitz gelagert wurde, die Schadensursache gesetzt habe; angelehnt an *Luig*, in *Behrends et al.* (Hrsg), CIC III (1990) 560.

498 *Klausberger*, Zurechnungsgründe (2019) 350.

499 *Willvonseder*, Conditio (1984) 19 und *Mayer-Maly*, Locatio Conductio (1956) 197 übersetzen *villa urbana* wörtlich mit Stadthaus. „Städtisch" ist die *villa urbana* nur insofern, als sie nicht landwirtschaftlichen, sondern – aufgrund ihrer Bauweise – vielmehr Erholungs- bzw Wohnzwecken dient; *Neeve*, Colonus (1984) 7 Fn 27; siehe auch Ulp. (2 de omn. trib.) D. 50.16.198.

Brand. Die Rechtsfrage betrifft die Einstandspflicht des *conductor*. Labeo, der zustimmend von Ulpian zitiert wird, entscheidet, der *conductor* habe für den Schaden am Mietobjekt vertraglich und unbeschränkt einzustehen.[500]

Ließe man die *lex contractus* unberücksichtigt, würde der Mieter für das Fehlverhalten seines Sklaven jedenfalls deliktisch, möglicherweise auch vertraglich, haften, jedoch – mangels eigenen Verschuldens – beschränkt mit der Option der *noxae deditio* des schädigenden Sklaven. Diese Haftungsbeschränkung kommt dem *conductor* im gegenständlichen Fall aber aufgrund der missachteten Nebenvereinbarung – *ne in villa urbana faenum componeretur* – gerade nicht zu. Zwar hat der Mieter das schadensverursachende Feuer nicht selbst entzündet, er hat aber durch das Einlagern des leicht brennbaren Heues die Vertragsvereinbarung verletzt[501] und so gegen die vertraglich gebotene *bona fides* verstoßen. Wiewohl das vertragswidrige Einlagern von Heu vorerst – bis zum Eintritt eines Schadens – (noch) keine (unbeschränkte) Haftung des *conductor* auslöst, bewirkt das schuldhafte Inbrandsetzen des Mietobjekts durch den Sklaven die Haftpflicht des *conductor*.[502]

Aufgrund des Kausalzusammenhanges zwischen Schaden und vertragswidrigem Einlagern von Heu,[503] welches den Brand in dieser Intensität zumindest mitverursacht[504] (*ipse causam praebuit*), muss der *conductor* gemäß der *actio locati* in vollem Umfang Ersatz leisten, ohne – so scheint es – dass seine Schuld am Brand konkret nachgewiesen[505] werden müsste.[506]

---

500 Eine ausführliche syntaktische Auseinandersetzung mit der Quelle findet sich bei *Nörr*, Causa mortis (1986) 21 f. *Nörr* geht in seiner Analyse ausführlich auf vereinzelte Interpolationsverdächtigungen ein und widerlegt sie glaubhaft.

501 *Thomas*, Acta Juridica 20 (1978) 128.

502 Möglich erscheint, dass der *locator*, wenn er über das vertragswidrige Einlagern des Heues Kenntnis erlangt, den *conductor* mittels *actio locati* zum Entfernen des leicht brennbaren Materials zwingen kann.

503 *Cardilli*, L'obligazione praestare (1995) 369; *Thomas*, Acta Juridica 20 (1978) 128.

504 *Nörr*, Causa mortis (1986) 22, 16 spricht von einer mittelbaren Verursachung; siehe auch *Willvonseder*, Conditio (1984) 19; *Molnár*, ANRW II 14 (1982) 638.

505 Bereits der Verstoß gegen die Vertragsvereinbarung ist als objektiv vorwerfbares Verhalten des *conductor* zu werten; infolge der Schadensherbeiführung durch seinen Sklaven wird der *conductor* sodann haftpflichtig; siehe *Frier*, Landlords and Tenants (1980) 142.

506 Der Passus „*quia ipse causam praebuit inferendo contra conductionem*" wird von Teilen der romanistischen Literatur als interpoliert angesehen; siehe mwN *Frier*, Landlords and Tenants (1980) 142. *Mayer-Maly*, Locatio Conductio (1956) 197 weist auf eine vermeintliche Verwechslung von „*conductionem*" mit „*conventionem*" hin. Auch *Thomas*, Acta Juridica 20 (1978) 128 geht von einem nachklassischen Einschub aus, da dieser für die Entscheidung keine

Dies bedeutet für den *locator* einen erheblichen Vorteil für die Durchsetzung seines Anspruchs, da er sich die (oftmals mühsame) Beweisführung erspart, sein Vertragspartner habe einen Schaden schuldhaft herbeigeführt.[507]

c) D. 19.2.12

Unmittelbar anschließend an D. 19.2.11.4 folgt Hermogenians Fragment D. 19.2.12, das die Haftpflicht des *conductor* noch etwas zuspitzt:

> Hermog. (2 iur. epit.) D. 19.2.12
> *Sed etsi quilibet extraneus ignem iniecerit <in villam urbanam, ubi conductor adversus conventionem faenum composuerat>,*[508] *damni locati iudicio habebitur ratio.*[509]

Der Grundsachverhalt des Fragments ist gemäß der Einschätzung *Lenels*[510] ident mit jenem in D. 19.2.11.4: Der *conductor* eines herrschaftlichen Wohnsitzes lagert vereinbarungswidrig Heu im Bestandobjekt. Daraufhin entzündet eine Person, die – im Gegensatz zu D. 19.2.11.4 – nicht aus dem Umfeld des Mieters stammt, ein Feuer, das zum Brand des Mietobjekts führt. Gefragt wird, ob der Verpächter den Schaden (vertraglich) geltend machen kann. Hermogenian befürwortet den vertraglichen Schadenersatzanspruch des *locator*, den er mittels *actio locati* gegen den Mieter durchsetzen könne.

Das Hermogenian-Fragment ist – der Ansicht *Lenels* folgend – als Sachverhaltsvariante zu D. 19.2.11.4 zu verstehen. Nach Ansicht *Mayer-Malys*[511]

Relevanz hätte. Angenommen, der Schlussteil ist tatsächlich als nachklassisch zu qualifizieren, so wird mE dadurch die Wirkung der Verletzung einer Nebenvereinbarung noch deutlicher: Verletzt der *conductor* die *lex locationis* und entsteht ein konnexer Schaden durch eine andere Person, so haftet der *conductor*, ohne dass die Kausalität bzw sein konkretes Verschulden an der unmittelbaren Schädigungshandlung geprüft werden müssten.

507 *Müller*, Gefahrtragungsvereinbarungen (2002) 108.

508 <Ergänzung> der Quelle nach *Lenel*, Palingenesia I (1889) 270.

509 Übersetzung: Aber auch wenn irgendein beliebiger Außenstehender das Feuer <im herrschaftlichen Wohnsitz, in dem der Pächter entgegen der Vertragsvereinbarung Heu eingelagert hat> gelegt hat, kann der Schaden mit der Verpächterklage geltend gemacht werden; angelehnt an *Luig*, in *Behrends et al.* (Hrsg), CIC III (1999) 560.

510 In seiner Palingenesie verfolgt *Lenel* das Ziel der Rekonstruktion klassischer römischer Rechtsquellen, die teilweise durch kompilatorische Eingriffe verunstaltet und aus dem Zusammenhang gerissen worden sind. Seine Ergänzung zu D. 19.2.12 soll die Quelle inhaltlich ihrer Originalform angleichen.

511 *Mayer-Maly*, Locatio Conductio (1956) 197.

behandelt der Text klassisches Recht, das in nachklassisch verkürzter, wohl aber inhaltlich unverfälschter Form überliefert ist. Frier[512] zufolge möchte Hermogenian hervorheben, dass der *conductor* nicht bloß für einen von seinem Sklaven (*intraneus*) verursachten Brand, sondern auch für einen von einem außenstehenden Dritten (*extraneus*) herbeigeführten Brand unbeschränkt haftpflichtig werden kann.

Zwar mangelt es D. 19.2.12 an näheren Hinweisen, ob die Haftung des Mieters bloß auf die nachgewiesene Verletzung der Nebenvereinbarung zurückzuführen ist oder die Zurechnung auch deshalb erfolgt, weil der Brand des Hauses gerade durch das gelagerte Heu ermöglicht bzw entscheidend vergrößert worden ist. In Anlehnung an die bereits besprochenen Fälle kann mE gefolgert werden, dass die Haftpflicht des *conductor* bereits aus dem Zuwiderhandeln gegen die Vertragsvereinbarung kombiniert mit dem konnexen[513] Schadenseintritt resultiert. Die Beweisführung hinsichtlich Kausalität und Schuld des *conductor* dürfte diesfalls nicht weiter erforderlich sein.

d) D. 19.2.29

Das Alfen-Fragment D. 19.2.29 bestätigt die Einstandspflicht für von dritten Personen verursachte Schäden, wenn der *conductor* eine konkrete, aus einer Nebenvereinbarung resultierende Vertragspflicht nicht einhält:

> Alf. (7 dig.) D. 19.2.29
> *In lege locationis scriptum erat: 'redemptor silvam ne caedito neve cingito neve deurito neve quem cingere caedere urere sinito'. Quaerebatur, utrum redemptor, si quem quid aerum rerum facere vidisset, prohibere deberet an etiam ita silvam custodire, ne quis id facere possit. Respondi verbum sinere utramque habere significationem, sed locatorem potius id videri voluisse, ut redemptor non solum, si quem casu vidisset silvam caedere, prohiberet, sed uti curaret et daret operam, ne quis caederet.*[514]

---

512 *Frier*, SZ 95 (1978) 249; siehe auch *Klausberger*, Zurechnungsgründe (2019) 351; *Thomas*, Acta Juridica 20 (1978) 129.

513 Der Feuerschaden lässt sich problemlos in Verbindung zur Vertragsvereinbarung setzen, kein (brennbares) Heu im gepachteten Landhaus zu lagern, da diese – davon kann mE ausgegangen werden – gerade deswegen getroffen worden ist, um das Risiko eines Brandes des Pachtobjekts zu verringern; so auch *Klausberger*, Zurechnungsgründe (2019) 351.

514 Übersetzung: Eine Klausel des Pachtvertrages [über Staatsland] lautete: „Der Pächter darf den Wald nicht abholzen, nicht die Rinden der Bäume abschälen, nicht den Wald abbrennen und nicht zulassen, dass [ihn] jemand abholzt, abschält oder abbrennt". Es wurde gefragt, ob der Pächter, wenn er sehe, dass jemand dergleichen tue, ihn daran hindern müsse oder, ob er sogar den Wald so zu bewachen habe, dass dies niemand tun könne. Ich habe gutachtlich entschieden, das Wort 'zulassen' habe beide Bedeutungen, aber der Verpächter scheint

Dem Pachtvertrag über eine bestimmte Waldfläche ist die Nebenvereinbarung beigefügt, der Pächter (*redemptor*[515]) des Waldes dürfe diesen nicht abholzen, nicht abbrennen und auch nicht die Rinden der Bäume abschälen – *ne caedito neve cingito neve deurito*. Ebenso müsse der Pächter verhindern, dass andere den Wald abholzen, abbrennen oder die Rinden der Bäume abschälen – *neve quem cingere caedere urere sinito*. Anlässlich einer durch einen Dritten verursachten Substanzverletzung am Wald wird über den Umfang der Handlungspflicht des *conductor* gestritten. Die zu klärende Rechtsfrage resultiert aus der nicht eindeutig verfassten *lex locationis*.[516]

Die Nebenvereinbarung lässt offen, ob der Pächter entweder bloß einschreiten muss, wenn er schädigendes Handeln einer dritten Person (zufällig) bemerkt oder aber auch aktiv Vorkehrungen treffen muss, um Schädigungen durch Dritte vorzubeugen. Servius[517] spricht sich für eine weite Auslegung von *non sinere* aus und entscheidet, der Vertragsvereinbarung nach sei es die Pflicht des Pächters, aktiv Vorkehrungen zu treffen, um den Wald vor Beeinträchtigungen durch Dritte zu bewahren.

Die von den *veteres* begründete *ambiguitas*-Regel[518], wonach mehrdeutige Bestimmungen zum Nachteil des Verfassers (*locator*) auszulegen seien, wendet der Jurist offenbar nicht an.[519] Fokussiert man auf den Wortlaut der Quellenüberlieferung, so orientiert sich Servius nämlich eher am Willen

---

eher gewollt zu haben, dass der Pächter nicht nur dann einschreiten muss, wenn er zufällig sieht, wie jemand den Wald abholzt, sondern dass er Vorkehrungen trifft und sich um ihre Durchsetzung bemüht, damit niemand den Wald abholzt; angelehnt an *Luig*, in *Behrends et al.* (Hrsg), CIC III (1999) 575.

515 In diesem Kontext bedeutet der Sammelbegriff *redemptor* Pächter oder Staatspächter; siehe *Medicus* in Kleiner Pauly IV (1979) Sp 1363; *Heumann/Seckel*, Handlexikon[11] (1971) 496.

516 *Krampe*, SZ 100 (1983) 225 qualifiziert die Vertragsvereinbarung als *lex ambigua*.

517 Vermutlich handelt es sich erneut um ein *responsum* seines Lehrers Servius, das Alfen bloß wiedergibt: Der Terminus „*respondi*" anstelle des gängigen „*respondit*" schließt nicht aus, dass es sich um eine Entscheidung Servius' handelt; siehe *Fiori*, Locatio Conductio (1999) 89; *Krampe*, SZ 100 (1983) 224; *Frier*, SZ 95 (1978) 244; *MacCormack*, SZ 89 (1972) 195; *Mayer-Maly*, Locatio Conductio (1956) 108.

518 Siehe Papinian (5 quaest.) D. 2.14.39: *Veteribus placet pactionem obscuram vel ambiguam venditori et qui locavit nocere, in quorum fuit potestate legem apertius conscribere.*

519 Siehe *Krampe*, SZ 100 (1983) 225. Demgegenüber argumentiert *Hoffmann-Riem*, SZ 86 (1969) 398, die *lex locationis* sei nur ihrem Wortlaut, nicht aber ihrem Sinn nach mehrdeutig, weshalb Servius die *ambiguitas*-Regel nicht anwenden müsse; *Hoffmann-Riem*, SZ 86 (1969) 398.

des *locator – sed locatorem potius id videri voluisse.*[520] Dass Servius die Klausel – wie vielfach behauptet[521] – aber bloß zugunsten des *locator* auslegt, verneint *Frier*[522] überzeugend: *Frier* argumentiert, dass die restriktive Auslegung der *lex* – (nur dann) einschreiten zu müssen, wenn der *conductor* bemerkt, dass jemand den Wald beschädigt – bloß wiedergebe, was bereits zu den allgemeinen Vertragspflichten[523] des *conductor* zähle[524] und die Vertragsparteien mit der Nebenvereinbarung jedenfalls eine weitreichendere Handlungspflicht des *conductor* haben vereinbaren wollen.[525]

Daher lässt sich Servius' Auslegung der *lex locationis* nachvollziehen, wonach der *conductor* aktiv Schutzvorkehrungen zur Abwehr von Handlungen treffen müsse, welche die Erhaltung des Pachtobjekts gefährdeten. Durch das Zuwiderhandeln gegen die Nebenvereinbarung verstößt der *conductor* gegen die vertraglich gebotene *bona fides*, weshalb er für Abholzen, Abschälen und Abbrennen des Waldes *ex contractu* haftet, egal wer eine dieser schädigenden Handlungen vornimmt.[526]

e) D. 19.2.30.2

Dass ein *conductor* aufgrund einer Nebenvereinbarung für schadenverursachendes Verhalten einer nicht vom *vinculum iuris* erfassten Person unbeschränkt haftpflichtig werden kann, ist auch in folgendem Alfen-Fragment überliefert:

---

520 Siehe *MacCormack*, SZ 89 (1972) 195.

521 So etwa *Krampe*, SZ 100 (1983) 225; *Johne/Köhn/Weber*, Kolonen (1983) 212; *Hoffmann-Riem*, SZ 86 (1969) 398; *Watson*, Law of Obligations (1965) 224; *Mayer-Maly*, Locatio Conductio (1956) 108.

522 *Frier*, SZ 95 (1978) 244 f.

523 Siehe bereits Kapitel 2.1.5.

524 Dass man als *conductor* eingreifen muss, wenn man bemerkt, dass ein Dritter dabei ist, den vom *conductor* gepachteten Wald zu beeinträchtigen, ergibt sich wohl bereits aus dem durch die *bona fides*-Klausel determinierten Pflichtenbündel der *locatio conductio rei.* Aktiv Vorkehrungen treffen zu müssen, ohne dies konkret vereinbart zu haben, wird dem *conductor* jedoch nicht bloß auf Basis des *bona fides*-Prinzips auferlegt werden können; siehe *MacCormack*, SZ 89 (1972) 195.

525 Siehe auch *Roth*, Alfeni Digesta (1999) 126 Fn 97.

526 *Fiori*, Locatio Conductio (1999) 89. Für den Fall, dass der konkrete Schaden auf ein *vis maior*-Ereignis zurückzuführen wäre, der selbst bei vertragskonformem Verhalten nicht hätte verhindert werden können, entfiele die Haftpflicht des *conductor*; siehe *Molnár*, ANRW II 14 (1982) 638; *Frier*, SZ 95 (1978) 245; *MacCormack*, SZ 89 (1972) 195.

Alf. (3 dig. a Paul. epit.) D. 19.2.30.2
Qui mulas ad certum pondus oneris locaret, cum maiore onere conductor eas rupisset, consulebat de actione. Respondit vel lege Aquilia vel ex locato recte eum agere, sed lege Aquilia tantum cum eo agi posse, qui tum mulas agitasset, ex locato etiam si alius eas rupisset, cum conductore recte agi.[527]

Der Vermieter von Maultieren hat mit dem Mieter vereinbart, dass die überlassenen Maultiere nur bis zu einem bestimmten Höchstgewicht belastet werden dürfen. Aufgrund einer Überbelastung werden die gemieteten Tiere verletzt. Gefragt wird, welche Rechtsbehelfe dem *locator* wegen des entstandenen Schadens zur Verfügung stehen. Servius[528] entscheidet, der *locator* könne gegen den Maultiertreiber mittels deliktischer *actio legis Aquiliae* und gegen den *conductor* mittels vertraglicher *actio locati* vorgehen, auch wenn der Mieter nicht selbst die Maultiere überbelastet hat.

In seinem Gutachten geht der Jurist wohl von zwei verschiedenen Sachverhalten aus: In Sachverhaltsvariante eins überbelastet der *conductor* selbst die Maultiere – *conductor eas rupisset*; in Variante zwei[529] werden die Maultiere von einer anderen Person überbelastet – *si alius eas rupisset*. Durch das eigenständige Überbelasten der Maultiere, welches zu deren Verletzung führt, erfüllt der Mieter in Variante eins den Tatbestand *rumpere* des 3. Kapitels der *lex Aquilia*;[530] folglich haftet er deliktisch gemäß der *actio legis Aquiliae*. Gleichzeitig verstößt der *conductor* durch das konkrete Belasten über die vereinbarte Höchstbelastungsgrenze auch gegen die Vertragsvereinbarung, weshalb der *locator* alternativ[531] mittels *actio locati* gegen den Mieter vorgehen kann.

527 Übersetzung: Jemand, der Maultiere unter Vereinbarung einer Höchstbelastung vermietete, fragte wegen einer Klage an, weil der Mieter die Maultiere durch eine zu schwere Last verletzt hatte. Er hat gutachtlich entschieden, dass der Vermieter zu Recht sowohl gemäß der *lex Aquilia* als auch mit der Vermieterklage vorgehen könne. Aber gemäß der *lex Aquilia* könne er nur denjenigen klagen, der damals die Maultiere geführt habe. Mit der Vermieterklage könne er gegen den Mieter jedoch auch dann vorgehen, wenn ein anderer die Tiere verletzt hat; angelehnt an *Luig*, in *Behrends et al.* (Hrsg), CIC III 576.

528 Siehe bereits Fn 489, 517.

529 Bei Sachverhaltsvariante zwei handelt es sich wohl um eine hypothetische Variante Alfens; siehe mwN *Roth*, Alfeni Digesta (1999) 108 Fn 27.

530 *Cardilli*, L'obligazine prestare (1995) 278 f.

531 In Variante eins sind die zur Verfügung stehenden Klagen nicht kumulierbar, sondern der *locator* muss sich für jene Klage entscheiden, die er für vorteilhafter erachtet. Die *actio locati* scheint aus mehreren Gründen vorteilhaft: Der Anspruchsgegner muss nicht erst eruiert werden; es ist der Vertragspartner. Der *conductor* ist vermeintlich liquider als der unmittelbare Schadiger. Die vertragliche Haftung umfasst nicht nur den Schaden am Maultier, sondern auch etwaige Folgeschäden; *Robaye*, RIDA 38 (1991) 355; *Thomas*, Acta Juridica 20 (1978) 127 f; siehe *MacCormack*, SDHI 41 (1975) 58.

In Variante zwei verursacht nicht der *conductor*, sondern eine andere – in der Quelle nicht näher umschriebene – Person (*alius*) einen Schaden durch Überbelasten der Maultiere. Aktives und unmittelbar schädigendes Einwirken auf die Tiere begründet eine deliktische Haftpflicht des *alius* gemäß der *lex Aquilia*. Einer vertraglichen Haftung unterliegt der unbekannte Dritte hingegen – mangels Vertragsverhältnis zum *locator* – nicht.

In der Literatur werden unterschiedliche Argumente angeführt, aus welchem Grund der Mieter der Maultiere für das schädigende Verhalten des Dritten einstehen müsse.[532] Die wohl hL[533] begründet die Haftpflicht des *conductor* mit der Verletzung der vertraglichen Nebenvereinbarung. Bei der Vermietung von (mehreren) Maultieren ist vorhersehbar, dass neben dem *conductor* auch andere Personen mit dem Beladen und Treiben der Tiere beschäftigt sein werden, weshalb die vereinbarte Höchstbelastung freilich nicht nur für den *conductor* selbst, sondern auch für andere gilt, welche die Maultiere für Transportzwecke einsetzen.[534] Die Quelle lässt aber offen, ob der Mieter nur für Personen einstehen soll, die seiner Sphäre zuzurechnen sind – so etwa Sklaven[535] –, oder für jede Überbelastung der Maultiere durch eine vom *vinculum iuris* nicht erfasste Person.[536]

Plausibel erscheint jedenfalls die Zurechnung von Gehilfen[537] wie auch von Untermietern[538] und allen anderen Personen, denen der *conductor* die Maultiere (freiwillig) überlässt, da er als *conductor* grundsätzlich freies Ermessen hat, welchen Personen er die Maultiere anvertraut. Eher unwahrscheinlich ist es hingegen, dass der Mieter auch dann für das Überbelasten

---

532 *Hoffmann-Riem*, SZ 86 (1969) 399 ff vertritt etwa, dass es sich bei der Einstandspflicht des *conductor* um eine *custodia*-Haftung handle. Dies wird von *MacCormack*, Culpa in eligendo, RIDA 18 (1971) 535 zutreffend verneint.

533 Siehe *Roth*, Alfeni Digesta (1999) 109; *Molnár*, Index 12 (1983–84) 167; *Knütel*, SZ 100 (1983) 366; *Thomas*, Acta Juridica 20 (1978) 127; *MacCormack*, RIDA 18 (1971) 534 f; *Watson*, Law of Obligations (1965) 118. Auch *Robaye*, RIDA 38 (1991) 354 f führt die Haftpflicht des *conductor* auf eine Nicht- bzw Schlechterfüllung der Vertragspflicht zurück, verwechselt aber irrtümlich die Bezeichnungen *locator und conductor*.

534 *Hoffmann-Riem*, SZ 86 (1969) 399.

535 Siehe mwN *MacCormack*, SDHI 41 (1975) 58; *Hoffmann-Riem*, SZ 86 (1969) 401.

536 Siehe *MacCormack*, SDHI 41 (1975) 58; *Arangio-Ruiz*, Responsabilità Contrattuale (1933) 135, 163.

537 *Du Plessis*, Letting and Hiring (2012) 135; *MacCormack*, SDHI 41 (1975) 58.

538 Das Untervermieten ist grundsätzlich in Ermangelung einer gegenteiligen Vereinbarung zulässig; *Zimmermann*, Law of Obligations (1990) 353; *Hoffmann-Riem*, SZ 86 (1969) 402.

der Maultiere einstehen muss, wenn sie von einem Dritten widerrechtlich benutzt und überbelastet worden sind, etwa infolge eines *furtum.*[539]

f) D. 19.2.11 pr.

Abschließend bestätigt das Ulpian-Fragment D. 19.2.11 pr., dass eine Nebenvereinbarung die Einstandspflicht des *conductor* für von anderen Personen verursachte Schäden begründen kann. Da dieses Fragment speziell in Kapitel 4.5 von Bedeutung ist, welches die Haftung wegen *culpa in habendo vel inducendo* behandelt, sei sie an dieser Stelle nur ausschnittweise erörtert:

> Ulp. (32 ed.) D. 19.2.11 pr.
> *[...] Mihi ita placet, ut culpam etiam eorum quos induxit praestet suo nomine, etsi nihil convenit [...].*[540]

Der Pächter eines Grundstückes gewährt gewaltunterworfenen und gewaltfreien Personen Zugang zum Pachtobjekt, welches diese schuldhaft beschädigen. Gefragt wird, ob der *conductor* für ihr Handeln einstehen muss.

Ulpian vertritt die Ansicht, dass der Pächter im Schadensfall für das Verhalten Dritter zur Verantwortung gezogen werden könne, selbst wenn keine besondere (Haftungs-)Vereinbarung vorliegt – *etsi nihil convenit.* Ulpian führt die Haftpflicht des *conductor* letztlich auf die sogenannte *culpa in habendo vel inducendo* zurück. Bemerkenswert für das gegenständliche Kapitel erscheint, dass der Jurist die Haftpflicht des *conductor* für das Handeln Dritter jedenfalls dann als unproblematisch erachtet, wenn eine entsprechende Nebenvereinbarung zuvor verletzt worden ist. Von dieser für ihn gesicherten Basis aus konstruiert Ulpian schließlich eine unbeschränkte Einstandspflicht auch für Fälle, in denen die Parteien keine entsprechenden Nebenvereinbarung getroffen haben.

g) Exkurs: Nebenvereinbarungsverletzung und Zufallshaftung

Im folgenden Abschnitt stehen die Ulpian-Fragmente D. 19.2.11.1 und D. 19.2.9.3 zur Erörterung, welche jeweils eine Haftung des *conductor*

---

539 Siehe *Roth*, Alfeni Digesta (1999) 109; *Hoffmann-Riem*, SZ 86 (1969) 402. Siehe auch *Fiori*, Locatio Conductio (1999) 91, welcher die Haftung für jeden Dritten (*qualsiasi terzo*) vertritt, seiner (nicht eindeutig ausgeführten) Ansicht zufolge aber wohl die Haftung für einen *fur* ausnimmt, sofern dem *conductor* kein vorwerfbares Verhalten anzulasten ist.

540 Übersetzung: [...] Ich halte es fur richtig, dass er auch für das Verschulden derjenigen, die er auf das Grundstück gelassen hat, im eigenen Namen haftet, selbst wenn nichts Besonderes vereinbart worden ist [...]; siehe *Luig*, in *Behrends et al.* (Hrsg), CIC III (1999) 559.

wegen Verletzung einer Nebenvereinbarung vorsehen. Im Unterschied zu den zuvor besprochenen Fallkonstellationen betreffen die gegenständlichen Fragmente Fälle, in denen ein Schaden am Bestandobjekt nicht explizit durch dritte Personen, sondern jeweils durch ein nicht näher beschriebenes Zufallsereignis (*casus*) entstanden ist. Da das Verhalten dritter Personen in der Literatur[541] ebenfalls der Zufallssphäre zugeordnet wird, lohnt die Erörterung der zwei Quellen.

D. 19.2.11.1

Zum Schutz des Bestandobjekts vor Beschädigung durch Brand ist es in der römischen Klassik nicht ungewöhnlich, dass ein *locator* seinem *conductor* den Umgang mit Feuer auf dem überlassenen Grundstück vertraglich untersagt bzw (erheblich) beschränkt,[542] da Brand in der römischen Antike zu den gängigsten Ursachen für Schäden an Bauwerken zählt:[543]

> Ulp. (32 ed.) D. 19.2.11.1
> *Si hoc in locatione convenit 'ignem ne habeto' et habuit, tenebitur etiam si fortuitus casus admisit incendium, quia non debuit ignem habere. Aliud est enim ignem innocentem habere: permittit enim habere, sed innoxium, ignem.*[544]

In einer *lex locationis*[545] ist vereinbart worden, dass am Bestandobjekt kein Feuer unterhalten werden dürfe. Entgegen der Vertragsbestimmung unterhält der *conductor* aber ein Feuer, welches durch Zufall (*fortuito casu*) zu einem Brand des überlassenen Bestandobjekts führt. Die zu erörternde Rechtsfrage der Quellenstelle betrifft die Einstandspflicht für den entstandenen Feuerschaden.

---

541 Siehe *Ernst*, SZ 105 (1988) 547; *Knütel*, SZ 100 (1983) 407; *Hoffmann-Riem*, SZ 86 (1969) 398.

542 *Johne/Köhn/Weber*, Kolonen (1983) 215.

543 Siehe Fn 494.

544 Übersetzung: Wenn in einem Mietvertrag vereinbart worden ist: „Der Mieter darf kein Feuer unterhalten", und er unterhält trotzdem ein Feuer, dann haftet er, auch wenn der Zufall zu einem Brand geführt hat; denn er durfte überhaupt kein Feuer unterhalten. Etwas anderes ist allerdings, „ein gefahrloses Feuer zu unterhalten". Dann erlaubt nämlich der Vermieter, ein Feuer zu unterhalten, aber nur ein ungefährliches; angelehnt an *Luig*, in *Behrends et al.* (Hrsg), CIC III (1999) 559 f.

545 Aus dem Wortlaut der Quelle ergeben sich keine Hinweise, ob der Vertrag, dem die Nebenvereinbarung beigefügt ist, den *conductor* bloß zum Gebrauch der Bestandsache oder auch zu ihrer Fruchtziehung ermächtigt. Folglich kann es sich entweder um einen Mietvertrag handeln, siehe *Luig*, in *Behrends et al.* (Hrsg), CIC III (1999) 559, oder um einen Pachtvertrag. Der Terminus *lex locationis* lässt keinen abschließenden Rückschluss zu. Für die haftungsrechtliche Beurteilung des Falles macht die Differenzierung zwischen Miete und Pacht aber keinen Unterschied.

Ulpian entscheidet, dass der *conductor* trotz zufälligen Schadenseintritts haften müsse. Er hätte nämlich gemäß der Vertragsvereinbarung gar kein Feuer unterhalten dürfen – *ignem ne habeto*. Von der Haftung befreit wäre der *conductor* hingegen, wenn vereinbart wäre, dass er ein gefahrloses Feuer (*ignis innocens*[546]) unterhalten dürfe und er bloß solch ein gefahrloses Feuer entfacht hätte.

Ulpians Entscheidung lässt einige Rückschlüsse zu: Umfasst ein Bestandvertrag die Nebenvereinbarung *ignem ne habeto*, dann ist es dem *conductor* ausnahmslos untersagt, ein Feuer am überlassenen Objekt zu unterhalten. Unterhält er dennoch entgegen der *lex locationis* ein Feuer am Bestandobjekt, so führt selbst ein zufällig eintretender Feuerschaden[547] – etwa bei Verursachung durch einen Dritten[548] – zur Einstandspflicht des *conductor.*[549]

Als Beweggrund für den Abschluss solch einer *lex locationis* gilt die hohe Gefahr eines Brandes in der römischen Antike.[550] Unklar ist jedoch, ob die Vereinbarung *ignem ne habeto* zwischen Eigentümer und Mieter oder aber zwischen einem Hauptmieter (eines Zinshauses) und dessen Untermieter abgeschlossen worden ist. Ebenso könnte die *lex contractus* bereits zwischen einem Eigentümer und Bestandnehmer vereinbart und anschließend vermeintlichen Untermietverhältnissen zugrunde gelegt worden sein, um die dem Hauptmieter auferlegte Beschränkung auf die Endnutzer zu übertragen.[551] Sofern ein Untermietverhältnis vorliegt, ist die Übertragung solch einer zwischen Eigentümer und Hauptmieter geschlossenen Vereinbarung auf den Untermieter jedenfalls sinnvoll, da ein Feuerschaden auch für einen schuldlosen Hauptmieter einschneidende staatliche Sanktionen auslösen kann.[552]

Unabhängig davon, welche dieser Konstellationen letztlich vorgelegen ist, bewirkt die Nebenvereinbarung für den jeweiligen *conductor* eine

546 Darunter wird wohl ein Feuer zu verstehen sein, das in einer eingerichteten Feuerstelle (kontrolliert) gehalten wird; siehe *Johne/Köhn/Weber*, Kolonen (1983) 215.

547 Zufällig entstehendes Feuer wird in der Literatur – wie bereits erörtert – prinzipiell als ein Fall höherer Gewalt eingestuft, welcher grundsätzlich haftungsbefreiend wirkt; siehe Fn 492.

548 Siehe Fn 541.

549 *Du Plessis*, Urban Landlords in OHRLS (2016) 640; *Miquel*, SZ 81 (1964) 172.

550 *Du Plessis*, Notes on a Fire, in *Sturm et al.* (Hrsg), Liber Amicorum Guido Tsuno (2013) 316; *Pils*, Entwicklung der Brandstiftung (2010) 47; *Mayer-Maly*, Locatio Conductio (1956) 195; siehe auch Ulp. (sing. de off. praef. vigil.) D. 1.15.2.

551 Siehe *Du Plessis, Landlords* in OHRLS (2016) 640.

552 Dies gilt insbesondere unter der Jurisdiktion des *praefectus vigilium*; siehe *Du Plessis, Notes on a Fire, in Sturm et al.* (Hrsg), Liber Amicorum Guido Tsuno (2013) 314 ff.

gravierende Einschränkung der Benutzbarkeit der überlassenen Sache und ihre Missachtung eine erhebliche Erweiterung der vertraglichen Haftpflicht des *conductor.*[553]

Abschließend soll die zweite in dem Fragment angeführte Regel kurz erörtert werden,[554] bloß ein gefahrloses Feuer (*ignis innocens*) unterhalten zu dürfen. Vorausgesetzt, dass solch eine *lex locationis* vereinbart worden ist, gilt die strenge Zufallshaftung nur für Fälle, in denen ein gefährliches Feuer (*ignis perniciosus*[555]) unterhalten worden ist. Wird hingegen ein gefahrloses Feuer unterhalten, greift die allgemein haftungsbefreiende Wirkung der *vis maior*, sofern das Feuer ohne schuldhaftes Zutun des *conductor* außer Kontrolle gerät.[556] Zur Begründung der Haftpflicht des *conductor* müsste der Feuerschaden infolge eines *ignis innocens* also auf ein konkret vorwerfbares Verhalten des *conductor* zurückzuführen sein.[557]

D. 19.2.9.3

An die in D. 19.2.11.1 thematisierte Feuerthematik knüpft das Ulpian-Fragment D. 19.2.9.3 an. Es enthält besagte Klausel, der *conductor* dürfe (nur) ein ungefährliches Feuer am Bestandobjekt halten:

> Ulp. (32 ed.) D. 19.2.9.3
> *Si colonis praediorum lege locationis, ut innocentem ignem habeant, denuntiatum sit, si quidem fortuitus casus incendii causam intulerit, non praestabit periculum locator: si vero culpa locatoris, quam praestare necesse est, damnum fecerit, tenebitur.*[558]

Gemäß der Bestimmung eines Pachtvertrages sind Pächter (gewisser) Landgüter dazu angehalten, nur ungefährliches Feuer am Pachtobjekt zu unterhalten. Aufgrund eines Zufallsereignisses (*fortuitus casus*) entsteht ein

---

553 *Du Plessis, Notes on a Fire, in Sturm et al.* (Hrsg), Liber Amicorum Guido Tsuno (2013) 310.

554 *Mayer-Maly* erachtet die Regel hinsichtlich gefahrloser Feuer als interpoliert; *Mayer-Maly*, Locatio Conductio (1956) 195.

555 *Frier*, SZ 95 (1978) 248: „*inherently dangerous fire*"; siehe auch *Johne/Köhn/Weber*, Kolonen (1983) 215: etwa ein „Stoppelverbrennungsfeuer".

556 *Klausberger*, Zurechnungsgründe (2019) 348.

557 *Du Plessis*, Notes on a Fire, in *Sturm et al.* (Hrsg), Liber Amicorum Guido Tsuno (2013) 309; *Thomas*, SZ 79 (1962) 337.

558 Übersetzung: Wenn die Pächter von Landgütern durch eine Bestimmung im Pachtvertrag darauf hingewiesen worden sind, dass sie Feuer gefahrlos halten müssen, dann trägt der Verpächter nicht die Gefahr, wenn ein zufälliger Umstand einen Brand verursacht. Wenn aber Fahrlässigkeit des Verpächters, für die er einstehen muss, den Schaden verursacht hat, dann haftet er; angelehnt an *Luig*, in *Behrends et al.* (Hrsg), CIC III (1999) 558.

Brand an einem der durch die *lex locationis* besonders geschützten Pachtobjekte. Gefragt wird nach der Einstandspflicht für den entstandenen Schaden. Ulpian entscheidet, dass der *locator* nicht für den Nachteil haften müsse, wenn ein *ignis innocens* aufgrund eines zufälligen Umstandes zu einem Brand des Pachtobjekts führt. Hingegen hafte der Verpächter, wenn der Schaden auf *sua culpa zurückzuführen* ist.

In der Lehre wird bisweilen vertreten, die Quelle sei dahingehend interpoliert, dass Ulpian nicht die Einstandspflicht des *locator*, sondern vielmehr jene des *conductor* erörtert habe und es nachträglich zu einer Vertauschung der Termini durch Justinians Kompilatoren gekommen sei.[559] *Frier* erörtert beide Szenarien gleichermaßen und spricht sich sodann für die (vermeintliche) Vertauschung hinsichtlich der Personen aus.[560] Demgegenüber widerlegen *Thomas*[561] und ihm folgend *Klausberger*[562] die These einer vermeintlichen Interpolation hinsichtlich der Handlungsträger ausführlich und überzeugend: Zwar seien (geringfügige) kompilatorische Eingriffe am Text ihrer Ansicht nach nicht auszuschließen, jedoch veränderten sie den wahren Kern der Quelle nicht.[563]

Die *lex locationis* normiert – wie in D. 19.2.11.1 – eine Beschränkung der Benützbarkeit des Pachtobjekts und bewirkt bei Zuwiderhandeln eine Erweiterung der vertraglichen Haftpflicht des *conductor*. Verstößt der Pächter nämlich gegen die Vertragsklausel, indem er ein gefährliches Feuer hält, so haftet er für eintretende Schäden verschuldensunabhängig.[564] Unterhält

559 *Johne/Köhn/Weber*, Kolonen (1983) 214 f; *Mayer-Maly*, Locatio Conductio (1956) 195 f.

560 *Frier*, SZ 95 (1978) 247 f.

561 *Thomas*, SZ 79 (1962) 334 ff.

562 *Klausberger*, Zurechnungsgründe (2019) 349.

563 Geht man hingegen – wie etwa *Johne/Köhn/Weber*, *Frier* und *und Mayer-Maly* – davon aus, dass die Originalquelle von der Haftung des *conductor* handelt, entsteht durch den vermeintlichen Personenwechsel aber auch kein Ergebnis, das den vorherigen Analysen widerspricht; siehe bereits die Nachweise in Fn 559, 560. Vielmehr stimmt es mit den bisherigen Erkenntnissen überein: Darf nämlich der *conductor* aufgrund einer Nebenvereinbarung bloß ein *ignis innocens* am Bestandobjekt unterhalten und unterhält er vereinbarungsgemäß solch ein ungefährliches Feuer, wobei durch Zufall ein Brand des Bestandobjekts entsteht, so haftet er nicht für den entstandenen Schaden; ist ihm hingegen *culpa* vorzuwerfen, so muss er dafür einstehen; *Thomas*, SZ 79 (1962) 335.

564 Durch eine modernrechtliche Brille gesehen, ist die verschuldensunabhängige Einstandspflicht als Erfolgshaftung zu qualifizieren; nicht bereits das Zuwiderhandeln gegen die Vertragsvereinbarung selbst löst die vertragliche Schadenersatzpflicht des *conductor* aus, sondern (erst) ein anschließender schädigender Erfolg, welcher auch zufällig eintreten kann.

der *conductor* jedoch – vertragskonform – bloß ein *ignis innocens,* muss er für einen zufällig entstehenden Brand des Pachtobjekts nicht einstehen.[565]

Ebenso wenig soll laut Ulpian der *locator* in solch einem Fall für den Nachteil einstehen – *non praestabit periculum locator.* Fraglich erscheint, von welchem Nachteil Ulpian im vorliegenden Fall ausgeht, von dem der *locator* befreit sein soll; die Zinsgefahr trägt er nämlich jedenfalls.[566] *Thomas*[567] argumentiert, dass dem *conductor* durch den zufällig entstandenen Brand selbst ein Schaden erwachsen sein könnte. Da der Verpächter ein *ignis innocens* erlaubt und der Pächter (laut Sachverhalt) nur solch ein ungefährliches Feuer unterhalten hat, könnte der *conductor* möglicherweise auf Schadenersatz wegen (vermeintlicher) Übernahme der Gefahr (jeglichen Schadens infolge eines *ignis innocens*) geklagt haben, bei Ulpian aber auf Widerstand gestoßen sein.[568] Anders urteilt Ulpian hingegen, wenn der Schaden auf eine *culpa* des *locator* zurückzuführen ist;[569] dann hafte nämlich der Verpächter.[570]

Zusammenfassend lässt sich Folgendes festhalten: Enthält ein Bestandvertrag die Klausel, kein Feuer am überlassenen Grundstück unterhalten zu dürfen, so haftet der *conductor* bei Zuwiderhandeln, selbst wenn durch Zufall das Feuer zu einem Brand des Bestandobjekts führt. Ist im Rahmen des Vertrages vereinbart, bloß ein *ignis innocens* halten zu dürfen, so haftet der *conductor* nicht, wenn solch ein an sich ungefährliches Feuer durch Zufall zu einem Brand des Bestandobjekts führt. Diesfalls trägt der *locator* die Zinsgefahr. Darüber hinaus haftet er für Schäden an vom *conductor* eingebrachten Gegenständen aber nicht, sofern ihm kein vorwerfbares Verhalten anzulasten ist.

---

565 Er muss weder Ersatz für die Beschädigung der Bestandsache leisten noch schuldet er den (vollen) Pachtzins für die Zeit, in der das Pachtobjekt wegen des Brandes nicht ordnungsgemäß benutzt werden kann; siehe Ulpian (32 ed.) D. 19.2.9.1, D. 19.2.19.6.

566 *Klausberger*, Zurechnungsgründe (2019) 349; *Kaser*, RPR I² (1971) 566.

567 *Klausberger*, Zurechnungsgründe (2019) 349; *Thomas*, SZ 79 (1962) 338.

568 An dieser Stelle liegt vermutlich eine Kürzung des Originaltextes vor, weshalb ein genauer Verfahrenshergang unmöglich zu rekonstruieren erscheint.

569 *Klausberger*, Zurechnungsgründe (2019) 349 denkt etwa an Fälle, in denen „der Verpächter verkehrswidrig eine Situation erhöhter Brandgefahr geschaffen und dies dem Pächter gegenüber verschwiegen hat".

570 Diese allgemeine Aussage hinsichtlich der Haftpflicht kann aber ebenso auf den *conductor* übertragen werden, wenn man von der Interpolation hinsichtlich der Vertragsparteien ausgeht; siehe Fn 563.

4.2.2 Fälle zur *locatio conductio operis*

Ähnlich wie bei der *locatio conductio rei* dienen Nebenvereinbarungen auch bei Vertragsschluss einer *locatio conductio operis* dazu, das standardmäßig vorgesehene Programm von Rechten und Pflichten der Vertragsparteien zu adaptieren. Insbesondere in Bauverträgen findet sich eine Vielzahl solcher *leges locationis/conductionis.*[571] In der Regel bewirken sie eine Haftungsverschärfung, gelegentlich führen sie zu einer Haftungsreduktion.

a) D. 14.3.5.10

Eine (vor-)vertragliche Zusicherung, dass die in seiner Wäscherei (*fullonica*) eingesetzten Hilfspersonen vertrauenswürdig seien, kann die unbeschränkte werkvertragliche Haftung des Wäschers (*fullo*) begründen, ohne selbst einen Schaden schuldhaft verursacht zu haben, wie folgendes Ulpian-Fragment zeigt:

> Ulp. (28 ed.) D. 14.3.5.10
> *Sed et cum fullo peregre proficiscens <aliquem>*[572] *rogasset, ut discipulis suis, quibus tabernam instructam tradiderat, imperaret, post cuius profectionem vestimenta discipulus accipisset et fugisset, fullonem non teneri, si quasi procurator fuit relictus: sin vero quasi institor, teneri eum. Plane si adfirmaverit mihi recte me credere operariis suis, non institoria, sed ex locato tenebitur.*[573]

---

571 *Buchwitz*, SZ 126 (2009) 358 ff.

572 <Ergänzung> der Quelle nach *Simshäuser*, in *Behrends et al.* (Hrsg), CIC III (1999) 216. Diese Ergänzung geht nicht auf die *editio maior* zurück und ist daher nicht unzweifelhaft; siehe *Mommsen/Krueger/Watson*, Digest I (1985) 423.

573 Übersetzung: Aber auch wenn ein Wäscher vor Antritt einer Reise jemanden bat, seine Lehrlinge zu beaufsichtigen, denen er die Weiterführung seines Ladens überlassen hatte, und wenn nach seiner Abreise ein Lehrling Kleidungsstücke zur Reinigung annahm und mit ihnen entfloh, dann hafte der Wäscher nicht, wenn er jenen als seinen Vermögensverwalter zurückgelassen hatte; habe er ihn dagegen als Geschäftsleiter bestellt, so hafte er. Wenn der Wäscher mir allerdings versichert hat, ich könne seinen Arbeitern vertrauen, haftet er nicht mit der Geschäftsleiterklage, sondern mit der Werkbestellerklage; angelehnt an *Simshäuser*, in *Behrends et al.* (Hrsg), CIC III (1999) 215 f. Eine Alternativübersetzung (ohne die Ergänzung *aliquem*) bietet *Benke*, SZ 105 (1988) 598 Fn 29: Doch auch wenn (mir) ein Wäscher bei seiner Abreise empfahl, seinen Lehrlingen, denen er den Laden samt Ausstattung anvertraut hatte, Werkaufträge zu erteilen, und nach seiner Abreise ein Lehrling Gewänder entgegennahm und floh, hafte der Wascher nicht, wenn er diesen in der Funktion eines Prokurators, wohl aber, wenn er ihn als Faktor zurückgelassen hatte; wenn er mich freilich (nur mehr) bestärkt hat, mich wohl auf seine Hilfskräfte zu verlassen, sei er nicht über die Faktorklage, sondern aus dem Werkvertrag zu belangen.

Ein Wäscher (*fullo*) bittet vor Antritt seiner Reise jemanden[574], seine Lehrlinge (*discipuli*), denen er die Weiterführung seines Betriebes überlassen hat,[575] in seiner Abwesenheit zu beaufsichtigen. Nach der Abreise des Wäschers nimmt einer seiner Lehrlinge Kleiderstücke eines Kunden entgegen, die er später entwendet und mit ihnen flieht.[576] Fraglich erscheint, inwieweit der Wäscher für den entstandenen Schaden einstehen muss. Übereinstimmend mit Labeo[577] vertritt Ulpian[578], dass der *fullo* (adjektizisch[579]) hafte, wenn er die Aufsichtsperson als *quasi institor*[580], nicht aber, wenn er sie als *quasi procurator*[581] bestellt hat.

Besondere Relevanz für dieses Kapitel hat die von Ulpian ergänzte Sachverhaltsvariante – *adfirmaverit mihi recte me credere operariis suis, non institoria, sed ex locato tenebitur* –, wonach der *fullo* nicht adjektizisch, sondern unbeschränkt gemäß der *actio locati* einstehen müsse, wenn er einem Kunden zugesichert hat, dass er seinen Hilfspersonen vertrauen könne.[582] In dieser Zusicherung des *fullo* sehen *Knütel*[583], *Benke*[584] und *Wacke*[585] bereits eine verbindliche Vertragsvereinbarung, weshalb eine unbeschränkte Vertragshaftung in Frage komme. *Knütel* (der von *Benke* und dieser von *Wacke* zitiert wird) führt aus, dass das *furtum* seines Lehrlings als Anwendungsfall der vertraglichen *custodia*-Haftung einzustufen sei, welcher der *fullo* als

574 Die Aufsichtsperson kann je nach Übersetzung einer der *discipuli* selbst (womöglich der Erfahrenste unter ihnen), aber auch eine außenstehende Person sein.

575 Mangels Hinweises in der Quelle, dass es sich bei den Lehrlingen um Sklaven handelt, geht *Du Plessis*, Letting and Hiring (2012) 58 davon aus, es handle sich um gewaltfreie Personen.

576 Eine ausführliche Auseinandersetzung mit (dem Sachverhalt) der Quellenstelle findet sich bei *Benke*, SZ 105 (1988) 598 ff und *Knütel*, SZ 100 (1983) 408 ff.

577 Dem Gutachten Ulpians dürfte ein *responsum* Labeos zugrunde liegen; *Benke*, SZ 105 (1988) 599; *Knütel*, SZ 100 (1983) 408; *Lenel*, Palingenesia I (1889) 511.

578 Siehe *Lenel*, Palingenesia II (1889) 588 f.

579 Zu den adjektizischen Klagen siehe mwN *Wacke*, SZ 111 (1994) 280 ff.

580 Als *quasi institor* ist die Aufsichtsperson einzustufen, wenn sie zwar nicht mittels *praepositio* zum Geschäftsführer eingesetzt worden ist, aber nach außen den Eindruck erweckt, sie sei Geschäftsführer; siehe *Benke*, SZ 105 (1988) 608 ff; *Morelli*, Geschäftsführung (1935) 10 Fn 5.

581 Als *quasi procurator* ist die Aufsichtsperson einzustufen, wenn sie (erkennbar) bloß zur internen Aufsicht bestimmt ist; *Benke*, SZ 105 (1988) 604 Fn 59.

582 Entgegen zahlreichen Interpolationsverdächtigungen ist die Quelle wohl zumindest im Kern als klassisch einzustufen; siehe mwN *Benke*, SZ 105 (1988) 599 f; *Knütel*, SZ 100 (1983) 408.

583 *Knütel*, SZ 100 (1983) 409 f.

584 *Benke*, SZ 105 (1988) 604 Fn 58.

585 *Wacke*, SZ 111 (1994) 347.

Werkunternehmer unterliege.[586] *Krückmann*[587] spricht von einer Haftung aus Garantie, ohne seine Gedanken zur Haftung des *fullo* näher zu erläutern. *Du Plessis* führt die Haftung des *fullo* ebenfalls auf eine Art Garantie[588] zurück und verneint gleichzeitig *custodia* als Grundlage der Haftung.

Beide Argumentationsansätze sind plausibel und schließen einander nicht (zwingend) aus: *Knütel*, *Benke* und *Wacke* fokussieren primär auf den Umstand, dass der Wäscher durch seine Zusicherung bereits das Werkvertragsverhältnis angebahnt hat, folglich Vertragspartner des Werkbestellers geworden ist und als *fullo* der *custodia*-Haftung unterliege.[589] Demgegenüber verstehen *Du Plessis* und wohl auch *Krückmann* *„adfirmaverit mihi recte me credere operariis suis"* als eine besondere (vor-)vertragliche Garantie für die Verlässlichkeit der eigenen Mitarbeiter, welche unabhängig vom Vorliegen eines Verschuldens den *conductor* (ebenso) gemäß der *actio locati* zum Ersatz verpflichtet.

b) D. 19.2.13.3

Die im gegenständlichen Kapitel bisher erörterten Fälle sind Nachweis dafür, dass vertragliche Nebenvereinbarungen Anknüpfungspunkt einer verschärften Haftung des *conductor* sein können. Das Ulpian-Fragment D. 19.2.13.3 zeigt demgegenüber, dass im Rahmen einer *locatio conductio* (*operis*) – zumindest in seltenen Fällen – auch Nebenvereinbarungen mit haftungsreduzierender Wirkung vereinbart werden können:

> Ulp. (32 ed.) D. 19.2.13.3
> *Si quis servum docendum conduxerit eumque duxerit peregere et aut ab hostibus captus si aut perierit, ex locato esse actionem placuit, si modo non sic conduxit, ut et peregre duceret.*[590]

Locator und *conductor* schließen einen Vertrag, in dem sich der *conductor* verpflichtet, einen Sklaven des *locator* auszubilden. Im Rahmen der Ausbildung nimmt der *conductor* den überlassenen Sklaven mit ins Ausland,

---

586 *Knütel*, SZ 100 (1983) 410.

587 *Krückmann*, SZ 63 (1943) 12.

588 Diese beruhe auf der Schaffung eines Vertrauenstatbestandes --*„trust"*; *Du Plessis*, Letting and Hiring (2012) 59.

589 Zur *custodia*-Haftung von *fullones* siehe Kapitel 4.3.2.

590 Übersetzung: Wenn jemand es vertraglich übernommen hat, einen Sklaven auszubilden, und diesen Sklaven mit ins Ausland nimmt, wo der Sklave Feinden in die Hände fällt oder zu Tode kommt, so ist anerkannt, dass eine Klage aus dem Werkvertrag gegeben ist, vorausgesetzt allerdings, er hat den Vertrag nicht mit der Bestimmung abgeschlossen, dass er den Sklaven auch mit ins Ausland nehmen durfte; angelehnt an *Luig*, in *Behrends et al.* (Hrsg), CIC III (1999) 561.

wo dieser entweder von Feinden gefangen genommen wird oder zu Tode kommt. Gefragt wird nach der Einstandspflicht des *conductor*. Ulpian entscheidet, der Ausbildner hafte gemäß der *actio locati*, vorausgesetzt, der Vertrag wurde ohne die Nebenvereinbarung geschlossen, dass der *conductor* den Sklaven auch mit ins Ausland nehmen dürfe.

Die entgeltliche Ausbildung eines fremden Sklaven erfolgt im Rahmen einer *locatio conductio operis.*[591] Nach dispositivem Recht ist es unzulässig – wie die Systematik des Falles zu erkennen gibt –, einen auszubildenden Sklaven mit ins Ausland zu nehmen; zu groß scheint die Gefahr eines Verlustes in der Fremde.[592]

Wird aber eine entsprechende (Aus-)Reiseerlaubnis (in Form einer Nebenabrede) mit dem *dominus* des auszubildenden Sklaven vereinbart,[593] so haftet der *conductor* nicht für den zufälligen Untergang des Sklaven. Vielmehr müsste mE in solch einem Fall dem *conductor* ein konkretes Verschulden im Zusammenhang mit dem Verlust des Sklaven auf der Reise ins Ausland nachgewiesen werden, um dessen Haftpflicht zu begründen.

4.2.3 Ergebnisse

1. Mittels Nebenvereinbarungen können *locator* und *conductor* dispositive Vertragselemente abändern. So können etwa spezielle Rechte und Pflichten im Umgang mit ihnen anvertrauten Sachen ihres Vertragspartners vereinbaren. *Pacta adiecta* können sowohl mündlich, schriftlich als auch konkludent vereinbart werden. Um diesen *pacta* Wirksamkeit zu verleihen, müssen sie nur in den Vertrag integriert werden; die Einkleidung in eine *stipulatio* ist aufgrund der *bona fides*-Klausel der *locatio conductio* nicht notwendig.
2. Wiederholt finden sich in Fragmenten zur *locatio conductio* Nebenvereinbarungen, welche die Einwirkungsmöglichkeit des *conductor* auf die überlassene Sache beschränken. Dass der *conductor* solchen Nebenvereinbarungen zustimmt, macht der *locator* wohl häufig zur Voraussetzung seines Vertragsabschlusses. Ausnahmsweise können Nebenvereinbarungen aber auch getroffen werden, um den Handlungsspielraum des *conductor* zu erweitern.
3. Um im Zweifelsfall den konkreten Umfang der Rechte und Pflichten, die sich aus einem *pactum adiectum* ergeben, bestimmen zu können, muss

591 *Kaser*, RPR I² (1971) 570 Fn 82.

592 *Klausberger*, Zurechnungsgründe (2019) 368.

593 Ausbildungsverträge sind regelmäßig detailliert geregelt, weshalb solch eine Auslandsklausel nicht ungewöhnlich erscheint; siehe *Du Plessis*, Letting and Hiring (2012) 70.

das *id quod actum est* ermittelt werden. Häufig begründen *pacta adiecta* Unterlassungspflichten, sie können gelegentlich aber auch zu einem aktiven Tun verpflichten.

4. Wird das Paktierte vom Verpflichteten nicht eingehalten, so bewirkt dies eine Haftungsverschärfung: Schäden, die ein Dritter – etwa ein Gewaltunterworfener, andere Personen in der Einflusssphäre des Verpflichteten, aber auch außenstehende Personen – verursacht, können zur Haftung der vertragsbrüchigen Person führen, selbst wenn ihr kein konkretes Verschulden im Zusammenhang mit der unmittelbaren Schadensverursachung vorzuwerfen ist.
5. Dogmatisch lassen sich die Fälle der Haftung infolge der Verletzung einer Nebenvereinbarung folgendermaßen erklären: Wird etwa (bloß) die ordnungsgemäße Rückgabe des Bestandobjektes nach Vertragsende zugesichert, ohne die Nutzung des Bestandobjektes in konkreter Weise zu beschränken – wie in D. 19.2.30.4 –, so kann die Vereinbarung als abstrakte Garantie verstanden werden, die bei Nichterfüllung des Zugesicherten ohne Prüfung weiterer Umstände zur Haftung führt. Wird durch eine Nebenvereinbarung hingegen der Umgang mit dem überlassenen Vertragsobjekt auf konkrete Weise eingeschränkt – etwa ein gemietetes Maultier nur bis zu einer bestimmten Höchstlast beladen zu dürfen –, wobei die Vereinbarung nicht eingehalten wird, so gebietet die *bona fides* eine Haftung des *conductor*, wenn ein zur objektiv vorwerfbaren Missachtung der Nebenvereinbarung konnexer Schaden eintritt, welcher gerade durch den Abschluss des *pactum* hätte verhindert werden sollen.
6. Da die Haftung infolge der Verletzung einer Nebenvereinbarung nicht (zwingend) von einem individuellen Verschulden des *conductor* abhängt, kann die Wirkung einer Nebenvereinbarung den Grundsatz der eigenen Verantwortlichkeit einschränken.
7. Für den Geschädigten können sich den Vertragspartner belastende Nebenabreden sowohl materiell- als auch prozessrechtlich als günstig erweisen: Einerseits können sie materiell das Haftungsausmaß des Vertragspartners erweitern, andererseits erspart sich der Geschädigte prozessual die oftmals mühsame Beweisführung, sein Vertragspartner habe einen Schaden rechtswidrig und schuldhaft herbeigeführt.

4.3 Die *custodia*-Haftung

Die *custodia*-Haftung zählt im Bereich der *locatio conductio* zu den bedeutendsten Anwendungsfällen der Haftung für das Verhalten einer nicht vom *vinculum iuris* erfassten Person. Wie bereits in Kapitel 2.1.8 d) ausgeführt, verantwortet eine *custodia*-pflichtige Person den diebstahlbedingten[594] – möglicherweise auch zerstörungsbedingten[595] – Verlust von Gegenständen, die ein Vertragspartner dem jeweils anderen im Rahmen des Vertragsverhältnisses anvertraut hat. Während der genaue Umfang der *custodia*-Haftung und die Frage nach ihrer Verschuldens(un)abhängigkeit in der romanistischen Literatur umstritten ist, steht fest, dass ein *vis maior*-bedingter Verlust überlassener Gegenstände – etwa aufgrund Feuersbrunst oder Einfalls bewaffneter Räuberbanden[596] – eine *custodia*-Haftung jedenfalls ausschließt.[597]

Eine allgemeine *custodia*-Haftung ist den überlieferten Quellen zur *locatio conductio* nicht zu entnehmen, weshalb nicht jeder Abschluss einer *locatio conductio* eo ipso dazu führt, dass ein Werkunternehmer, Dienstnehmer oder Mieter/Pächter für die von einem Werkbesteller, Dienstgeber oder Vermieter/Verpächter überlassenen Sachen *custodia*-pflichtig ist.[598] Insbesondere gibt es aber drei Personengruppen, deren *custodia*-Haftung durch eine Vielzahl klassischer Quellen belegt ist: (1) *horrearii*, (2) *fullones* und *sarcinatores* sowie (3) *nautae/caupones/stabularii.*

4.3.1 Die *custodia*-Haftung des *horrearius*

Zur entgeltlichen Einlagerung von (Wert-)Gegenständen aller Art schließen Speicherverwalter (*horrearii*) und ihre Kunden ihre Verträge nach hL[599] in Form einer *locatio conductio rei.* Werden eingelagerte (Wert-)Gegenstände aus einem gemieteten Speicherraum gestohlen, stellt sich die Frage nach der *custodia*-Haftung des *horrearius.* Insbesondere ist fraglich, ob die unbeschränkte Haftung von einer expliziten Nebenvereinbarung abhängt oder dem Vertrag inhärent ist. Die folgenden Quellenanalysen sollen Aufschluss über die Natur der *custodia*-Haftung des *horrearius* bringen.

a) D. 19.2.60.9

Zunächst steht das auf Javolen zurückgehende Labeo-Fragment D. 19.2.60.9 im Fokus:

594 Diebstahl ist jedenfalls der ursprüngliche Anwendungsbereich der *custodia*-Haftung; *Knütel*, SZ 100 (1983) 357; siehe auch Kapitel 2.1.8 d) Fn 260.

595 Siehe Kapitel 2.1.8 d) Fn 261.

596 *Meissel*, JAP 4 (1993–94) 212.

597 *Du Plessis*, CLJ 65 (2006) 426 f; *Kaser*, RPR I² (1971) 508; *Miquel*, SZ 81 (1964) 179; siehe auch Kapitel 2.1.8 d) Fn 262.

598 Siehe Kapitel 2.1.8 d) Fn 265.

599 Siehe Kapitel 2.1.5 c) Fn 154.

Lab. (5 post. a Iavol. epit.) D. 19.2.60.9
Rerum custodiam, quam horrearius conductoribus praestare deberet, locatorem totorum horreorum horreario praestare non debere puto, nisi si in locando aliter convenerit.[600]

Der Eigentümer eines Speichers (*dominus horreorum*) verpachtet diesen zur Gänze an einen Speicherverwalter (*horrearius*). Der *horrearius* vermietet sodann einzelne Speicherräume an seine Kunden. Fraglich erscheint, wer für das Abhandenkommen von eingelagerten Gegenständen der Untermieter einstehen muss. Nach der Ansicht Labeos habe der *horrearius* seinen Mietern für die sichere Bewachung (*custodia*) der eingebrachten Sachen einzustehen. Den Eigentümer des Speichers (*locator totorum horreorum*) treffe hingegen keine *custodia*-Pflicht gegenüber seinem Vertragspartner – dem *horrearius* – es sei denn, sie ist explizit vereinbart worden.

Das Labeo-Fragment D. 19.2.60.9 ist als klarer Nachweis für eine allgemeine *custodia*-Pflicht des *horrearius* zu sehen.[601] Demnach schuldet der *horrearius* die sichere Bewachung eingelagerter Gegenstände und muss bei ihrem Verlust Ersatz leisten.[602] Worauf die *custodia*-Haftung des *horrearius* zurückzuführen ist, lässt sich dem Labeo-Fragment nicht entnehmen. Es ist zu vermuten, dass die *custodia*-Pflicht des *horrearius* auf die Besonderheit der Speicherraummiete zurückzuführen ist. Entgeltlich eingelagert werden regelmäßig Gegenstände von beträchtlichem Wert[603], die folglich besonderen Schutzes bedürfen. Daher könnte Vertragsinhalt nicht bloß die entgeltliche Miete einer Räumlichkeit zur Einlagerung von Gegenständen des Mieters sein, sondern die Miete eines diebstahlsicheren – durch *servi* oder angestellte *custodes* bewachten – Speicherraums.[604] Als Konsequenz unterliegt der *horrearius* im Diebstahlsfall einer *custodia*-Haftung, die ihn dazu verpflichtet, dem Geschädigten unabhängig vom Nachweis eines konkreten Verschuldens Ersatz zu leisten.

---

600 Übersetzung: Für die Bewachung der eingelagerten Sachen, für die der Speicherverwalter den Mietern der Speicherräume einstehen muss, hat meiner Ansicht nach derjenige, der einen Speicher als Ganzes vermietet hat, dem Speicherverwalter gegenüber nicht einzustehen, es sei denn, man hat bei der Vermietung etwas anderes vereinbart; angelehnt an *Luig*, in *Behrends et al.* (Hrsg), CIC III (1999) 592.

601 Siehe *Marini*, SZ 132 (2015) 170 f; *Tröger*, Arbeitsteilung (2012) 86; *Molnár*, ANRW II 14 (1982) 608; *Wubbe*, SZ 76 (1959) 514.

602 Siehe *Marini*, SZ 132 (2015) 180; *Du Plessis*, CLJ 65 (2006) 427; 314; *Molnár*, ANRW II 14 (1982) 610; *Wacke*, Labeo 26 (1980) 302; *Wubbe*, SZ 76 (1959) 511.

603 *Du Plessis* in HRPR (2023) § 80 Rz 55.

604 Siehe *Thomas*, RIDA 13 (1966) 362 ff; *Wubbe*, SZ 76 (1959) 511; *Mayer-Maly*, Locatio Conductio (1956) 210; siehe auch *Marini*, SZ 132 (2015) 170 f. Zur Risikohaftung beim Einsatz eines Wächters siehe auch Ulp. (28 ed.) D. 13.6.5.14.

Im Unterschied zum *horrearius* hat der *dominus horreorum* nach der Ansicht Labeos prinzipiell nicht für *custodia* zu haften. Folglich kann sich der *horrearius* bei seinem Vertragspartner nur dann regressieren, wenn die beiden eine entsprechende Nebenvereinbarung getroffen haben – *nisi si in locando aliter convenerit*[605]. Solch eine Vereinbarung ist möglicherweise dann üblich, wenn die Wächter des Speichers vom *dominus horreorum* bereitgestellt werden.[606]

b) D. 19.2.60.6

Die nächste zu untersuchende Quelle ist ein weiteres Labeo-Fragment, D. 19.2.60.2, welches in der durch Javolen epitomierten Fassung überliefert ist. Es lässt weitere Rückschlüsse auf den Charakter der *custodia*-Haftung des *horrearius* zu:

> Lab. (5 post. a Iavol. epit.) D. 19.2.60.6
> *Locator horrei propositum habuit se aurum argentum margaritam non recipere suo periculo: deinde cum sciret has res inferri, passus est. Proinde eum futurum tibi obligatum dixi, ac si propositum fuit, remissum videtur.*[607]

Der Vermieter eines Speichers (*locator horrei*) gibt durch Aushang bekannt, dass er Gold, Silber und Perlen nicht auf seine Gefahr übernehme. Ein oder mehrere Kunden lagern dennoch solche Wertgegenstände in den von ihnen gemieteten Speicherräumen. Zu einem späteren Zeitpunkt erfährt der Vermieter von der Einlagerung dieser Wertgegenstände im Speicher und duldet dies (stillschweigend). Daraufhin kommt es zum Diebstahl der Gegenstände. Fraglich erscheint, ob der Vermieter für den Verlust der Wertgenstände

---

605 Dieser Abschnitt des Fragments wird von Teilen der Literatur als interpoliert eingestuft; siehe etwa *Robaye*, L'obligation de garde (1987) 105; *Molnár*, ANRW II 14 (1982) 610; *Thomas*, RIDA 6 (1959) 378; *Mayer-Maly*, Locatio Conductio (1956) 210. Die Interpolation lässt sich aber nicht mit Gewissheit beweisen. Die vertragliche Übernahme der *custodia* ist nämlich prinzipiell möglich und könnte so gestaltet sein, dass der *dominus horreorum* Wachen bereitstellt, welche den Speicher von außen vor Eindringlingen bewachen sollen. Im Zweifel ist daher von der Klassizität auch dieses Quellenabschnitts auszugehen; *Du Plessis*, CLJ 65 (2006) 427; *Wacke*, Labeo 26 (1980) 302.

606 Siehe dazu Fn 604.

607 Übersetzung: Der Vermieter eines Speichers hat durch Aushang bekanntgegeben, dass er Gold, Silber und Perlen nicht auf seine Gefahr übernehme. Dann hat er, als er erfuhr, dass solche Objekte in die Speicherräume gebracht wurden, dies geduldet. Ich habe gesagt, dass er dir haftet, wie wenn er keinen Aushang gemacht hätte, weil er durch sein Verhalten die Erklärung in dem Aushang ersichtlich zurückgenommen hat; angelehnt an *Luig*, in *Behrends et al.* (Hrsg), CIC III (1999) 591.

einstehen muss. Nach der Ansicht Labeos habe der Vermieter für den Diebstahl einzustehen.

Im Zusammenhang mit der Haftung des *locator horrei* für die gestohlenen Wertgegenstände stellt sich zunächst die Frage, welche Person sich hinter der Bezeichnung *locator horrei* verbirgt. Aufgrund der Kürze des Labeo-Fragments lässt es sich nicht mit Gewissheit sagen, ob dem gegenständlichen Fall ein zwei- oder dreipersonales Verhältnis zugrunde liegt, was die Einordnung (der Haftung) des *locator horrei* erschwert.

Mit großer Wahrscheinlichkeit ist unter *locator horrei* diejenige Person zu verstehen, die mit Speicherraummietern kontrahiert; demnach hätte der Vermieter die Stellung eines *horrearius*, wie in D. 19.2.60.9 beschrieben.[608] Ein *horrearius* bzw *locator horrei* unterliegt – wie oben beschrieben – grundsätzlich der *custodia*-Pflicht hinsichtlich der im Speicher eingelagerten Gegenstände, für die er im Verlustfall einzustehen hat.[609] Was den Ursprung der *custodia*-Haftung von *horrerarii* betrifft, könnte dieses darauf zurückgehen, dass *horrearii* – zumindest anfangs – die sichere Verwahrung (noch) nebenvertraglich zugesichert haben und sich die *custodia*-Haftung bei der Speicherraummiete im Verlauf der römischen Klassik aufgrund gängiger Vertragspraxis zu natürlichen Vertragsbestandteilen (*naturalia negotii*) des Speicherraummietvertrages entwickelt hat.[610]

Bei der *custodia*-Haftung (des *horrearius*) handelt es sich – wie das gegenständliche Labeo-Fragment zeigt – aber nicht um zwingendes, sondern vielmehr um dispositives Recht. Demnach kann die Übernahme der *custodia* bei der Speicherraummiete eingeschränkt oder abbedungen werden, etwa durch einen Aushang am Speichergebäude.[611]

Unter einem Aushang am Speicher ist eine sogenannte *lex horreorum* zu verstehen, welche – ähnlich heutigen AGB – die Konditionen beschreibt, zu denen der *horrearius* bereit ist, einen Speicherraummietvertrag abzuschließen.[612] Mit der gegenständlichen *lex horreorum – aurum argentum margaritam non recipere suo periculo* – möchte der *horrearius* seine (dispositive) *custodia*-Pflicht hinsichtlich bestimmter eingelagerter Wertgegenstände (Gold, Silber und Perlen) ausschließen, um dadurch der Gefahr einer *custodia*-Haftung zu entgehen.[613]

---

608 *Thomas*, RIDA 13 (1966) 358; *Wubbe*, SZ 76 (1959) 509.
609 *Molnár*, ANRW II 14 (1982) 610; *Thomas*, RIDA 13 (1966) 361.
610 *Thomas*, Recueils 32 (1974) 127; *Thomas*, RIDA 13 (1966) 360 f, *Thomas*, RIDA 7 (1960) 496 f; siehe auch *Thomas*, RIDA 6 (1959) 376.
611 Siehe *Marini*, SZ 132 (2015) 174 ff; *Du Plessis*, CLJ 65 (2006) 433.
612 *Wacke*, Labeo 26 (1980) 312 f.
613 *Marini*, SZ 132 (2015) 173; *Robaye*, L'obligation de garde (1987) 127 f.

Dies erachtet Labeo als unproblematisch, jedoch wertet er das anschließende Dulden der Einlagerung solcher Wertgegenstände in den vermieteten Speicherräumen als stillschweigende Zurücknahme des zuvor bedungenen *custodia*-Ausschlusses.[614] Daher habe der *horrearius* (*locator horrei*) für den Diebstahl auch dieser Wertgenstände einzustehen.

c) D. 19.2.55 pr.

Die nächste zu erörternde Quelle ist das in der romanistischen Literatur äußerst kontroversiell diskutierte Paulus-Fragment D. 19.2.55 pr.:

> Paul. (2 sent.) D. 19.2.55 pr.
> *Dominus horreorum effractis et compilatis horreis non tenetur, nisi custodiam eorum recepit: servi tamen eius cum quo contractum est propter aedificiorum notitiam in quaestionem peti possunt.*[615]

Der Eigentümer von Speichern (*dominus horreorum*) bietet seine Speicherräume zur Miete an. Daraufhin werden vermietete Speicherräume von Dritten aufgebrochen und ausgeplündert. Gefragt wird, ob der *dominus horreorum* für den Verlust der bei ihm eingelagerten Sachen einstehen muss. Paulus verneint die Haftpflicht des *dominus horreorum*, sofern er nicht (ausdrücklich) die *custodia* für darin eingelagerte Gegenstände übernommen hat. Er könne aber gezwungen werden, seine Wächter-Sklaven zwecks Verhörs (unter Folter) auszuliefern.[616]

Die Quellenüberlieferung enthält einige Ungereimtheiten, die wohl größtenteils auf Kürzungen zurückzuführen sind; der klassische Kern der Quelle ist aber – wie im Folgenden zu zeigen sein wird – erkennbar.[617] Probleme bei der Erörterung der Quelle bereitet insbesondere die Frage hinsichtlich der Zwei- oder Dreipersonalität des Sachverhalts sowie die rechtliche Einordnung des Einbruchdiebstahls.

---

614 *Wacke*, Labeo 26 (1980) 313.

615 Übersetzung: Der Eigentümer von Speichern haftet [den Mietern der Speicherräume] nicht, wenn die Speicher aufgebrochen und ausgeplündert worden sind, es sei denn, er habe die Bewachung des Speichers übernommen. Aber die Sklaven desjenigen, mit dem der Vertrag geschlossen wird, können wegen ihrer Kenntnis der Gebäude für ein Verhör (unter Folter) angefordert werden; angelehnt an *Luig*, in *Behrends et al.* (Hrsg), CIC III (1991) 587.

616 *Wacke*, Labeo 26 (1980) 303 geht davon aus, dass die zu verhörenden Wächter-Sklaven der Diebstahlsbeteiligung verdächtig gewesen seien.

617 Siehe *Robaye*, L'obligation de garde (1987) 101; *Wacke*, Labeo 26 (1980) 303; *Thomas*, RIDA 6 (1959) 379.

Zunächst gilt der Fokus der Frage, ob eine Personenidentität zwischen *dominus horreorum* und „*is cum quo contractum est*" vorliegt.[618] Die Personenidentität wird in der romanistischen Literatur überwiegend vertreten und dürfte durch Basilica 20.1.54 und ihre Scholien belegt sein.[619] Mit Gewissheit lässt sich die Zweipersonalität aber nicht nachweisen.[620] Jedenfalls geht es – so viel steht fest – um das Haftungsverhältnis zwischen einlagernden Personen als Geschädigten und demjenigen, der ihnen Speicherraum entgeltlich zur Verfügung gestellt hat – *is cum quo contractum est*. Das kann grundsätzlich der *dominus horreorum* selbst oder aber ein Pächter des gesamten Speichers sein: Bei einem zweipersonalen Verhältnis ist der *dominus* sogleich auch *horrearius*, bei einem dreipersonalen Verhältnis kontrahiert der *horrearius* als Pächter des *dominus horreorum* mit den Kunden.[621]

Angenommen, es handelt sich im konkreten Fall um ein zweipersonales Verhältnis, so ist der *dominus horreorum* zugleich *horrearius* und schließt mit den Kunden selbst Speicherraummietverträge.[622] Als *horrearius* trifft ihn hinsichtlich der eingelagerten Gegenstände die (dispositive) *custodia*-Pflicht, die bewirkt, dass er bei Diebstahl, der grundsätzlich als *casus minor*-Ereignis[623] verstanden wird, seinem Vertragspartner haftpflichtig wird.

An diesem Punkt der Analyse beschert die Quellenüberlieferung ein Problem: Ist der im gegenständlichen Fall begangene Einbruchdiebstahl – *effractis*

618 Zur zweipersonalen Sachverhaltsrekonstruktion siehe *Molnár*, ANRW II 14 (1982) 609; *MacCormack*, SZ 89 (1972) 166 f; *Rickman*, Roman Granaries (1971) 202 f; *Wubbe*, SZ 76 (1959) 509. Zur (vermeintlich) dreipersonalen Sachverhaltsrekonstruktion siehe *Wacke*, Lagerhausvermietung, Labeo 26 (1980) 303; *Thomas*, RIDA 6 (1959) 378 f.

619 *Rickman*, Roman Granaries (1971) 202 f.

620 *Rickman*, Roman Granaries (1971) 202 f; *Wubbe*, SZ 76 (1959) 509.

621 In der frühen Kaiserzeit ist das dreipersonale Verhältnis bei der Speicherraumvermietung insofern gängig gewesen, als Speicher oftmals aristokratischen Familien gehört haben, welche nichts mit dem täglichen Betrieb zu tun haben wollten und daher unabhängige Geschäftsmänner (*horrearii*) eingesetzt haben, welche darin befindliche Speicherräume untervermietet haben. Ab dem 3. Jh n. Chr. dürfte sich die Zahl an großen Speichern aufgrund ökonomischer Veränderungen reduziert haben und dürften kleinere Speichereinheiten zur Gänze verpachtet worden sein, weshalb sich die Position des Mittelsmannes erübrigt hat. Daher findet sich in den Quellen häufig der Terminus *dominus horreorum*, welcher aber in seiner Position als direkter Vertragspartner der Einlagerer gleichzeitig als *horrearius* bezeichnet werden kann; siehe zu alldem *Rickman*, Roman Granaries (1971) 203.

622 *Rickman*, Roman Granaries (1971) 202.

623 Siehe Kapitel 2.1.8 d) Fn 259.

et compilatis horreis – als *casus minor*-Ereignis einzustufen, so würde der *horrearius* nach klassischem Recht auch ohne konkrete Nebenvereinbarung haften.[624] Ist er hingegen als ein *vis maior*-Ereignis zu qualifizieren, dann führte – wie etwa *Wacke*[625] argumentiert – die (ausdrückliche) Übernahme der *custodia* seitens des *dominus horreorum* wohl dennoch nicht zur *custodia*-Haftung, sodass der Passus *nisi custodiam eorum recipit* als Fremdkörper der Quelle erscheint und in der Literatur vielfach als nachklassische Interpolation eingestuft worden ist.[626]

Die Systematik der Quelle deutet darauf hin, dass es sich bei „*effractis et compilatis horreis*“ jedenfalls um kein einfaches *furtum* handelt, welches ohne Weiteres von der *custodia*-Haftung des *horrearius* – in concreto des *dominus horreorum* – auch ohne besondere Vereinbarung gedeckt wäre.[627] Um einen klaren Fall von *vis maior* dürfte es sich bei „*effractis et compilatis horreis*“ aber ebenso nicht handeln.[628] Vielmehr dürfte der gegenständliche Einbruchdiebstahl wohl als ein Grenzfall zwischen *casus minor* und *vis maior* einzustufen sein, der nur dann zur *custodia*-Haftung des *horrearius* führt, wenn dieser (auch) dafür die sichere Verwahrung ausdrücklich[629] übernommen hat – *custodiam eorum recepit.*[630]

Ist die *custodia*-Haftung hinsichtlich Einbruchdiebstahls nicht ausdrücklich übernommen worden, so hat ein geschädigter Speicherraummieter keinen vertraglichen Ersatzanspruch. Er kann diesfalls aber seinen Vertragspartner dazu zwingen, ihm dessen Wächter-Sklaven zwecks peinlichen Verhöres auszuliefern – *servi [...] in quaestionem peti possunt.* Das ermöglicht einem Bestohlenen wohl, notwendige Informationen zu erhalten, um an den Dieb respektive die gestohlenen Sachen zu gelangen. Die (versperrten) Haupttore der *horrea* sind nämlich idR von Wächtern bewacht, weshalb bei

---

624 *Wubbe*, SZ 76 (1959) 518.

625 Wacke, Labeo 26 (1980) 303.

626 Siehe *Robaye*, L'obligation de garde (1987) 132 f; *Molnár*, ANRW II 14 (1982) 609; *Wacke*, Labeo 26 (1980) 304; *Thomas*, RIDA 6 (1959) 378; *Wubbe*, SZ 76 (1959) 518 f.

627 Siehe *Molnár*, ANRW II 14 (1982) 609.

628 *Rosenthal*, SZ 68 (1951) 233. Unstrittig als *vis maior*-Ereignisse sind bloß „*effracturae latronum*“ einzustufen, wie etwa in C. 4.65.1 und Paul. (5 resp.) Coll. 10.9.1 überliefert ist; *Molnár*, ANRW II 14 (1982) 608.

629 Die explizite Übernahme solch einer *custodia* könnte möglicherweise als eine Art Garantie zu verstehen sein; siehe *Kaser*, RPR I^2 (1971) 507; *Knütel*, SZ 100 (1983) 356.

630 *Thomas*, RIDA 6 (1959) 378; *Rosenthal*, SZ 68 (1951) 233 f; siehe auch *MacCormack*, SZ 89 (1972) 167.

Überwindung der Tore diese entweder in den Diebstahl involviert gewesen sein oder zumindest davon Beobachtungen gemacht haben müssen.[631]

Folgte man der dreipersonalen Sachverhaltsrekonstruktion, so sind der *dominus horreorum*, ein *horrearius* und dessen Kunden in den Fall involviert. Diesfalls stellt sich die Frage, warum nicht die *custodia*-Haftung des *horrearius*, sondern des *dominus horreorum* (bei ausdrücklicher *custodia*-Übernahme) thematisiert wird. Die übernommene *custodia* des *dominus horreorum* könnte möglicherweise dann eine Rolle spielen, wenn der – ohnedies *custodia*-pflichtige – *horrearius* insolvent ist und dessen Kunden andernfalls keinen Ersatz für die gestohlenen Gegenstände erlangen könnten.[632] Fraglich ist jedoch, warum der *dominus* die *custodia* gegen Einbruchdiebstahl zusichern sollte, wenn doch Wächter seines Vertragspartners – *is cum quo contractum est* – mit der Bewachung des Speichers betraut gewesen sind. Zudem ist problematisch, ob sich eine formlose *custodia*-Übernahme des *dominus horreorum* überhaupt zugunsten der Mieter des *horrearius* auswirken kann, da sie (wohl) kein *vinculum iuris* verbindet.[633] Aufgrund all dieser Ungewissheiten, welche die dreipersonale Sachverhaltsrekonstruktion mit sich bringt, spricht mE einiges dafür, im gegenständlichen Fall von einem zweipersonalen Verhältnis auszugehen.

d) C. 4.65.1 und Coll. 10.9.1

Mit der Haftungsthematik bei *effractura* gemieteter Speicher(-räume) beschäftigen sich auch die Parallelstellen C. 4.65.1 und Coll. 10.9.1, welche im Folgenden zu erörtern sind:

> C. 4.65.1
> *Dominus horreorum periculum vis maioris vel effracturam latronum conductori praestare non cogitur. His cessantibus si quid extrinsecus ex depositis rebus inlaesis horreis perierit, damnum depositarum rerum sarciri debet.*[634] *(a. 213)*

---

631 Siehe *Thomas*, RIDA 13 (1966) 363.

632 Siehe *Wacke*, Labeo 26 (1980) 303 f; *Thomas*, RIDA 6 (1959) 382.

633 Dies wird in der Literatur tendenziell bestritten; siehe *Wacke*, Labeo 26 (1980) 304 f; *Thomas*, „Horrea“, RIDA 13 (1966) 367. *Wubbe*, SZ 76 (1959) 518 hält es hingegen für möglich, dass sich der *dominus horreorum* den Einlagerern etwa durch ein *receptum* verpflichten kann, führt seine Gedanken dazu aber nicht näher aus; zur Problematik der Drittwirkung von Abreden zwischen Vertragspartnern siehe *Finkenauer*, SZ 135(2018) 178 ff.

634 Eigene Übersetzung: Der Eigentümer eines Speichers wird nicht gezwungen, für die Gefahr der höheren Gewalt oder des Einbruchdiebstahls durch eine Räuberbande einzustehen. Abgesehen von diesen Fällen muss, wenn ein Verlust von eingelagerten Gegenständen durch Eingriff von außen stattfindet, der Speicher jedoch unbeschädigt bleibt, der Schaden resultierend aus dem Verlust der eingelagerten Gegenstände ersetzt werden.

Paul. (5 resp.) Coll. 10.9.1
Imp. Antoninus Agrippino: Dominus horreorum periculum vis maioris vel effracturae latronum praestare non cogitur. His cessantibus si quid ex depositis rebus inlaesis horreis periit, damnum depositorum sarciri debet. [...] Paulus respondit: satis praepositam constitutionem declarare his, qui horrea locant, maiorem vim imputari non posse.[635]

Ein *dominus horreorum* vermietet Speicherräume, worin Gegenstände seiner Kunden eingelagert werden, welche jedoch später abhandenkommen. Gefragt wird, inwieweit der *dominus horreorum* seinen Vertragspartnern für den entstandenen Schaden einstehen muss. Gemäß den kaiserlichen Entscheiden besteht die Haftung des *dominus horreorum* jedenfalls dann nicht, wenn das Abhandenkommen auf ein *vis maior*-Ereignis – etwa Einbruchdiebstahl durch eine Räuberbande – zurückzuführen ist.

Eine exakte Sachverhaltsrekonstruktion der Doppelüberlieferung ist aufgrund von Kürzungen des Originaltextes schwierig.[636] Konsens herrscht in der Literatur aber zumindest darüber, dass es sich um zweipersonale Vertragsverhältnisse handelt, weshalb der *dominus horreorum* zugleich auch *horrearius* ist.[637]

Das direkte Vertragsverhältnis mit den Kunden ist der Grund, warum der *dominus horreorum* – im Gegensatz zu D. 19.2.60.9 – auch ohne besondere *custodia*-Vereinbarung für den Diebstahl der in den Speicherräumen eingelagerten Gegenstände haftet.[638] Haftungsfrei wird der *dominus* aber, wenn das Abhandenkommen der fremden Gegenstände auf ein *vis maior*-Ereignis zurückzuführen ist, wie etwa einen Einbruchdiebstahl durch eine Räuberbande – *vis maioris vel effracturam latronum.*

Der Terminus „*vel*" ist hier nicht als „oder", sondern vielmehr als „beispielsweise" zu übersetzen und ein räuberischer Einbruchdiebstahl dann als *vis maior*-Ereignis zu qualifizieren, wenn er – etwa aufgrund der Vielzahl an *latrones* – selbst bei größtmöglichem Einsatz nicht zu verhindern

635 Übersetzung: Kaiser Antoninus an Julius Agrippinus: Der Eigentümer eines Speichers wird nicht gezwungen, für die Gefahr der höheren Gewalt oder des Einbruchdiebstahls durch eine Räuberbande einzustehen. Abgesehen von diesen Fällen muss, wenn ein Verlust von eingelagerten Gegenständen stattfindet, der Speicher jedoch unbeschädigt bleibt, der Schaden resultierend aus dem Verlust der eingelagerten Gegenstände ersetzt werden. [...] Paulus antwortet: Es ist hinreichend bekannt, dass gemäß der zugrundeliegenden kaiserlichen Verfügung derjenige, der einen Speicher vermietet, nicht für höhere Gewalt einstehen muss; angelehnt an *Frakes*, Collatio (2012) 224 f.

636 Siehe *Rosenthal*, SZ 68 (1951) 232.

637 Siehe mwN *Thomas*, RIDA 13 (1966) 355.

638 Siehe *Rosenthal*, SZ 68 (1951) 233.

gewesen ist.[639] Dass der räuberische Einbruchdiebstahl in den Quellen hervorgehoben wird, liegt wohl daran, dass Einbruchdiebstähle in vermieteten Speicherräumen durch Räuberbanden zu den gängigsten *vis maior*-Ereignissen der Antike zählen.[640]

e) C. 4.65.4 pr.-2

Abschließend lohnt ein Blick auf die Kodexstellen C. 4.65.4 pr.-2:

> C. 4.65.4 pr.-2
> *(pr.) Et divi Pii et Antonini litteris certa forma est, ut domini horreorum effractorum eiusmodi querellas deferentibus custodes exhibere necesse habeant nec ultra periculo subiecti sint. (1) Quod vos quoque adito praeside provinciae impetrabitis. Qui si maiorem animadversionem exigere rem deprehenderit, ad Domitium Ulpianum praefectum praetorio et parentem meum reos remittere curabit. (2) Sed qui domini horreorum nominatim etiam custodiam repromiserunt, fidem exhibere debent.*[641] *(a. 222)*

Eine exakte Sachverhaltsrekonstruktion der Kaiserreskripte C. 4.65.4 pr.-2 erweist sich aufgrund der Kürze der Überlieferungen als äußerst schwierig. Fest steht, dass Speicherräume vermietet und darin eingelagerte Gegenstände infolge eines Einbruchdiebstahls entwendet worden sind.[642] Unklarheit herrscht bezüglich der Zahl der in den Fällen involvierten Handlungsträger sowie hinsichtlich der rechtlichen Verortung des Einbruchdiebstahls – *horreorum effractorum*.

Der *dominus horreorum* wird – mangels gegenteiliger Hinweise in den Kaiserreskripten – zugleich auch als *horrearius* anzunehmen sein, welcher mit einlagerungswilligen Kunden jeweils eine *locatio conductio rei* abschließt.[643] Durch Abschluss eines Speicherraummietvertrages verpflichtet sich der *horrearius* – wie bereits erörtert – eo ipso zur Übernahme der

639 Siehe *Molnár*, ANRW II 14 (1982) 609.

640 *Molnár*, ANRW II 14 (1982) 609; *Rickman*, Roman Granaries (1971) 204; *Mayer-Maly*, Locatio Conductio (1956) 211.

641 Eigene Übersetzung: (pr.) Durch einen Brief der Kaiser Pius und Caracalla ist bestimmt, dass die Eigentümer von Speichern, in welche eingebrochen worden ist, den Klägern die Wächter ausliefern sollen, aber abgesehen davon nicht die Gefahr tragen sollen. (1) Dies werdet ihr auch erlangen, wenn ihr euch deshalb an den Statthalter der Provinz wendet. Wenn aber derselbe meint, dass die Sache eine schärfere Ahndung erfordere, so wird er Sorge tragen, die Beschuldigten an Domitius Ulpianus, dem Prätorianerpräfekten und meinem Vetter, auszuliefern. (2) Aber wenn die Eigentümer der Speicher auch selbst namentlich die Bewachung versprochen haben, so müssen sie diese treugemäß leisten.

642 Siehe *Molnár*, ANRW II 14 (1982) 610.

643 *Thomas*, RIDA 6 (1959) 382.

custodia, also zur sorgsamen Bewachung der eingelagerten Gegenstände, weshalb er im Diebstahlsfall grundsätzlich der *custodia*-Haftung unterliegt. Der den Kaiserreskripten C. 4.65.4 pr.-2 zugrundeliegende Einbruchdiebstahl könnte – wie bereits in D. 19.2.55 pr. angedeutet – nicht als einfaches *furtum* und daher nicht als haftungsbegründendes *casus minor*-Ereignis einzustufen sein. So ließe sich die kaiserliche Entscheidung erklären, derzufolge der *dominus horreorum* gemäß C. 4.65.4 pr. (bloß) seine Wachen ausliefern, nicht aber persönlich für den Verlust der eingelagerten Gegenstände einstehen müsse.

Fraglich erscheint jedoch, warum der *dominus* in C. 4.65.4.2 im Gegensatz zu C. 4.65.4 pr. für *custodia* einstehen muss, da vom gleichen Grundsachverhalt auszugehen ist. In der romanistischen Literatur wird die Unstimmigkeit vielfach auf eine nachklassische Interpolation zurückgeführt.[644] Als Erklärung könnte aber – wie in D. 19.2.55 pr. – eine ausdrückliche Übernahme der *custodia* auch für Einbruchdiebstähle angenommen werden – *nominatim etiam custodiam repromiserunt.*

f) Zwischenergebnis

1. Als *horrearius* ist derjenige zu qualifizieren, der mit Personen kontrahiert, die Gegenstände in einem Speicherraum entgeltlich einlagern möchten. Das kann der Eigentümer des Speichers (*dominus horreorum*) sein oder ein Pächter des gesamten Speichers, der diesen wiederum (möglichst gewinnbringend) untervermietet.
2. Vermietet der *horrearius* Speicherraum an seine Kunden, so verpflichtet er sich – in Ermangelung einer gegenteiligen *lex horreorum* – eo ipso für die sorgsame Verwahrung und Bewachung eingelagerter Gegenstände (*custodia*) seiner Vertragspartner zu sorgen. Werden eingelagerte Gegenstände aus seiner Obhut gestohlen, so haftet er, sofern er nicht die Übernahme der *custodia* vertraglich abbedungen hat.
3. Ausgenommen von der *custodia*-Haftung ist jedenfalls der auf ein *vis maior*-Ereignis zurückgehende Verlust eingelagerter Gegenstände. Dazu zählt etwa der Einbruchdiebstahl einer Räuberbande (*effractura latronum*).
4. Einordnungstechnische Schwierigkeiten bereiten Einbruchdiebstähle, die nicht von einer Räuberbande verübt worden sind. Sie sind wohl zwischen einfachem Diebstahl (*casus minor*) und räuberischem Einbruchdiebstahl (*vis maior*) zu verorten. Diese Art von Diebstählen ist wohl nicht von der gewöhnlichen *custodia*-Haftung erfasst, weshalb dafür

---

644 Siehe mwN *Wubbe*, SZ 76 (1959) 518; *Thomas*, RIDA 6 (1959) 382.

eine ausdrückliche vertragliche Übernahme erforderlich ist – *custodiam eorum recepit.*

4.3.2 Die *custodia*-Haftung des *fullo* und *sarcinator*

Die mit Abstand zahlreichsten Nachweise zur *custodia*-Haftung bei der *locatio conductio* betreffen Verträge, die zwischen *fullones/sarcinatores* und ihren Kunden abgeschlossen werden.[645] Wäscher (*fullones*) übernehmen jeweils im Rahmen einer *locatio conductio operis* Kleidungstücke ihrer Kunden, um sie zu säubern, und Flickschneider (*sarcinatores*), um sie auszubessern oder flicken.[646] Neben ihrer Hauptvertragspflichen müssen *fullones* und *sarcinatores* im Schadensfall für *dolus*, *culpa* und – wie zahlreiche Quellen[647] belegen – auch für *custodia* haften.

Bevor die *custodia*-Haftung der *fullones* und *sarcinatores* im Folgenden analysiert wird, lohnt zunächst ein kurzer Blick auf die extensive *culpa*-Haftung, welcher *fullones* und *sarcinatores* unterliegen.

a) D. 19.2.9.5

> Ulp. (32 ed.) D. 19.2.9.5
> *Celsus etiam imperitiam culpae adnumerandam libro octavo digestorum scripsit: si [...] sarciendum quid poliendumve conduxit, culpam eum praestare debere et quod imperitiapeccavit, culpam esse: quippe ut artifex, inquit, conduxit.*[648]

Ein Wäscher oder Flickschneider übernimmt Kleidungsstücke, um sie im Rahmen eines Werkvertrages zu reinigen oder zu flicken. Aus Unerfahrenheit (*imperitia*) entsteht an der überlassenen Kleidung ein Schaden. Gefragt wird, ob der Werkunternehmer dafür vertraglich einstehen muss. Celsus

645 Siehe *Wicke*, Haftung (2000) 65; *Robaye*, L'obligation de garde (1987) 173; *Mayer Maly*, Locatio Conductio (1956) 207.

646 Siehe *Flohr*, Fullo (2013) 58 f.

647 Siehe etwa Gai. (5 ed. prov.) D. 4.9.5 pr.; Gai. Inst. 3.205–206; Ulp. (29 Sab.) D. 47.2.14.12; Iavol. (9 post. Lab.) D. 47.2.91 pr.; Lab. (5 post. a Iavol. epit.) D. 19.2.60.2; Ulp. (43 Sab.) D. 12.7.2; Paul. (22 ed.) D. 9.1.2 pr.; Gai. (10 ed. prov.) D. 19.2.25.8; Ulp. (42 Sab.) D. 47.2.48.4; Ulp. (29 Sab.) D. 47.2.12 pr.; Ulp. (29 Sab.) D. 47.2.10.

648 Übersetzung: Celsus hat im 8. Buch seiner Digesten geschrieben, dass auch Unerfahrenheit dem Verschulden zuzurechnen sei. Wenn jemand die Verpflichtung übernommen hat, [...] Kleidungsstücke zu flicken oder zu reinigen, dann müsse er für Verschulden einstehen, und was er aus Unerfahrenheit gemacht habe, sei ihm [gleichwohl] als Verschulden vorzuwerfen; er habe nämlich, wie Celsus sagt, die Vertragsleistung als Fachmann übernommen; siehe *Luig*, in *Behrends et al.* (Hrsg), CIC III (1999) 558 f.

entscheidet, der Unternehmer schulde aufgrund der Übernahme einer Fachtätigkeit die erforderliche Erfahrung (*peritia*), weshalb *imperitia* als haftungsbegründende *culpa* zu qualifizieren sei.

Die Problematik, mit der sich Celsus auseinanderzusetzen hat, ist die Begründung der (grundsätzlich) *culpa*-basierten Haftung des Werkunternehmers ohne Vorliegen eines konkreten, subjektiv vorwerfbaren Fehlverhaltens im Schädigungszeitpunkt.[649] Dem *fullo* bzw *sarcinator* dürfte nämlich im konkreten Fall – mangels entsprechender Erfahrung – ein sorgfältigerer Umgang mit der überlassenen Kleidung nicht möglich gewesen sein. Celsus löst die Problematik durch Rückgriff auf ein vorgelagertes Fehlverhalten:[650] Nicht die unmittelbare Schadensverursachung sei nach Ansicht von Celsus Anknüpfungspunkt der Haftung, sondern die – als *culpa* einzustufende – Übernahme einer Tätigkeit, die gewisse Erfahrung voraussetzt, über welche der konkrete Werkunternehmer aber nicht verfügt hat – *imperitiam culpae adnumerandam.*[651]

b) D. 19.2.13.6

Einen weiteren Nachweis für die extensive *culpa*-Haftung von *fullones* (und *sarcinatores*) bietet das Ulpian-Fragment D. 19.2.13.6:

> Ulp. (32 ed.) D. 19.2.13.6
> *Si fullo vestimenta polienda acceperit eaque mures roserint, ex locato tenetur, quia debuit ab hac re cavere. Et si pallium fullo permutaverit et alii alterius dederit, ex locato actione tenebitur, etiamsi ignarus fecerit.*[652]

Ein Wäscher übernimmt fremde Kleidung zur Reinigung. Daraufhin werden Kleidungsstücke eines Kunden von Mäusen (*mures*) zernagt bzw der Mantel eines Kunden vom Wäscher verwechselt und irrtümlich einem anderen ausgehändigt. Fraglich erscheint, inwieweit der *fullo* für den daraus resultierenden Schaden einstehen muss. Ulpian entscheidet, der Werkunternehmer hafte vertraglich, da er gegen diese Schadensursachen Vorsorge hätte treffen müssen – *quia debuit ab hac re cavere.*

---

649 *Molnár*, ANRW II 14 (1982) 595.

650 *Klausberger*, Zurechnungsgründe (2019) 355.

651 *Molnár*, Verantwortung und Gefahrtragung bei der locatio conductio, ANRW II 14 (1982) 595.

652 Übersetzung: Wenn ein Wäscher Kleidung zum Reinigen übernommen hat und Mäuse die Kleidungsstücke zernagen, dann haftet er mit der Klage aus dem Werkvertrag, weil er dagegen Vorsorge hätte treffen müssen. Und wenn der Wäscher einen Mantel vertauscht hat und jemandem den Mantel eines anderen gegeben hat, so haftet er mit der Klage aus dem Werkvertrag auch dann, wenn er den Mantel vertauscht hat, ohne es zu bemerken; angelehnt an *Luig*, in *Behrends et al.* (Hrsg), CIC III (1999) 362.

Wiewohl das gegenständliche Ulpian-Fragment in der Literatur[653] häufig als Nachweis (für einen Sonderfall) der *custodia*-Haftung von *fullones* eingestuft wird, handelt es sich mE um einen Fall der *culpa*-Haftung.[654] Bei Übernahme von Kleidung zur entgeltlichen Reinigung schuldet der *fullo* gewiss die erforderlichen Kenntnisse (auch) hinsichtlich ihrer fachgemäßen Aufbewahrung.[655] Da die entsprechenden Vorkehrungen im gegenständlichen Fall offenkundig nicht getroffen worden sind und in der Folge die Kleidung nicht mehr (unversehrt) retourniert werden kann, ist dem *conductor imperitia* anzulasten. Diese führt – wie in D. 19.2.9.5 beschrieben – zur *culpa*-Haftung des *fullo* (oder *sarcinator*).

Noch strenger als die auf *imperitia* beruhende *culpa*-Haftung in D. 19.2.9.5 und D. 19.2.13.6 wird die *custodia*-Haftung von Teilen der romanistischen Lehre verstanden, derzufolge *fullones* und *sarcinatores* für das Abhandenkommen ihnen überlassener Kleidungsstücke unabhängig von einem konkreten Verschulden einstehen müssten.[656]

Inwieweit sich die – von der hA als verschuldensunabhängig[657] bzw garantiebasiert[658] eingestufte – *custodia*-Haftung der *fullones* und *sarcinatores* anhand der überlieferten Quellen tatsächlich nachweisen lässt, soll im Folgenden erörtert werden.

c) D. 4.9.5 pr.

Der erste zu untersuchende Text ist das Gaius-Fragment D. 4.9.5 pr.:

> Gai. (5 ed. prov.) D. 4.9.5 pr.
> *[...] Nam et fullo et sarcinator non pro custodia, sed pro arte mercedem accipiunt, et tamen custodiae nomine ex locato tenetur.*[659]

---

653 Siehe mwN *Molnár*, ANRW II 14 (1982) 597; *Mayer-Maly*, Locatio Conductio (1956) 207.

654 So auch *Klausberger*, Zurechnungsgründe (2019) 356 f; *Du Plessis*, Letting and Hiring (2012) 61; *Rosenthal*, SZ 68 (1951) 262.

655 *Siehe* mwN *Klausberger*, Zurechnungsgründe (2019) 356; *Du Plessis*, Letting and Hiring (2012) 61; *Van den Bergh*, TR 43 (1975) 69.

656 Statt vieler siehe *Wicke*, Haftung (2000) 65; *Knütel*, SZ 100 (1983) 356; *Molnár*, ANRW II 14 (1982) 595 ff; *Kaser*, RPR I^2 (1971) 507. Gegen die Verschuldensunabhängigkeit der *custodia*-Haftung argumentieren hingegen etwa *Robaye*, L'obligation de garde (1987) 187 ff und *MacCormack*, SZ 89 (1972) 161 ff. Die Frage der Verschuldens(un)abhängigkeit der *custodia*-Haftung offenlassend, siehe *Du Plessis*, Letting and Hiring (2012) 60.

657 Zur Entwicklung der Theorie einer verschuldensunabhängigen *custodia*-Haftung seit dem 19. Jh. siehe mwN *Van den Bergh*, TR 43 (1975) 61 ff.

658 Siehe *Knütel*, SZ 100 (1983) 356; *Kaser*, RPR I^2 (1971) 507.

659 Übersetzung: [...] Denn auch der Wäscher und der Flickschneider erhalten ihr Entgelt nicht für die Bewachung, sondern für ihre handwerkliche Leistung,

Ein *fullo* oder *sarcinator* übernimmt Kleidungsstücke zum Waschen, Ausbessern oder Flickschneiden im Rahmen einer *locatio conductio operis*. Bei Verlust überlassener Kleider stellt sich die Frage, inwieweit der jeweilige Unternehmer seinen Vertragspartnern für den daraus entstandenen Schaden einzustehen hat. Nach der Ansicht von Gaius haben *fullones* und *sarcinatores* (auch) für *custodia* einzustehen – *custodiae nomine ex locato tenetur.*

Das Gaius-Fragment[660] deutet darauf hin, dass die *custodia*-Haftung des *fullo/sarcinator* zur Zeit von Gaius[661] nicht von einer expliziten Nebenvereinbarung abhängt, sondern – ähnlich wie bei der Speicherraummiete – durch Abschluss eines Wäscherei- bzw Flickschneidereivertrags eo ipso vereinbart ist: Neben der Hauptvertragspflicht, den im Werkvertrag vereinbarten Erfolg auf fachmännische[662] Weise (*lege artis*) herbeizuführen, schulden *fullones/sarcinatores* – wie das Gaius-Fragment andeutet – ebenso (nebenvertraglich) die sichere Verwahrung für die in ihre Obhut übertragenen Kleidungsstücke der Kunden – *non pro custodia, sed pro arte mercedem accipiunt.*[663]

---

und dennoch haften sie aus dem Werkvertrag für die Bewachung; angelehnt an *Schiemann*, in *Behrends et al.* (Hrsg), CIC II (1995) 462.

660 Wiewohl das Gaius-Fragment dem Digestentitel „*Nautae caupones stabularii ut recepta restituant*“ entstammt und sich auch mit der *receptum*-Haftung des Reeders befasst (siehe dazu Kapitel 4.2.3 b), ist der skizzierte Quellenausschnitt zur *custodia*-Haftung der *fullones* und *sarcinatores* mE auf das Vertragsverhältnis der *locatio conductio operis* und nicht auf ein *receptum* zurückzuführen. Zur *receptum*-Haftung siehe Kapitel 4.3.3.

661 Gaius ist ein bedeutender Jurist des 2. Jh. n. Chr. Für eine weiterführende Auseinandersetzung mit der in der romanistischen Literatur äußerst umstrittenen *vita* des Juristen siehe *Honoré*, Gaius (1962).

662 Siehe etwa Ulp. (32 ed.) D. 19.2.9.5.

663 Der Hinweis auf den Werklohn ist mE nicht so zu verstehen, dass die *custodia*-Pflicht ausschließlich auf dem Kriterium der Entgeltlichkeit beruht, vielmehr ist die Entgeltlichkeit nur ein Baustein der *custodia*-Haftung bei der *locatio conductio*. Dagegen ist die *custodia*-Haftung beim *commodatum* völlig unabhängig von einem Entgelt, da der römische Leihvertrag bekanntlich zwingend unentgeltlich ist. Die *custodia*-Haftung beim *commodatum* beruht daher hochgradig auf einem Interessensvergleich der Vertragsparteien iSd Utilitätsprinzips; siehe *MacCormack*, SZ 89 (1972) 204; *Rosenthal*, SZ 68 (1951) 223. Eine allgemeine *custodia*-Pflicht lässt sich daher aus dem Umstand der Entgeltlichkeit nicht ohne Weiteres ableiten; siehe bereits Kapitel 2.1.8 d) Fn 265, 280; vgl auch Gai. (5 ed. prov.) D. 19.2.40.

d) D. 47.2.10 und D. 47.2.12 pr.

Zwei Fragmente, welche die *custodia*-Haftung der *fullones* bestätigen, sind die Ulpian-Fragmente D. 47.2.10 und D. 47.2.12 pr.:

> Ulp. (29 Sab.) D. 47.2.10
> *Cuius interfuit non subripi, is actionem furti habet.*[664]

> Ulp. (29 Sab.) D. 47.2.12 pr.
> *Itaque fullo, qui curanda poliendave vestimenta accepit, semper agit: praestare enim custodiam debet. Si autem solvendo non est, ad dominum actio redit: nam qui non habet quod perdat, eius periculo nihil est.*[665]

Ein Wäscher nimmt Kleidung eines Kunden entgegen, um sie zu verbessern oder zu reinigen. Bevor der *fullo* die Kleidung seinem Vertragspartner retourniert, wird sie gestohlen. Fraglich erscheint, wer die Diebstahlsklage gegen den *fur* anstrengen kann. Ulpian entscheidet, dass dem *fullo* die Diebstahlsklage zukomme.

Ganz allgemein steht die Diebstahlsklage der Person zu, die das (Haupt-) Interesse an der gestohlenen Sache hat(te) – *cuius interfuit non subripi, is actionem furti habet.* Im Regelfall liegt dieses Interesse beim Eigentümer der gestohlenen Sache. Wenn aber eine andere Person für den Diebstahl (vertraglich) einstehen muss und dies aufgrund ihrer Solvenz auch tut, soll ihr die Klage gewährt werden.[666]

Ein *fullo*, der Kleidung zur Verbesserung und Reinigung übernimmt – *curanda poliendave vestimenta accepit* – hat nach Ansicht Ulpians grundsätzlich immer (*semper*) die Diebstahlsklage (*actio furti*), da er stets für *custodia* einstehen müsse – *praestare enim custodiam debet.*

Worauf die *custodia*-Pflicht des *fullo* (und *sarcinator*[667]) konkret zurückzuführen ist, lässt sich nur vermuten. Womöglich spielt eine Rolle, dass die von ihnen übernommene Kleidung durch den regelmäßigen Einsatz von Gehilfen[668] und dem teilweisen Betrieb auf offener

---

664 Eigene Übersetzung: Derjenige, der ein Interesse daran hatte, dass etwas nicht gestohlen werde, hat die Diebstahlsklage.

665 Eigene Übersetzung: Ein Wäscher, der Kleidung zu verbessern oder reinigen übernommen hat, kann daher immer [den Dieb mittels der Diebstahlsklage] klagen, da er nämlich für die sorgsame Bewachung einstehen muss. Ist er aber insolvent, geht die Klage an den Eigentümer zurück; denn es geht nicht auf dessen Gefahr, wer nichts zu verlieren hat.

666 Siehe Kapitel 4.3.2 e).

667 Zur Parallelität der *custodia*-Haftpflicht von *fullones* und *sarcinatores* siehe *Du Plessis*, Letting and Hiring (2012) 65.

668 Siehe Kapitel 2.1.6 a) Fn 183, 184, 185.

Straße[669] einer erhöhten Diebstahlsgefahr ausgesetzt ist, und die Auferlegung der *custodia*-Haftung ein Anreiz zum besonders sorgsamen Umgang mit überlassenen Kleidungsstücken ist.

e) Gai. Inst. 3.205–206

Ein Nachweis zur *custodia*-Haftung der *fullones* und *sarcinatores* findet sich auch in den Gaius Institutionen:

> Gai. Inst. 3.205–206
> *(205) Item si fullo polienda curandave aut sarcinator sarcienda vestimenta mercede certa acceperit eaque furto amiserit, ipse furti habet actionem, non dominus, quia domini nihil interest ea non perisse, cum iudicio locati a fullone aut sarcinatore suum <con>sequi possit, si modo is fullo aut sarcinator reo praestandae sufficiat; nam si solvendo non est, tunc, quia ab eo dominus suum consequi non potest, ipsi furti actio conpetit, quia hoc casu ipsius interest rem salvam esse. (206) Quae e fullone aut sarcinatore diximus, eadem transferemus et ad eum, cui rem commodavimus; nam ut illi mercedem capiendo custodiam praestant, ita hi quoque utendi commodum percipiendo similiter necesse habent custodiam praestare.*[670]

Ein *fullo* oder *sarcinator* übernimmt Kleidungsstücke zum Waschen, Verbessern oder Flickschneidern im Rahmen einer *locatio conductio operis*. In der Folge werden sie beim Unternehmer gestohlen. Fraglich erscheint, ob der Eigentümer der Kleidung (*locator*) oder der Werkunternehmer (*conductor*),

---

669 *Fullones* lassen gewaschene Kleidungsstücke üblicherweise auf der Straße trocknen und *sarcinatores* üben ihr Gewerbe teils gänzlich auf der Straße aus; siehe etwa *Rosenthal*, SZ 68 (1951) 236; siehe auch *Mayer-Maly*, Locatio Conductio (1956) 207 Fn 103; *Krückmann*, SZ 64 (1944) 5.

670 Übersetzung: (205) Wenn ferner ein Wäscher Kleidung zum Verbessern oder Reinigen oder ein Flickschneider zum Flicken gegen Entgelt übernommen und diese durch Diebstahl verloren hat, so hat er selbst die Diebstahlsklage und nicht der Eigentümer, weil der Eigentümer kein Interesse daran hat, dass diese untergegangen ist, da er mit der Klage aus dem Werkvertrag vom Wäscher oder Flickschneider Ersatz verlangen kann, vorausgesetzt, dass der Wäscher oder Flickschneider vollständig in der Lage ist, Ersatz zu leisten; denn wenn der Unternehmer insolvent ist, steht dem Eigentümer die Diebstahlsklage zu, da er dann von diesem nicht seinen Anspruch erlangen kann und er diesfalls selbst das Interesse hat, die Kleidung zu erhalten. (206) Genau das, was wir über den Wäscher und Flickschneider gesagt haben, wenden wir auch auf denjenigen an, dem man eine Sache geliehen hat; denn wie jene für Bewachung einstehen, weil sie ein Entgelt nehmen, so muss auch dieser in ähnlicher Weise für Bewachung einstehen, weil er den Gebrauchsvorteil hat; angelehnt an *Manthe*, Gaius Institutionen[2] (2010) 309.

bei dem die Kleidung gestohlen worden ist, den *fur* mit der Diebstahlsklage (*actio furti*[671]) belangen kann.

Grundsätzlich steht die *actio furti* dem bestohlenen Eigentümer zu.[672] Nach der Ansicht von Gaius ist jedoch der *fullo* oder *sarcinator*, bei dem Kleidung eines Kunden gestohlen wird, zur Diebstahlsklage aktivlegitimiert, da er mittels *actio locati* auf Schadenersatz für die gestohlene Kleidung geklagt werden könne und daher gerade ihm das Verfolgungsinteresse der Diebstahlsklage zukomme – *quia hoc casu ipsius interest rem salvam esse.*[673] Zurückzuführen sei die Haftung des *conductor* infolge des Diebstahls auf die *fullones* und *sarcinatores* treffende *custodia*-Pflicht – *ut illi mercedem capiendo custodiam praestant.*

Gaius' Begründung für die *custodia*-Haftung der *fullones* und *sarcinatores* hinterlässt Fragen. Nach seiner Ansicht geht sie auf die Entgeltlichkeit des Werkvertrages zurück. Im Vergleich dazu sei die *custodia*-Haftung des Leihnehmers auf seinen Gebrauchsvorteil beim unentgeltlichen Realvertrag *commodatum* zurückzuführen.

Dass bei der (unentgeltlichen) Leihe (*commodatum*) *custodia* zu vertreten ist, lässt sich anhand eines Vergleichs mit dem ebenso unentgeltlichen Verwahrungsvertrag (*depositum*) unter Heranziehung des Utilitätsprinzips[674] erklären; nur dem Leihnehmer, nicht aber dem Verwahrer steht ein Gebrauchsrecht an der überlassenen Sache zu.[675] Im Unterschied zum *commodatum* liegt der Nutzen an überlassener Kleidung beim Wäscherei- und Flickschneidereivertrag nicht im Gebrauch, sondern in der Bezahlung für die werkvertragliche Tätigkeit. Da zwar alle in Form einer *locatio conductio* geschlossenen Verträge entgeltlich sind, jedoch eine allgemeine *custodia*-Haftung – wie in Kapitel 2.1.8 ausgeführt und durch Gaius' punktuellen Verweis auf *fullones* und *sarcinatores* implizit bestätigt – bei der *locatio conductio* nicht besteht, lassen sich aus dieser Begründung von Gaius keine

671 Die *actio furti* bedarf keines förmlichen Zessionsaktes, sondern kommt derjenigen Person zu, die über ein schützenswertes Interesse verfügt. Die *condictio furtiva* geht hingegen nicht automatisch auf die *custodia*-pflichtige Person über; siehe Ulp. (18 Sab.) D. 13.1.1: *In furtiva re soli domino condictio competit.* Die *condictio furtiva* ist jedoch mittels Zession auf eine schützenswerte Person zu übertragen; *Meissel*, JAP 4 (1993–94) 215; *Rosenthal*, SZ 68 (1951) 244 ff; siehe auch Lab. (5 post. a Iavol. epit.) D. 19.2.60.2; Gai. (10 ed. prov.) D. 19.2.25.8.

672 *Jörs/Kunkel/Wenger*, Römisches Privatrecht^3 (1949) 255.

673 Im Fall der Nichtverurteilung oder Zahlungsunfähigkeit des *conductor* behält der geschädigte Eigentümer die Klagsmöglichkeit aus dem *furtum*; siehe Ulp. (29 Sab.) D. 47.2.10–12; Iavol. (9 post. Lab.) D. 47.2.91 pr.

674 Siehe *Hoffmann-Riem*, SZ 86 (1969) 395. Für weitergehende Ausführungen zum Utilitätsprinzip siehe mwN *Nörr*, SZ 73 (1956) 68 ff.

675 *Nörr*, SZ 73 (1956) 75.

weiteren Rückschlüsse auf den Ursprung der *custodia*-Haftung der *fullones* und *sarcinatores* ziehen.[676]

f) D. 47.2.48.4

Eine weitere Quelle, welche die *custodia*-Haftung der *fullones* und *sarcinatores* belegt, ist etwa das Ulpian-Fragment D. 47.2.48.4:

> Ulp. (42 Sab.) D. 47.2.48.4
> *Si ego tibi poliendum vestimentum locavero, tu vero inscio aut invito me commodaveris Titio et Titio furtum factum sit: et tibi competit furti actio, quia custodia rei ad te pertinet, et mihi adversus te, quia non debueras rem commodare et id faciendo furtum admiseris: ita erit casus, quo fur furti agere possit.*[677]

Ein Wäscher übernimmt ein Kleidungsstück seines Kunden zur entgeltlichen Reinigung. Dieses verleiht er ohne die Zustimmung seines Kunden an Titius, bei dem das Kleidungsstück von einem Dieb gestohlen wird. Die Rechtsfrage bezieht sich auf die Klagsmöglichkeiten infolge des Diebstahls. Ulpian entscheidet, sowohl dem Eigentümer als auch dem Wäscher stehe die Diebstahlsklage (*actio furti*) zu.

Die Art, wie Ulpian den Fall präsentiert, lässt an ein fiktives Beispiel denken, anhand dessen der Jurist seinen Schülern aufzeigt, dass selbst ein Dieb im Ausnahmefall zur *actio furti* aktivlegitimiert sein kann – *ita erit casus, quo fur furti agere possit.*[678] Der *fullo*, der durch sein leihweises Hingeben fremder Kleidung an Titius den Tatbestand des *furtum* (*usus*) erfüllt, kann von seinem Kunden, dem Eigentümer[679] des gestohlenen Kleidungsstücks, mittels *actio furti* belangt werden.

Gleichzeitig ist zu überlegen, ob der *fullo* aufgrund seines dolosen Verhaltens von seinem Kunden mittels *actio locati* in Anspruch genommen werden

---

676 *Rosenthal*, SZ 68 (1951) 235.

677 Übersetzung: Wenn ich mit dir einen Werkvertrag abgeschlossen habe, ein Kleidungsstück von mir zu waschen, und du es ohne mein Wissen oder gegen meinen Willen Titius geliehen hast, bei dem es gestohlen worden ist, steht auch dir die Diebstahlsklage zu, weil dich die Bewachung trifft, und ich habe die Diebstahlsklage gegen dich, da du das Kleidungsstück nicht hättest verleihen dürfen und du dadurch einen Diebstahl begangen hast. Auf diese Weise kann es daher der Fall sein, dass selbst ein Dieb mittels Diebstahlsklage vorgehen kann; angelehnt an *Pennitz*, Ulpian D. 47,2,48,4 (42 Sab.), in *Finkenauer/Sirks* (Hrsg), Dankesgabe Nishimura (2018) 204.

678 *Pennitz*, Ulpian D. 47,2,48,4 (42 Sab.), in *Finkenauer/Sirks* (Hrsg), Dankesgabe Nishimura (2018) 204.

679 *Pennitz*, Ulpian D. 47,2,48,4 (42 Sab.), in *Finkenauer/Sirks* (Hrsg), Dankesgabe Nishimura (2018) 209, 224; *Kroppenberg*, Insolvenz (2001) 488; *Rosenthal*, SZ 68 (1951) 261.

kann. Solch ein auf das *furtum* zurückzuführender vertraglicher Ersatzanspruch wird in der Quelle jedoch nicht erwähnt, was möglicherweise daran liegt, dass der Sachverlust des Kleidungsstücks nicht unmittelbar mit dem dolosen Verhalten des *fullo* im Zusammenhang gestanden ist.[680] Vielmehr wird die vertragliche Haftpflicht des Wäschers mit der ihm obliegenden *custodia*-Pflicht begründet, welche den *fullo* wiederum zur *actio furti* gegen den *fur* berechtigt – *custodia rei ad te pertinet*.[681]

Die *custodia*-Pflicht, welche Ulpian beschreibt, scheint weder auf eine konkrete Nebenvereinbarung noch auf das vom *fullo* begangene *furtum* zurückzuführen sein. Vielmehr lässt sich die Hypothese bestätigen, dass *fullones* (bzw *sarcinatores*), die fremde Kleidung zur Bearbeitung übernehmen, stets ihre sichere Verwahrung schulden und im Diebstahlsfall für die Verletzung der *custodia*-Pflicht haften müssen.

Als Zwischenfazit lässt sich festhalten, dass *fullones* und *sarcinatores* ebenso wie *horrearii* der *custodia*-Haftung unterliegen, und zwar ohne dass es einer gesonderten Vereinbarung darüber bedürfte. Die bisher analysierten Quellen haben aber keinen Aufschluss über den in der Literatur heiß debattierten Streitpunkt gegeben, inwieweit die *custodia*-Haftung verschuldens(un)abhängig ist. Möglicherweise lassen sich diesbezüglich aus den im Anschluss zu erörternden Quellen Rückschlüsse ableiten, welche die Haftung

---

680 *Pennitz*, Ulpian D 47,2,48,4 (42 Sab.), in *Finkenauer/Sirks* (Hrsg), Dankesgabe Nishimura (2018) 209. Demgegenüber vermeint *MacCormack*, SZ 89 (1972) 169, die vertragliche Einstandspflicht des *fullo* sei auf sein doloses Verhalten zurückführen. *Rosenthal*, SZ 68 (1951) 261 hält diese Kontroverse für belanglos und bejaht sowohl *dolus* als auch *custodia* als mögliche Anknüpfungspunkte der Vertragshaftung.

681 Fraglich erscheint zunächst, warum dem *fullo* die *actio furti* zustehen soll, da der Leihnehmer (Titius) dem Leihgeber (*fullo*) prinzipiell ebenso für *custodia* einstehen muss; siehe bereits Kapitel 4.3.2 e). In der romanistischen Literatur finden sich dazu zwei plausible Lösungsansätze: *Kroppenberg*, Insolvenz (2001) 488 f geht aufgrund des zwischen *fullo* und Titius geschlossenen Leihvertrages über das fremde Kleidungsstück davon aus, dass es sich bei Titius um eine mittellose Person handle, die der *fullo* nicht erfolgreich in Anspruch nehmen könne und folglich dem *fullo* die an ein schützenswertes Verfolgungsinteresse knüpfende *actio furti* zukomme, sofern er wiederum von seinem Vertragspartner erfolgreich in Anspruch genommen worden ist. *Pennitz*, Ulpian D. 47,2,48,4 (42 Sab.), in *Finkenauer/Sirks* (Hrsg), Dankesgabe Nishimura (2018) 216 f argumentiert demgegenüber, dass der *fullo* als bloßer Detentor bei etwaiger Inanspruchnahme des Leihnehmers diesem nicht – wie prinzipiell geschuldet – die sachverfolgenden Klagen des Eigentümers zedieren könne – siehe Gai. (10 ed. prov.) D. 19.2.25.8 – und Ulpian wohl aus diesem Grund von einer Verurteilung des Leihnehmers Abstand nehme.

von *fullones* (und *sarcinatores*) für den Verlust übernommener Kleidungsstücke bestätigen, ohne aber den Terminus „*custodia*" explizit zu erwähnen.

g) D. 19.2.25.8

Zunächst steht das Gaius-Fragment D. 19.2.25.8 im Fokus der Analyse:

> Gai. (10 ed. prov.) D. 19.2.25.8
> *Si fullo aut sarcinator vestimenta perdiderit eoque nomine domino satisfecerit, necesse est domino vindicationem eorum et condictionem cedere.*[682]

Ein Wäscher oder Flickschneider nimmt fremde Kleidung zur entgeltlichen Bearbeitung entgegen. Vor der Retournierung gehen Kleidungsstücke verloren. Daraufhin leistet der *conductor* dem *locator* (vertraglichen) Schadenersatz. Fraglich ist, ob der Eigentümer der verlorenen Kleider seinem Vertragspartner die Klagsmöglichkeiten gegen den Dieb abtreten muss. Gaius entscheidet, dass der Eigentümer die *rei vindicatio* und *condictio furtiva* abtreten müsse.

Dass *fullones* und *sarcinatores* bei Diebstahl ihnen überlassener Kleidung vertraglich einstehen müssen, dürfte für Gaius unstrittig sein, weshalb er im gegenständlichen Fall die Haftungsgrundlage nicht näher erörtert. Auch wenn das Gaius-Fragment nicht ausdrücklich davon spricht, dürfte *perdere* nämlich auf einen diebstahlsbedingten Verlust hindeuten, welcher die *custodia*-Haftung des *fullo* bzw *sarcinator* auslöst.[683] Ersetzt der Wäscher bzw Flickschneider den Schaden, so kommt ihm die *actio furti* automatisch zu.[684] Darüber hinaus sind ihm, wie Gaius berichtet, auch die prinzipiell dem Eigentümer vorbehaltenen Klagen gegen den Dieb abzutreten – *domino vindicationem eorum et condictionem cedere.*[685]

Zur Verschuldensfrage bei der *custodia*-Haftung lässt das Gaius-Fragment letztlich keine Schlüsse zu.

h) D. 9.1.2 pr.

Ein Sonderfall der *custodia*-Haftung von *fullones* ist im Paulus-Fragment D. 9.1.2 pr. überliefert:

---

682 Übersetzung: Wenn der Wäscher oder Flickschneider Kleidungsstücke verloren und dafür dem Eigentümer Ersatz geleistet hat, muss der Eigentümer (seinem Vertragspartner) die Vindikation der Kleidungsstücke und auch die Kondiktion abtreten; angelehnt an *Luig*, in *Behrends et al.*, CIC III (1999) 574.

683 *Pennitz*, Ulpian D. 47,2,48,4 (42 Sab.), in *Finkenauer/Sirks* (Hrsg), Dankesgabe Nishimura (2018) 214; *Molnár*, ANRW II 14 (1982) 596.

684 Siehe bereits Kapitel 4.3.2 e).

685 Siehe *Meissel*, JAP 4 (1993–94) 215.

Paul. (22 ed.) D. 9.1.2 pr.
Haec actio [scil. de pauperie actio] non solum domino, sed etiam ei cuius interest competit, veluti ei cui res commodata est, item fulloni, quia eo quod tenentur damnum videntur pati.[686]

Ein Leihnehmer oder Wäscher übernimmt eine Sache seines Vertragspartners. Diese wird (gemäß der Palingenesie[687] und der Stellung der Quelle in den Digesten) von einem Tier entwendet (bzw zerstört). Fraglich erscheint, wem die *actio de pauperie* (Klage gegen den Tierhalter) zukommen soll. Paulus führt aus, dass diese *actio* nicht nur dem Eigentümer zustehe, sondern auch anderen Personen, sofern diese ein schutzwürdiges Interesse haben. Solch ein Interesse attestiert Paulus sowohl dem Leihnehmer als auch dem Wäscher, da sie ihren Vertragspartnern für derart herbeigeführte Schäden an überlassenen Sachen vertraglich einstehen müssten und ihnen dadurch ein ersatzpflichtiger Schaden entstehe.

Bei der Klage, die in der Quelle erörtert wird, handelt es sich um die verschuldensunabhängige *actio de pauperie*[688], welche sich gegen den *dominus* richtet, dessen Tier einer anderen Person einen Schaden (*damnum*) zufügt.[689] Die Klage steht – wie Paulus ausführt – prinzipiell dem Eigentümer zu, uU aber auch einer anderen Person, welche ein schutzwürdig(er)es Interesse an ihrer Durchsetzung hat – *actio non solum domino, sed etiam ei cuius interest competit.*

Ein schutzwürdiges Interesse spricht Paulus *fullones* und *commodatores* zu. Beide unterliegen – wie bereits zu Gai. Inst. 3.205–206 erörtert – der *custodia*-Haftung. Eine Aussage über die Verschuldens(un)abhängigkeit lässt sich aber auch aus diesem Fragment nicht ableiten.[690]

i) D. 12.7.2

Ein weiterer Fall, der sich (implizit) mit der *custodia*-Haftung von *fullones* beschäftigt, ist das Ulpian-Fragment D. 12.7.2:

686 Übersetzung: Diese Klage steht nicht nur dem Eigentümer zu, sondern auch demjenigen, der ein schutzwürdiges Interesse hat, wie zum Beispiel der Entleiher, ebenso der Wäscher, weil sie dadurch, dass sie [ihrem Vertragspartner] haften, ersichtlich einen Schaden erleiden; angelehnt an *Apathy*, in *Behrends et al.* (Hrsg), CIC II 732

687 Siehe *Lenel*, Palingenesia I (1889) 1010.

688 Zur *actio de pauperie* siehe mwN *Klausberger*, Zurechnungsgründe (2019) 107 ff.

689 Siehe *Robaye*, L'obligation de garde (1987) 177.

690 Ibid.

Ulp. (43 Sab.) D. 12.7.2
Si fullo vestimenta lavanda conduxerit, deinde amissis eis domino pretium ex locato conventus praestiterit posteaque dominus invenerit vestimenta, qua actione debeat consequi pretium quod dedit? [...][691]

Ein Wäscher übernimmt Kleidung seines Kunden zur entgeltlichen Reinigung, woraufhin diese bei ihm verloren geht. In der Folge wird der Wäscher von seinem Kunden erfolgreich aus dem Werkvertrag geklagt. Sodann leistet der *fullo* seinem Vertragspartner Schadenersatz. Später erlangt der Kunde die Kleidung wieder und es stellt sich die Frage, mit welcher Klage der Wäscher sein Geld zurückfordern kann.

Die Frage nach der passenden Klage zur Rückforderung des geleisteten Schadenersatzes ist für die gegenständliche Arbeit nicht von Relevanz. Vielmehr interessiert die Frage nach der Verschuldens(un)abhängigkeit der Haftung des *fullo* für den Verlust der überlassenen Kleidung.

Dass der *fullo* seinem Vertragspartner für den Diebstahl zunächst einstehen muss, wird wohl auf die *custodia*-Pflicht zurückzuführen sein. Inwieweit die *custodia*-Haftung von einem Verschulden abhängig ist, lässt sich aber auch anhand dieses Fragments nicht klären. Das Verb *amittere* kann zwar auf einen verschuldeten, genauso aber auch auf einen unverschuldeten Verlust hinweisen.[692]

j) D. 19.2.60.2

Die nächste zu untersuchende Quelle ist das Labeo-Fragment D. 19.2.60.2:

Lab. (5 post. a Iavol. epit.) D. 19.2.60.2
Vestimenta tua fullo perdidit et habes unde petas nec repetere vis: agis nihilo minus ex locato cum fullone, sed iudicem aestimaturum, an possis adversus furem magis agere et ab eo tuas res consequi fullonis videlicet sumptibus: sed si hoc tibi impossibile esse perspexerit, tunc fullonem quidem tibi condemnabit, tuas autem actiones te ei praestare compellet.[693]

---

691 Übersetzung: Wenn ein Wäscher Kleider zum Reinigen übernommen hat, sodann nach deren Verlust aus dem Werkvertrag geklagt wird und dem Eigentümer Ersatz leistet und später der Eigentümer die Kleider wiedererlangt hat, mit welcher Klage soll der Wäscher dann den Betrag erstattet bekommen, den er bezahlt hat? [...]; angelehnt an *Hausmaninger*, in *Behrends et al.* (Hrsg), CIC III (1999)135.

692 Siehe *Heumann/Seckel*, Handlexikon[11] (1971) 30 f.

693 Übersetzung: Einem Wäscher sind deine Kleidungsstücke verlorengegangen und du kennst denjenigen, von dem du sie verlangen könntest, aber du willst sie nicht [von ihm] herausverlangen. Du klagst stattdessen den Wäscher aus dem Werkvertrag. Aber der Richter werde abwägen, ob du nicht doch in der Lage bist, gegen den Dieb zu klagen und von ihm deine Sache zurückzuerlangen, allerdings auf Kosten des Wäschers. Wenn aber der Richter erkennt, dass dir das unmöglich ist, dann wird er den Wäscher zwar zur Zahlung an dich verurteilen,

Ein Wäscher übernimmt Kleidungsstücke eines Kunden zur entgeltlichen Reinigung. Beim Unternehmer werden die Kleidungsstücke von einem Dieb gestohlen, der dem Kunden bekannt ist. Fraglich erscheint, wen der Kunde in Anspruch nehmen kann. Labeo differenziert unterschiedliche Sachverhaltsvarianten und bejaht jedenfalls dann einen vertraglichen Ersatzanspruch gegen den *fullo*, wenn es dem Kunden unmöglich sei, die Sachen vom Dieb zurückzuerlangen.

Dass der Eigentümer der gestohlenen Kleidungsstücke nach Ansicht Labeos zunächst versuchen soll, vom Dieb – dessen Identität dem Eigentümer bekannt ist – die Kleidung zurückzuerlangen, könnte auf prozessökonomische Beweggründe zurückzuführen sein.[694] Wenn es dem Eigentümer aber nicht möglich ist, vom Dieb entsprechenden Ersatz zu erhalten, könne er auf den *fullo* greifen, dem er aber die Klagen gegen den Dieb (*conductio furtiva* und *rei vindicatio*) abtreten müsse – *actiones te ei praestare* compellet.

Die Haftung des *fullo* wird letztlich auf eine Verletzung der ihm obliegenden *custodia*-Pflicht zurückzuführen sein. Dem Labeo-Fragment ist ein konkretes Verschulden des Wäschers nicht zu entnehmen, doch lässt auch dieses Fragment mE keine Schlussfolgerungen hinsichtlich der Frage der Verschuldens(un)abhängigkeit der *custodia*-Haftung zu.

Einerseits ist „*perdere*" im konkreten Kontext als ein durch Diebstahl bedingter Verlust anzusehen, der nicht auf ein Verschulden des *fullo* hinweist.[695] Ebenso spricht für die Verschuldensunabhängigkeit der Haftung, dass der *fullo* (bloß) subsidiär in Anspruch zu nehmen ist, nämlich bloß dann, wenn der Kunde vom Dieb die Sachen nicht zurückerlangen kann. Wäre dem *fullo* ein Schuldvorwurf anzulasten, so könnte ihn der Kunde mE sofort gemäß der (unstrittigen) Verschuldenshaftung in Anspruch nehmen, ohne sich zuvor an den Dieb wenden zu müssen.

Andererseits könnte dem *fullo* insofern ein sorgfaltswidriges Verhalten angelastet werden, als er es zugelassen hat, dass Kleidung aus seiner Obhut gestohlen werden konnten: Wenn – wie in D. 19.2.13.6 beschrieben – das Zulassen, dass Mäuse an die Kleidung der Kunden gelangen und diese zernagen können, als eine die *culpa*-Haftung begründende *imperitia* gewertet wird, dann könnte das Nichtverhindern eines Diebstahls trotz Übernahme der Obhut ebenso als (zumindest) objektiv sorgfaltswidrig eingestuft werden.[696]

---

dich aber zwingen, ihm deine Klagen gegen den Dieb abzutreten; angelehnt an *Luig*, in *Behrends et al.* (Hrsg), CIC III (1999) 590.

694 Kann der Eigentümer den Dieb erfolgreich in Anspruch nehmen, so wird der *fullo* nicht in den Prozess involviert und ein Rückgriff im Dreiecksverhältnis kann vermieden werden.

695 *Heumann/Seckel*, Handlexikon[11] (1971) 418.

696 Vgl *Van den Bergh*, TR 43 (1975) 71.

Möglicherweise ist die Frage der Verschuldens(un)abhängigkeit der *custodia*-Haftung, wie sie in der Literatur[697] heiß debattiert wird, nicht richtig gestellt. Plausibel erscheint, dass die Thematik primär aus prozessualer Sicht zu betrachten ist. Diesem Ansatz nach geht es nicht darum, ob *fullones* und *sarcinatores* verschuldens(un)abhängig für den Verlust einstehen müssen, sondern vielmehr darum, dass ihren Kunden die Bürde der Beweislast erspart wird, im Verlustfall ein konkretes Verschulden ihres Vertragspartners nachweisen zu müssen: Gerade bei einem Diebstahl ist es nachträglich nämlich sehr schwer für einen Kunden, den Verlust überlassener Kleidung auf ein konkretes Verschulden des Vertragspartners zurückzuführen.[698]

Die *custodia* könnte demnach als dem Wäscherei- und Flickschneidereivertrag vertragsimmanente, streng objektivierte Sorgfaltspflicht zu verstehen sein, die bewirkt, dass der *fullo/sarcinator* im Verlustfall von zur Bearbeitung übernommener Kleidung haftet, ohne dass ihm eine individuelle Schuld nachgewiesen werden müsste. Von der Wirkung her entspricht dieser *custodia*-Ansatz einer Art Garantie, mit der übernommenen Kleidung so sorgsam umzugehen, dass sie nach vollendeter Bearbeitung wieder retourniert werden kann.[699] ME bewirkt die *custodia*-Pflicht jedoch bei Verlust überlassener Kleidung nicht zwangsweise eine Haftung des Unternehmers; in besonderen Fällen – wenn etwa der Verlust der Kleidung auf ein *vis maior*-Ereignis zurückgeführt werden kann – ist der *conductor* jedenfalls haftungsfrei.[700]

k) D. 47.2.91 pr.

Eine Quelle, welche mit der prozessualen Betrachtungsweise der *custodia*-Haftung in Einklang zu bringen ist, ist etwa das auf Labeo zurückgehende Javolen-Fragment D. 47.2.91 pr.:

> Iavol. (9 post. Lab.) D. 47.2.91 pr.
> *Fullo actione locati de domino liberatus est: negat eum furti recte acturum Labeo. Item si furti egisset, priusquam ex locato cum eo ageretur et, antequam de furto iudicaretur, locati actione liberatus esset, et fur ab eo absolvi debet. Quod si nihil eorum ante accidisset, furem ei condemnari oportere. Haec idcirco, quoniam furti eatenus habet actionem, quatenus eius interest.*[701]

---

697 Siehe Kapitel 4.3.2 b) Fn 656.

698 Siehe *Földi*, RIDA 40 (1993) 274 f.

699 Siehe *Knütel*, SZ 100 (1983) 356; *Kaser*, RPR I^2 (1971) 507.

700 Dass es in den bereits erörterten Quellen stets zur *custodia*-Haftung der *fullones* bzw *sarcinatores* gekommen ist, wird wohl daran liegen, dass das jeweilige Abhandenkommen der Kleidung gerade nicht auf ein haftungsbefreiendes (*vis maior*-)Ereignis zurückzuführen gewesen ist.

701 Eigene Übersetzung: Ein Wäscher ist von der Klage des Eigentümers aus dem Werkvertrag freigesprochen: Labeo verneint in diesem Fall, dass der Wäscher

Ein Wäscher übernimmt fremde Kleidung zur Reinigung im Rahmen einer *locatio conductio operis.* Bei ihm werden Kleidungsstücke seiner Kunden gestohlen. Daraufhin klagt ein Kunde den *fullo* mittels *actio locati*, von welcher der *fullo* vor Verurteilung befreit wird. Fraglich erscheint, ob dem *fullo* in Ermangelung einer vertraglichen Inanspruchnahme dennoch die Diebstahlsklage gegen den *fur* zusteht. Dies verneint Javolen, da (bloß) demjenigen die Diebstahlsklage zukomme, der ein persönliches Interesse daran habe.

Javolen beschäftigt sich mit der Frage nach der Aktivlegitimation zur Diebstahlsklage, wenn Kleidung aus der Wäscherei eines *fullo* gestohlen wird. Erforderlich für die Klagslegitimation sei nach Ansicht des Juristen stets ein persönliches Rechtsverfolgungsinteresse. Ein *fullo* habe – so Javolen – grundsätzlich ein Interesse an der Diebstahlsklage, da er idR (aufgrund der *custodia*-Pflicht) *ex contractu* für den Diebstahl von Kleidung seiner Kunden hafte. Der Jurist verneint aber die Aktivlegitimation des *fullo* zur Diebstahlsklage, wenn der Prozess, den der Kunde gegen den *fullo* aufgrund des Diebstahls anstrengt, nicht zur Verurteilung des Wäschers führt.

Aus dem gekürzten Sachverhalt lässt sich nicht entnehmen, warum der Schadenersatzprozess gegen den *fullo* vorzeitig beendet wird.[702] *Robaye* vermutet, dass die Beendigung des Prozesses auf eine (vom Beklagten nachgewiesene) mangelnde Verletzung der *custodia*-Pflicht zurückzuführen sei.[703] Der überlieferte Sachverhalt lässt diesen Schluss mE zu, auch wenn sich mangels näherer Informationen zum Sachverhalt diese Vermutung weder mit Gewissheit bestätigen noch verneinen lässt. Jedenfalls steht die Ansicht *Robayes* nicht der in dieser Arbeit aufgestellten Hypothese entgegen, dass der Eigentümer, welcher Kleidung in die Obhut eines *fullo* (oder *sarcinator*) übertragen hat, im Diebstahlsfall von seinem Vertragspartner im Rahmen der *custodia*-Haftung grundsätzlich Schadenersatz begehren kann, ohne dessen Verschulden nachweisen zu müssen. Es ist aber in Zusammenschau sämtlicher analysierter *custodia*-Fälle nicht undenkbar, dass eine *custodia*-pflichtige Person nicht nur aufgrund von *vis maior* sondern auch aufgrund anderer Ereignisse von ihrer *custodia*-Haftung befreit werden könnte.[704]

die Diebstahlsklage erfolgreich anstrengen kann. Gleichfalls, wenn der Wäscher die Diebstahlsklage erhoben hat, bevor er aus dem Vertrag geklagt worden und bevor über den Diebstahl geurteilt worden ist, muss der Dieb von der Haftung befreit werden, falls der Wäscher ebenso von der vertraglichen Haftung befreit wird. Aber wenn nichts davon zuvor geschehen ist, muss der Dieb dem Wäscher gegenüber verurteilt werden. All dies gilt deswegen, weil der Wäscher nur insofern die Diebstahlsklage hat, als ihm ein Klagsinteresse zukommt.

702 *Du Plessis*, Letting and Hiring (2012) 62 f.

703 *Robaye*, L’obligation de garde (1987) 184.

704 Siehe *MacCormack*, SZ 89 (1972) 194.

Jedenfalls lässt sich aus den überlieferten Fragmenten die Hypothese aufstellen, dass es an der jeweils *custodia*-pflichtigen Person liegt, im Verlustfall ein haftungsbefreiendes Ereignis zu beweisen.

l) D. 47.2.14.12

Abschließend steht das Ulpian-Fragment D. 47.2.14.12 im Fokus, welches sich auf eine *locatio conductio* bezieht, ohne auf den konkreten Vertragstyp einzugehen:

> Ulp. (29 Sab.) D. 47.2.14.12
> *Quod si conduxerit quis, habebit furti actionem, si modo culpa eius subrepta sit res.*[705]

Zwei Personen schließen eine *locatio conductio*. Dem *conductor* wird eine Sache des *locator* überlassen, welche sodann gestohlen wird. Es stellt sich die Frage, ob dem *locator* oder dem *conductor* die Diebstahlsklage zukommt. Ulpian entscheidet, dass die *actio furti* (bloß dann) dem *conductor* zustehe, wenn es auf sein Verschulden zurückzuführen ist, dass die überlassene Sache gestohlen werden konnte.

Auf den ersten Blick könnte man meinen, es handle sich beim Ulpian-Fragment um einen Beleg dafür, dass die *custodia*-Haftung (von *fullones* und *sarcinatores*) verschuldensabhängig sei, da der Übergang der *actio furti* vom Eigentümer auf einen ersatzpflichtigen Vertragspartner – der sich in den bereits besprochenen Quellen dieses Kapitels gewöhnlich aus der *custodia*-Haftung ableitet – im gegenständlichen Fall vom Vorliegen einer *culpa* auf Seiten des *conductor* abhängig gemacht wird.[706] Diese Annahme ist jedoch unzutreffend.

Wie bereits in Kapitel 2.1.2 erörtert, gliedert sich die *locatio conductio* in die Unterkategorien Miete/Pacht, Werkvertrag und Dienstvertrag. Die Quelle selbst liefert keinen näheren Hinweis, welche Unterkategorie der *locatio conductio* dem gegenständlichen Fall zugrunde liegt. Dass es sich um einen Werkvertrag mit einem *fullo*/*sarcinator* handelt, ist jedenfalls nicht wahrscheinlich, da auf deren Eigenschaft in den bisher erörterten Fragmenten regelmäßig hingewiesen worden ist.

In Übereinstimmung mit der palingenetischen Einordnung *Lenels* dürfte dem gegenständlichen Fall wohl ein gewöhnliches Miet- bzw Pachtverhältnis (*locatio conductio rei*), jedenfalls kein werkvertragliches Verhältnis mit einem

705 Übersetzung: Wenn jemand eine Sache mietet, hat er [der Mieter] die Diebstahlsklage, sofern die Sache aufgrund seines Verschuldens gestohlen worden ist; angelehnt an *Watson*, Digest IV (1985) 254.

706 Siehe *Rosenthal*, SZ 68 (1951) 244 ff.

fullo/sarcinator zugrunde liegen.[707] Dieser Ansicht folgend, ist der *conductor* als Mieter bzw Pächter zu qualifizieren, welcher bei Vertragsabschluss eo ipso keiner *custodia*-Haftung unterliegt.[708] In Ermangelung einer nebenvertraglich vereinbarten *custodia*-Pflicht haftet der *conductor rei* nicht für Diebstahl, weshalb er grundsätzlich kein Interesse an der Diebstahlsverfolgung hat. Liegt dem Diebstahl aber eine vorangehende *culpa* des *conductor* zugrunde, so wird dieser dem *locator* gemäß allgemeiner Verschuldenshaftung schadenersatzpflichtig. In solch einer Sachverhaltskonstellation erscheint es konsequent, (ausnahmsweise) einem Mieter bzw Pächter die Diebstahlsklage anstelle des Eigentümers der gestohlenen Sache zuzusprechen.

Die Verschuldensabhängigkeit der *custodia*-Haftung von *fullones/sarcinatores* bzw *horrearii* lässt sich mE aus diesem Fragment nicht ableiten, wohingegen sich oben skizzierte These der prozessualen Betrachtungsweise der *custodia*-Haftung (weiterhin) aufrechterhalten lässt.

m) Zwischenergebnis

1. *Fullones/sarcinatores* unterliegen mE bei Abschluss eines Wäscherei- bzw Flickschneidereivertrages eo ipso der *custodia*-Pflicht; sie schulden die sichere Verwahrung bzw Bewachung ihnen überlassener Kleidungsstücke und müssen widrigenfalls den Nachteil tragen. (Haupt-)Anwendungsfall der *custodia*-Haftung ist – wie die analysierten Quellen zeigen – das *furtum*. Ist ein *fullo/sarcinator* solvent und leistet er Ersatz für den diebstahlsbedingten Verlust ihm anvertrauter Kleidung, so steht ihm anstelle des Eigentümers die *actio furti* gegen den Dieb zu. Die *condictio furtiva* und *rei vindicatio* gehen hingegen nicht eo ipso auf den ersatzpflichtigen *fullo/sarcinator* über, vielmehr ist dafür ein Zessionsakt erforderlich.
2. Der Ursprung der *custodia*-Haftung von *fullones/sarcinatores* lässt sich aus dem vorliegenden Quellenmaterial nicht rekonstruieren. Möglicherweise wurde die *custodia*-Pflicht zunächst explizit vereinbart, um sich aus Kundensicht gegenüber den Gefahren des teilweisen Betriebes auf offener Straße und des regelmäßigen Gehilfeneinsatzes abzusichern. Im Verlauf der römischen Klassik etabliert sich die *custodia* – wie die untersuchten Texte nahelegen – als vertragsimmanente Pflicht, überlassene Kleidung entsprechend gut zu verwahren.

---

707 *Lenel*, Palingenesia II (1889) 1126; siehe auch *Watson*, Digest IV (1985) 254; *MacCormack*, SZ 89 (1972) 170; *Otto/Schilling/Sintenis*, CIC IV (1932) 820; *Schulz*, SZ 32 (1911) 66; siehe auch *Rosenthal*, SZ 68 (1951) 247 f.

708 Siehe *Kordasiewicz*, RIDA 58 (2011) 207; *Zimmermann*, Law of Obligations (1990) 519; siehe auch bereits Kapitel 2.1.8 d) Fn 265.

3. Bei Verlust überlassener Kleidung ist die objektivierte Sorgfaltspflicht *prima facie* verletzt und es kommt zur Haftung, ohne dass ein konkretes Verschulden nachgewiesen werden muss. Von der Wirkung her ist die *custodia*-Haftung mit der *imperitia*-Haftung vergleichbar, die eine ähnlich strenge Haftpflicht eines Werkunternehmers für Sachbeschädigung vorsieht.
4. Ausgenommen von der *custodia*-Haftung sind jedenfalls Fälle der *vis maior*. Ob besondere Umstände, die (noch) nicht als *vis maior*-Ereignis zu qualifizieren sind, die *custodia*-Haftung von *fullones/sarcinatores* ebenso ausschließen können, lässt sich den Quellen nicht mit Gewissheit entnehmen. Jedenfalls müsste der Unternehmer diesfalls die Beweislast tragen, dass der Verlust im konkreten Fall auf ein nicht zu vertretendes Ereignis zurückzuführen sei.

4.3.3 Die *custodia*-Haftung des *nauta* (*caupo* und *stabularius*)

Die Tätigkeit eines Reeders (*nauta*, *exercitor*) wird in Anspruch genommen, wenn Sachen bzw Personen via Schifftransport gegen Entgelt befördert werden sollen. Der Kunde schließt zu diesem Zweck mit dem Reeder idR einen werkvertraglichen Transportvertrag (*locatio conductio operis*).[709] Transportvereinbarungen können aber grundsätzlich auch in Form eines Mietvertrages (*locatio conductio rei*) geschlossen werden, wenn der Kunde einen Schiffsteil[710] oder ein ganzes Schiff[711] chartert.[712]

Wenn die Gegenstände des Kunden nicht an der gewünschten Destination ankommen, da sie etwa gestohlen oder zerstört worden sind, ist fraglich, wer für ihren Verlust einstehen muss. Insbesondere dann, wenn der Schaden von keiner der Vertragsparteien, sondern etwa von einem Besatzungsmitglied oder einem Passagier herbeigeführt worden ist und der konkrete Schadensverursacher nicht eruiert bzw zur Gänze in Anspruch genommen

---

709 Ulp. (14 ed.) D. 4.9.3.1: *[…] si vero res perferendas nauta conduxit;* Lab. (1 pith a Paul. epit.) D. 14.2.10 pr.: *Si vehenda mancipia conduxisti […].*

710 Siehe etwa Paul (34 ed.) D. 14.2.2 pr.: *[…] si non totam navem conduxerit, ex conducto aget, sicut vectores, qui loca in navem conduxerunt.*

711 Siehe etwa Ulp. (14 ed.) D. 4.9.3.1: *[…] si tota navis locata sit;* Lab. (1 pith a Paul. epit.) D. 14.2.10.2: *[…] si aversione navis conducta est.*

712 Siehe *Kordasiewicz*, RIDA 58 (2011) 198; *Zimmermann*, Gastwirtshaftung, in *Haferkamp/Repgen* (Hrsg), Usus modernus pandectarum (2007) 277; *Robaye*, L'obligation de garde (1987) 60 ff; *Meyer-Termeer*, Haftung der Schiffer (1978) 177; *Thomas*, Recueils 32 (1974) 118 ff; *Betti*, Zum Problem der Gefahrtragung bei zweiseitig verpflichtenden Verträgen, SZ 82 (1965) 4.

werden kann, stellt sich die in der romanistischen Literatur viel diskutierte Frage der *custodia*-Haftung des Reeders.

Dass ein Reeder infolge des Diebstahls von Gegenständen, die auf dem von ihm betriebenen Transportschiff befördert worden sind, haftet, wird in einigen Quellen thematisiert. Im Vergleich zur *custodia*-Haftung des *horrearius* bzw der *fullones* und *sarcinatores* ist es beim Schifftransport jedoch strittig, ob die vereinbarte *locatio conductio* oder das *receptum nautarum, cauponum, stabulariorum* als Grundlage der *custodia*-Haftung des Reeders in Frage kommt.[713] Insbesondere dieser Frage soll im gegenständlichen Unterkapitel nachgegangen werden.

a) D. 19.5.1.1

Zunächst ist fraglich, ob ein Reeder durch Abschluss einer *locatio conductio* (eo ipso) die *custodia*-Haftung für die Transportgegenstände seiner Kunden übernimmt. Dieser Frage ist die Problematik vorgelagert, dass – wie oben ausgeführt – sowohl eine *locatio conductio rei* als auch eine *locatio conductio operis* als Transportvertrag in Frage kommen, die *custodia*-Pflicht möglicherweise aber nur einer oder gar keiner der Unterformen inhärent ist und in manchen Fällen eine eindeutige Zuordnung zu einem der Vertragstypen uU nicht möglich ist, wie das Papinian-Fragment D. 19.5.1.1 bestätigt:

> Papin. (8 quaest.) D. 19.5.1.1
> *Domino mercium in magistrum navis, si sit incertum, utrum navem conduxerit an merces vehendas locaverit, civilem actionem in factum esse dandam Labeo scribit.*[714]

Eine exakte Rekonstruktion des Sachverhalts ist aufgrund der Kürze des Fragments nicht möglich. Jedenfalls bleibt im gegenständlichen Fall offen, ob der (konkrete) Transportvertrag als *locatio conductio rei* oder als *locatio conductio operis* zu qualifizieren ist – *sit incertum, utrum navem*

---

713 Für einen Überblick über die in der romanistischen Literatur vertreten Ansichten zur *custodia*-Haftung des Reeders siehe mwN *Du Plessis*, Letting and Hiring (2012) 91; *Kordasiewicz*, RIDA 58 (2011) 194 ff; *Serrano-Vicente*, Custodiam praestare (2007) 317 Fn 1003; *Bürge*, Index 22 (1994) 390 ff; *Földi*, RIDA 40 (1993) 264 ff; *Zimmermann*, Law of Obligations (1990) 518 f.

714 Übersetzung: Labeo schreibt, dem Eigentümer von Waren sei gegen den Schiffskapitän eine zivilrechtliche, auf den Sachverhalt zugeschnittene Klage zu gewähren, wenn ungewiss ist, ob er [der Eigentümer der Waren] das Schiff gechartert oder einen Werkvertrag über den Transport der Waren abgeschlossen hat; angelehnt an *Misera*, in *Behrends et al.* (Hrsg), CIC III (1999) 596.

conduxerit an merces vehendas locaverit.[715] Diese Unsicherheit erscheint aus zwei Gründen problematisch: Zum einen stellt sich die Problematik der Wahl der richtigen Klage – *actio conducti oder actio locati.*[716] Wird nämlich die falsche Klage gewählt, verwirkt prinzipiell der Anspruch des Berechtigten.[717] Zum anderen ist wohl das Bündel an Rechten und Pflichten bei den zwei Vertragsformen (etwas) unterschiedlich, weshalb womöglich bei einer Unterkategorie eine *custodia*-Plicht besteht, hingegen bei der anderen nicht.[718]

Zur Lösung der erstgenannten Problematik gewährt Labeo im Zweifelsfall eine *actio in factum.*[719] Die zweite Problematik dürfte sich im konkreten Fall nicht gestellt haben respektive lässt sie sich dem Papinian-Fragment zumindest nicht entnehmen.

b) D. 4.9.5 pr.

Eine Quelle, die sich nachweislich mit der *custodia*-Haftung des Reeders (und anderer Personen) beschäftigt, ist das – in Ausschnitten bereits besprochene[720] – Gaius-Fragment D. 4.9.5 pr.:

> Gai. (5 ed. prov.) D. 4.9.5 pr.
> *Nauta et caupo et stabularius mercedem accipiunt non pro custodia, sed nauta ut traiciat vectores, caupo ut viatores manere in caupona patiatur, stabularius ut permittat iumenta apud eum stabulari: et tamen custodiae nomine tenentur. Nam et fullo et sarcinator non pro custodia, sed pro arte mercedem accipiunt, et tamen custodiae nomine ex locato tenentur.*[721]

---

715 Siehe *Kordasiewicz*, RIDA 58 (2011) 199; *Robaye*, L'obligation de garde (1987) 64; *Thomas*, Recueils 32 (1974) 128; *Thomas*, RIDA 7 (1960) 496 f.

716 *Thomas*, Recueils 32 (1974) 119.

717 Siehe *Fiori*, Locatio Conductio (1999) 130.

718 Siehe *Robaye*, L'obligation de garde (1987) 62; *Thomas*, Recueils 32 (1974) 119. *Kordasiewicz* vertritt etwa, dass ein Reeder zwar nicht bei Abschluss einer *locatio conductio rei*, jedoch bei Abschluss einer *locatio conductio operis* eo ipso einer vertraglichen *custodia*-Pflicht unterliege; *Kordasiewicz,* RIDA 58 (2011) 208 ff. Ähnlich argumentiert zuvor bereits *Schulz*, der jedoch vermutet, dass wohl nicht jeder Reeder im Rahmen einer *locatio conductio operis* einzustehen habe; *Schulz,* GrünhutsZ 38 (1911) 25 f. Eine (allgemeine) *custodia*-Haftung des Reeders im Rahmen der *locatio conductio operis* wird in der Literatur aber weitgehend verneint; *Robaye*, L'obligation de garde (1987) 87 ff; *Meyer-Termeer*, Haftung der Schiffer (1978) 185 ff; *Thomas*, Recueils 32 (1974) 133; *Thomas*, RIDA 7 (1960) 496 f.

719 Zum Wesen dieser *actio in factum* siehe *Thomas*, Recueils 32 (1974) 128 f.

720 Siehe Kapitel 4.3.2 c).

721 Übersetzung: Reeder, Gast- und Stallwirt erhalten ihren Lohn nicht für die Bewachung, sondern der Reeder dafür, dass er die Passagiere befördert, der Gastwirt dafür, dass er die Reisenden in seinem Gasthof wohnen lässt, der

Gaius nennt in diesem Fragment zum Provinzialedikt Personen, welche ihrem Vertragspartner *custodia*-pflichtig sind, auch wenn sie ihr Entgelt nicht (primär) für die Bewachung erhalten: Dazu zählen ua der Reeder (*nauta*), der Gastwirt (*caupo*) und der Stallwirt (*stabularius*). Diese seien – wie Gaius ausführt – ebenso *custodia*-pflichtig wie *fullones* und *sarcinatores*. Fraglich erscheint jedoch, worauf Gaius die *custodia*-Haftung der *nautae*, *caupones* und *stabularii* stützt.

Während das Vertragsverhältnis mit *fullones* und *sarcinatores* nämlich jeweils als *locatio conductio operis* zu qualifizieren ist, ist der Vertragstyp, welcher Reeder, Gastwirte und Stallwirte vereint, die Miete – *locatio conductio rei*.[722] Im Unterschied zum *horrearius*, welcher sicheren – weil bewachten – Speicherraum zur Einlagerung von Wertgegenständen vermietet, ist bei der Überlassung eines (Teiles eines) Schiffes, eines Gastzimmers oder eine Stalles keine vergleichbare Pflicht zur Übernahme der Obhut hinsichtlich eingebrachter Gegenstände des Vertragspartners anzunehmen.[723] Vielmehr ist davon auszugehen, dass sie aufgrund des Abschlusses einer *locatio conductio (rei)* bloß für *dolus* und *culpa* haften.[724] Daher dürfte die *custodia*-Haftung von Reedern, Gastwirten und Stallwirten auf einer anderen Grundlage beruhen.[725] In Frage kommt das *receptum nautarum*[726], *cauponum et stabulariorum*, wie im Ulpian-Fragment D. 47.5.1.4 thematisiert:

Stallwirt dafür, dass er die Unterbringung der Tiere in seinem Stall gestattet, und trotzdem haften sie für Bewachung. Denn auch der Wäscher und der Flickschneider erhalten ihr Entgelt nicht für die Bewachung, sondern für ihre handwerkliche Leistung, und dennoch haften sie aus dem Werkvertrag für die Bewachung; angelehnt an *Schiemann*, in *Behrends et al.* (Hrsg), CIC II (1995) 462.

722 *Kordasiewicz*, RIDA 58 (2011) 207.

723 *Kordasiewicz*, RIDA 58 (2011) 207; *Thomas*, Recueils 32 (1974) 130 ff.

724 *Knütel*, SZ 100 (1983) 416; *Meyer-Termeer*, Haftung der Schiffer (1978) 177; *Thomas*, Recueils 32 (1974) 130 f; siehe auch Ulp. (14 ed.) D. 4.9.3.1; siehe auch bereits Kapitel 2.1.8 d) vor Fn 279.

725 Siehe *Robaye*, L'obligation de garde (1987) 87 ff; *Meyer-Termeer*, Haftung der Schiffer (1978) 185 ff; *Thomas*, Recueils 32 (1974) 133; *Thomas*, RIDA 7 (1960) 496 f.

726 Der Terminus *nauta* anstelle von *exercitor* rührt daher, dass der Schifftransport in der republikanischen Zeit noch nicht über komplexe Personalstrukturen verfügt hat und ein *nauta* idR sowohl die Tätigkeit des Reeders als auch des Schiffskapitäns vor bzw bei Einführung des *receptum* ausgeübt hat. Mit dem Aufstieg des Schifftransports in der römischen Klassik separiert sich die Tatigkeit des Reeders (*exercitor*) und Schiffskapitäns (*magister navis*), sodass ein *receptum* den jeweiligen *exercitor* eines Schiffes verpflichtet; siehe *Földi*, TR 63 (1995) 2 ff; *Földi*, RIDA 40 (1993) 279.

c) D. 47.5.1.4

Ulp. (38 ed.) D. 47.5.1.4
Quod si receperit salvum fore caupo vel nauta, furti actionem non dominus rei subreptae, sed ipse habet, quia recipiendo periculum custodiae subit.[727]

Gegenstände, welche ein Reeder oder Gastwirt in seine Obhut nimmt, werden gestohlen. Fraglich erscheint, wem die *actio furti* zusteht. Ulpian entscheidet, dass die Diebstahlsklage dem Gastwirt oder Reeder zukomme, da diese ihrem Vertragspartner *custodia*-pflichtig seien.

Die im Ulpian-Fragment besprochene *custodia*-Haftung der *nautae* und *caupones* geht, wie Ulpian ausführt, klar auf das *receptum* zurück – *receperit salvum fore.*[728] Aufgrund seiner auf dem *receptum* beruhenden Ersatzpflicht für Diebstahl zum Transport übernommener Gegenstände erhält der Reeder die Aktivlegitimation zur Diebstahlsklage.[729]

Was unter dem *receptum* konkret zu verstehen ist und mit welchem Rechtsbehelf der Geschädigte zu seinem Ersatz gelangt, ist D. 47.5.1.4 nicht zu entnehmen. Einen ersten Aufschluss darüber gibt das Ulpian-Fragment D. 4.9.1 pr.

d) D. 4.9.1 pr.

Ulp. (14 ed.) D. 4.9.1 pr.
Ait praetor: ‚Nautae caupones stabularii quod cuiusque salvum fore receperint nisi restituent, in eos iudicium dabo'.[730]

Wie der Prätor ausführt, übernehmen Reeder (Gastwirte und Stallwirte[731]) die Gewähr der Obhut für die von ihren Vertragspartnern anvertrauten

727 Eigene Übersetzung: Wenn der Gastwirt oder Reeder etwas auf seine Verantwortung übernommen hat, so hat nicht der Eigentümer der gestohlenen Sache die Diebstahlsklage, sondern er [der Unternehmer] selbst, da er durch die Übernahme der Sache die Gefahr der sorgsamen Verwahrung übernommen hat.

728 *Van Oven*, TR 24 (1956) 145, 150.

729 *Molnár*, ANRW II 14 (1982) 592.

730 Übersetzung: Der Prätor sagt: ‚Wenn Reeder, Gast- und Stallwirte dasjenige, für das sie zugunsten eines anderen die Gewähr der Obhut übernommen haben, nicht zurückgeben, so werde ich eine Klage gegen sie gewähren'; angelehnt an *Schiemann*, in *Behrends et al.* (Hrsg), CIC II (1995) 458.

731 Im Folgenden liegt der Fokus auf der Haftung des Reeders, weshalb auf die in manchen Texten mitberücksichtigten Gastwirte und Stallwirte in der Analyse nicht gesondert eingegangen wird. Ihre Haftung entspricht im Wesentlichen derjenigen des Reeders.

Gegenstände.[732] Fraglich ist, inwiefern der jeweilige Unternehmer dafür einstehen muss, wenn er die Gegenstände (aufgrund eines Diebstahls) nicht mehr retournieren kann. Der Prätor bejaht die Einstandspflicht des Unternehmers und gewährt dem jeweiligen Kunden zur Durchsetzung seines Anspruches eine prätorische Klage – die sogenannte *actio de recepto*.[733]

Das (formlose) Garantieversprechen eines Reeders, Gegenstände seiner Kunden sicher zu verwahren – *salvum fore receperint* – ist ursprünglich als bloßes (*nudum*) *pactum* zu qualifizieren. Erst durch Einführung der prätorischen *actio de recepto* in der späten Republik[734] wird das Versprechen gerichtlich durchsetzbar.[735]

Anwendungsbereich der *receptum*-Haftung sind Fälle, in denen ein Reeder Gegenstände seiner Kunden etwa aufgrund eines Diebstahls[736] aus seiner Obhut verliert und diese daher nicht retournieren kann.[737] Für den Ersatzanspruch des Kunden ist der Nachweis eines konkreten Verschuldens am Verlust nicht erforderlich.[738] Aufgrund eines *receptum* kann der Reeder auch dann haftpflichtig werden, wenn nicht er selbst, sondern ein von ihm ermächtigtes Besatzungsmitglied – etwa der Schiffskapitän (*magister navis*) – das Versprechen abgibt.[739]

---

732 Darunter fallen Transportgegenstände, aber auch das Reisegepäck beim Personentransport; *Zimmermann*, Law of Obligations (1990) 516; *Meyer-Termeer*, Haftung der Schiffer (1978) 187; *Thomas*, Recueils 32 (1974) 136.

733 *Zimmermann*, Law of Obligations (1990) 518.

734 Eine exakte Datierung erscheint schwierig, jedoch dürfte die *actio de recepto* nach Einführung der *locatio conductio*, aber spätestens im 1. Jh. v. Chr., entwickelt worden sein; siehe mwN *Robaye*, L'obligation de garde (1987) 72, 79; *Meyer-Termeer*, Haftung der Schiffer (1978) 185 f; *Thomas*, Recueils 32 (1974) 138 f. Eine aA vertritt *Földi*, RIDA 40 (1993) 278 ff, der davon ausgeht, dass die *receptum*-Haftung bereits vor Einführung der *locatio conductio* bestanden habe.

735 *Zimmermann*, Gastwirtshaftung, in *Haferkamp/Repgen* (Hrsg), Usus modernus pandectarum (2007) 276; *Bürge*, Index 22 (1994) 390.

736 Siehe etwa Ulp. (14 ed.) D. 4.9.1.1.

737 *Bürge*, Index 22 (1994) 390; *Meyer-Termeer*, Haftung der Schiffer (1978) 185.

738 Siehe Kapitel 4.2.3 e).

739 *Meyer-Termeer*, Haftung der Schiffer (1978) 185, 201. Ein Grund für den Abschluss eines *receptum* kann aus Sicht des Transportunternehmers darin liegen, dass er dadurch höhere Preise für seine Tätigkeit anbieten oder andere Kunden dazu bewegen kann, seine Transporttätigkeit und nicht die eines anderen Reeders (der kein *receptum* übernimmt) in Anspruch zu nehmen.

e) D. 4.9.5.1 und D. 4.9.3.1

Wie weit die *receptum*-Haftung reicht, lässt sich aus der Zusammenschau des Gaius-Fragments D. 4.9.5.1 und des Ulpian-Fragments D. 4.9.3.1 entnehmen:

> Gai. (5 ed. prov.) D. 4.9.5.1
> *Quaecumque de furto diximus, eadem et de damno debent intellegi: non enim dubitari oportet, quin is, qui salvum fore recipit, non solum a furto, sed etiam a damno recipere videatur.*[740]

> Ulp. (14 ed.) D. 4.9.3.1
> *[...] at hoc edicto omnimodo qui receperit tenetur, etiam si sine culpa eius res periit vel damnum datum est, nisi si quid damno fatali contingit. Inde Labeo scribit, si quid naufragio aut per vim piratarum perierit, non esse iniquum exceptionem ei dari [...].*[741]

Die beiden Fragmente thematisieren das Ausmaß der *receptum*-Haftung, ohne auf einen konkreten Sachverhalt Bezug zu nehmen. Nach der Ansicht von Gaius wird durch ein *receptum* die Gewähr übernommen, überlassene Sachen nicht nur vor Diebstahl, sondern auch vor Sachbeschädigung zu bewahren. Kommt es dennoch zum Diebstahl oder zur Beschädigung dieser Gegenstände durch ein Besatzungsmitglied oder einen Passagier[742], so kann der geschädigte Eigentümer den Reeder mittels *actio de recepto* auf Ersatz klagen.[743]

---

740 Übersetzung: Alles, was wir über den Diebstahl gesagt haben, muss auch für die Sachbeschädigung gelten. Denn es kann keinem Zweifel unterliegen, dass jemand, der Sachen zur Gewähr der Obhut übernimmt, sie ersichtlich nicht nur vor Diebstahl, sondern auch vor Beschädigung zu bewahren übernimmt; siehe *Schiemann*, in *Behrends et al.* (Hrsg), CIC II (1995) 462 f.

741 Übersetzung: [...] aber nach diesem Edikt haftet derjenige, der Sachen zur Obhut übernimmt auch ohne ein Verschulden, es sei denn, der Schaden ist durch höhere Gewalt eingetreten. Daher schreibt Labeo, es sei nicht unangemessen, dem Reeder eine Einrede zu gewähren, wenn etwas durch Schiffbruch oder einen Überfall von Seeräubern verloren gegangen sei [...]; angelehnt an *Schiemann*, in *Behrends et al.* (Hrsg), CIC II (1995) 461.

742 Die Haftung des Reeders auch für Delikte von Passagieren ist ein wesentlicher Unterschied des *receptum* im Vergleich zur quasideliktischen *actio furti bzw actio damni in factum adversus nautas*, welcher ein Reeder ebenso unterliegt. Für weitergehende Ausführung zum Verhältnis zwischen *receptum*- und quasideliktischer Haftung des Reeders siehe *Kordasiewicz*, RIDA 58 (2011) 204; *Zimmermann*, Gastwirtshaftung, in *Haferkamp/Repgen* (Hrsg), Usus modernus pandectarum (2007) 277 f; *Zimmermann*, Law of Obligations (1990) 517; *Robaye*, L'obligation de garde (1987) 71; *Thomas*, Recueils 32 (1974) 133 ff; siehe auch Ulp. (18 ed.) D. 4.9.7.

743 Siehe Ulp. (14 ed.) D. 4.9.1.8.

Wie Ulpian ausführt, muss ein Reeder im Rahmen der *receptum*-Haftung grundsätzlich für den (diebstahlsbedingten) Verlust sowie für die von anderen Personen herbeigeführte Beschädigung von in seiner Obhut befindlichen Gegenständen seiner Kunden einstehen.[744] Von der Haftung befreit soll der Reeder nur dann sein, wenn der Schaden auf ein *vis maior*-Ereignis – etwa Schiffbruch (*naufragium*) oder Piraterie (*vis piratarum*)[745] – zurückzuführen ist.

Bei Einführung der prätorischen Klage dürfte die Übernahme des *receptum* sogar die Gefahrtragung für Schäden infolge von *vis maior*-Ereignissen umfasst haben.[746] Labeo schränkt die *receptum*-Haftung in der Folge aber ein, indem er dem Reeder im Fall von höherer Gewalt eine *exceptio*[747] zur Verfügung stellt – *exceptionem ei dari.*[748]

Dies könnte damit zusammenhängen, dass – so die hA[749] – im Laufe der Klassik[750] die Gewährung der *actio de recepto* nicht mehr von einer ausdrücklichen Übernahme des *receptum* abhängt, sondern bei Abschluss eines Transportvertrages die Übernahme des *receptum* präsumiert[751] wird.

---

744 Es ist davon auszugehen, dass das *receptum* ursprünglich nur beim See- und nicht auch beim Flusstransport zur Anwendung gekommen ist; siehe dazu *Meyer-Termeer*, Haftung der Schiffer (1978) 188 f; siehe auch Ulp. (14 ed.) D. 4.9.1.4.

745 Siehe *Meissel*, JAP 4 (1993–94) 212; *Thomas*, RIDA 7 (1960) 501.

746 Siehe *Du Plessis*, Letting and Hiring (2012) 91; *Robaye*, L'obligation de garde (1987) 73; *Meyer-Termeer*, Haftung der Schiffer (1978) 197; *Brecht*, Zur Haftung der Schiffer (1962) 84. Hingegen hält es *Bürge,* Index 22 (1994) 391 für möglich, dass die *receptum*-Haftung seit jeher *vis maior*-Ereignisse ausgeschlossen hat.

747 Das Abstellen auf eine *exceptio* bestätigt die Ansicht, dass es sich beim *receptum* nicht um eine gewöhnliche Nebenvereinbarung zur *locatio conductio* handelt – als *bonae fidei iudicium* bräuchte es nämlich keine eigenständige *exceptio* –, sondern um ein selbständiges *negotium stricti iuris*, welches aber idR bloß im Zusammenhang mit einem Transportvertrag abgeschlossen wird; *Meyer-Termeer*, Haftung der Schiffer (1978) 191.

748 Siehe Ulp. (14 ed.) D. 4.9.3.1.

749 *Du Plessis*, Letting and Hiring (2012) 91 f; *Földi*, RIDA 40 (1993) 267; *Zimmermann*, Law of Obligations (1990) 520; *Thomas*, Recueils 32 (1974) 139; aA *Meyer-Termeer*, Haftung der Schiffer (1978) 202 ff, der davon ausgeht, dass ein *receptum* zu keinem Zeitpunkt präsumiert worden sei.

750 Zu welchem Zeitpunkt diese Rechtsentwicklung exakt stattgefunden hat, lässt sich den Quellen nicht entnehmen; *Zimmermann*, Law of Obligations (1990) 520; *Meyer-Termeer*, Haftung der Schiffer (1978) 185.

751 Diesfalls ist es aber moglich, das *receptum* mittels sogenannter *praedictio* abzubedingen; siehe *Zimmermann*, Gastwirtshaftung, in *Haferkamp/Repgen* (Hrsg), Usus modernus pandectarum (2007) 278; *Földi*, RIDA 40 (1993) 268; *Thomas*, Recueils 32 (1974) 141; vgl Ulp. (18 ed.) D. 4.9.7.

f) D. 4.9.1.1 und D. 4.9.3.1

Schließlich geben die Ulpian-Fragmente D. 4.9.1.1 und D. 4.9.3.1 Aufschluss über das Telos der Einführung und des Fortbestehens der *actio de recepto*:

> Ulp. (14 ed.) D. 4.9.1.1
> *Maxima utilitas est huius edicti, quia necesse est plerumque eorum fidem sequi et res custodiae eorum committere. Ne quisquam putet graviter hoc adversus eos constitutum: nam est in ipsorum arbitrio, ne quem recipiant, et nisi hoc esset statutum, materia daretur cum furibus adversus eos quos recipiunt coeundi, cum ne nunc quidem abstineant huiusmodi fraudibus.*[752]

> Ulp. (14 ed.) D. 4.9.3.1
> *[...] Miratur igitur, cur honoraria actio sit inducta, cum sint civiles: nisi forte, inquit, ideo, ut innotesceret praetor curam agere reprimendae improbitatis hoc genus hominum: et quia in locato conducto culpa, in deposito dolus dumtaxat praestatur, at hoc edicto omnimodo qui receperit tenetur, etiam si sine culpa eius res periit vel damnum datum est [...].*[753]

Ulpian misst der prätorischen *actio de recepto* großen Nutzen bei – *maxima utilitas est huius edicti*. Die von ihm genannten Gründe dafür sind vielfältig. Zunächst sei es häufig notwendig, persönliche Gegenstände in die Obhut von Reedern zu geben und auf ihre Zuverlässigkeit zu vertrauen. Wie Ulpian ausführt, hätten Reeder zudem keine gute Reputation, vielmehr seien sie unredlich. In Ermangelung des Edikts könnten Reeder (weiterhin) mit Dieben kollusionsartig gemeinsame Sache machen – *cum furibus adversus eos*

752 Übersetzung: Der Nutzen dieses Edikts ist überaus groß, weil es häufig nötig ist, der Zuverlässigkeit solcher Leute [Reeder, Gast- und Stallwirte] zu vertrauen und ihnen Sachen zur Bewachung zu überlassen. Und es soll niemand meinen, die gegen sie getroffene Regelung sei zu hart. Denn es steht in ihrer freien Entscheidung, ob sie jemanden aufnehmen, und wenn dieses Edikt nicht ergangen wäre, würde sich für sie die Gelegenheit ergeben, mit Dieben gegen die Personen, denen sie Aufnahme gewähren, gemeinsame Sache zu machen, zumal sie sich nicht einmal jetzt derartiger Machenschaften enthalten; angelehnt an *Schiemann*, in *Behrends et al.* (Hrsg), CIC II (1995) 459 f.

753 Übersetzung: [Pomponius] fragt sich deshalb verwundert, warum überhaupt eine amtsrechtliche Klage eingeführt wurde, wo es doch zivilrechtliche Klagen gibt; höchstens deshalb, fährt er fort, weil der Prätor dieser Sorte von Menschen deutlich machen wollte, er werde dafür sorgen, dass es mit ihrer Unredlichkeit ein Ende hat; und ferner deshalb, weil bei der Miete und beim Werkvertrag [ausschließlich] für Verschulden, bei der Hinterlegung sogar nur für Vorsatz gehaftet wird, wohingegen nach diesem Edikt derjenige, der Sachen übernimmt, auf jeden Fall haftet, auch wenn ohne sein Verschulden die Sache untergegangen oder Schaden zugefügt worden ist [...]; angelehnt an *Schiemann*, in *Behrends et al.* (Hrsg), CIC II (1995) 461.

quos recipiunt coeundi – ohne *ex contractu* zu haften. Der Nutzen des Delikts beruht nicht zuletzt darauf, dass der Beweis des Verschuldens oft schwierig ist und die Durchsetzung eines deliktischen Ersatzanspruches insofern kaum gelingt, als sich auf einem Transportschiff gewöhnlich sehr viele Menschen befinden und sich bereits das Eruieren des unmittelbaren Schädigers regelmäßig als große Herausforderung erweist.[754]

Abschließend ist der Hinweis Ulpians aufschlussreich, wonach das Edikt eine Lücke schließe, welche die vertragliche Haftung gemäß der *locatio conductio* (zumindest bei Einführung der *actio de recepto*) offenlasse: Im Unterschied zur vertraglichen Haftung des Reeders aus dem Transportvertrag sei für die Haftung *ex recepto* nämlich weder bei (diebstahlsbedingtem) Verlust noch bei Sachbeschädigung transportierter Güter durch Dritte ein Schuldnachweis erforderlich – *etiam si sine culpa eius res periit vel damnum datum est.*[755]

Während die verschuldensunabhängige Haftpflicht des Reeders für Sachbeschädigung durch eine nicht vom *vinculum iuris* erfasste Person wohl ausschließlich mittels *actio de recepto* durchsetzbar ist, deutet das Gaius-Fragment D. 4.9.5 pr. darauf hin, dass sich im Laufe der Klassik eine Praxis entwickelt hat, derzufolge Reeder beim (diebstahlsbedingten) Verlust von Transportgegenständen – in vergleichbarer Weise wie *fullones*, *sarcinatores* und *horrearii* – auch mittels *actio locati* bzw *actio conducti* in Anspruch genommen werden können. Mit Gewissheit lässt sich diese Hypothese anhand der überlieferten Quellen aber nicht beweisen.

g) Zwischenergebnis

1. Die *custodia*-Haftung des Reeders geht (zumindest ursprünglich) nicht auf die dem Transportverhältnis zugrundeliegende *locatio conductio*, sondern vielmehr auf die prätorische *actio de recepto* zurück. Vor Einführung der prätorischen Klage dürfte es nicht möglich gewesen sein, das formlose Versprechen eines Reeders, Transportgegenstände seiner Kunden (unbeschadet) zu retournieren, klagsweise durchzusetzen. In Fällen des unverschuldeten Verlustes ist es einem Kunden daher auch nicht möglich gewesen, mittels *actio locati* bzw *actio conducti* vom Reeder Ersatz zu erlangen.

754 Siehe *Zimmermann*, Gastwirtshaftung, in *Haferkamp/Repgen* (Hrsg), Usus modernus pandectarum (2007) 276; *Thomas*, Recueils 32 (1974) 133; *Thomas*, RIDA 7 (1960) 496 f.

755 Siehe *Bürge*, Index 22 (1994) 391 f.

2. Erst durch Einführung der prätorischen *actio de recepto* wird das gegenüber seinen Kunden formlos artikulierte Versprechen eines Reeders, in seine Obhut genommene Transportgegenstände nach Vertragserfüllung (unbeschadet) zu retournieren, gerichtlich durchsetzbar. Ist die zugesicherte Rückgabe der Transportgegenstände aufgrund von Diebstahl oder Sachbeschädigung durch ein Besatzungsmitglied oder einen Passagier nicht möglich, kann der Kunde vom Reeder Ersatz verlangen, ohne ihm ein eigenes Verschulden nachweisen zu müssen.
3. Ursprünglich dürfte die *receptum*-Haftung auch den Sachuntergang durch *vis maior*-Ereignisse umfasst haben. Labeo schränkt die *receptum*-Haftung in der Folge aber ein, indem er dem Reeder bei höherer Gewalt eine *exceptio* gewährt. Diese einschränkende Maßnahme könnte dadurch erklärt werden, dass die Übernahme des *receptum* im Laufe der römischen Klassik präsumiert worden ist und die Haftung eines Reeders nicht ausufern sollte.
4. Ebenfalls denkbar – wenn auch nicht mit Sicherheit nachweisbar – ist es, dass die *receptum*-Haftung auf das Vertragsverhältnis abgefärbt hat, sodass ein Kunde bei Diebstahl seiner Transportgegenstände (auch) mit der Klage aus dem Transportvertrag Ersatz verlangen konnte, ohne seinem Vertragspartner ein konkretes Verschulden nachweisen zu müssen. Eine vertragliche (*custodia*-)Haftung des Reeders für die durch Dritte herbeigeführte Sachbeschädigung ihm anvertrauter Transportgegenstände lässt sich – insbesondere dem Ulpian-Fragment D. 4.9.3.1 folgend – nicht durch klassische Quellen (zur *locatio conductio*) belegen.

4.3.4 Ergebnisse

1. Bei der *custodia*-Haftung handelt es sich um eine strenge vertragliche Einstandspflicht für den von einer nicht vom *vinculum iuris* erfassten Person herbeiführten (insbesondere diebstahlsbedingten) Verlust einer anvertrauten Sache des Vertragspartners. Kann eine *custodia*-pflichtige Person den Verlust ihr anvertrauter Sachen nicht verhindern, so ist die objektivierte Verwahrungs- bzw Bewachungspflicht *prima facie* verletzt und die geschädigte Person kann von ihrem Vertragspartner Ersatz verlangen, ohne ein individuelles Verschulden nachweisen zu müssen, wobei mE die Möglichkeit eines Freibeweises besteht.
2. Wiewohl die im gegenständlichen Kapitel analysierten Quellen das Konzept der *custodia*-Haftung bei der *locatio conductio* bestätigen, ist die *custodia* – wie bereits in Kapitel 2.1.8 d) erörtert – bei keinem der drei Typen der *locatio conductio* als allgemeines Haftungskriterium zu verstehen. Vielmehr scheint die *custodia*-Haftung vom Inhalt des konkreten

Vertrages abzuhängen und gegebenenfalls (nur) einzelnen Vertragsformen der *locatio conductio* inhärent zu sein.

3. So hat sich im Verlauf der römischen Klassik die *custodia* zu einer vertragsimmanenten, aber abdingbaren Haftung in Vertragsverhältnissen mit *fullones/sarcinatores* und *horrearii* entwickelt. Von der *custodia*-Haftung kann sich der jeweilige Unternehmer (insbesondere) dann befreien, wenn er nachweisen kann, dass der Untergang der Sache auf ein *vis maior*-Ereignis zurückzuführen ist.
4. Durch formloses Versprechen verpflichten sich Reeder regelmäßig, in ihre Obhut genommene Transportgegenstände nach Vertragserfüllung (unbeschadet) zu retournieren. Bei Sachbeschädigung oder Verlust führt das *receptum* zur Haftung des Reeders sogar für *vis maior*-Ereignisse. Durch die von Labeo eingeführte *exceptio*, deren (erfolgreicher) Gebrauch die Haftung des Reeders im Falle eines *vis maior*-Ereignisses entfallen lässt, geschieht eine Annäherung an die vertragliche *custodia*-Haftung der *fullones/sarcinatores* und *horrearii*. Es scheint daher nicht ausgeschlossen, dass im Laufe der Klassik der Kunde eines Reeders im Falle eines Diebstahls die *custodia*-Haftung seines Vertragspartners (auch) mittels *actio locati* bzw *actio conducti* durchsetzen kann, wie etwa das Gaius-Fragment D. 4.9.5 pr. andeutet.
5. Während die *receptum*-Haftung des Reeders ausdrücklich auch die Verantwortlichkeit für durch andere Personen herbeigeführte Sachbeschädigung einschließt, umfasst die *custodia*-Haftung im Rahmen der *locatio conductio* – zumindest ihrer Grundgestalt nach – keine (unbeschränkte) Haftpflicht für Sachbeschädigung, welche eine nicht vom *vinculum iuris* erfasste Person herbeigeführt hat.[756]
6. Warum sich die *custodia*-Haftung gerade bei dem Wäscherei-, Flickschneiderei- und Schifftransportvertrag sowie der Speicherraummiete entwickelt hat, erklären die Quellen nicht. Möglicherweise liegt es an den ähnlichen Gefahrenpotenzialen, welche diese Vertragsformen vereinen: Werden etwa vom *fullo* gewaschene Kleidungsstücke auf offener Straße getrocknet, ist die Gefahr des Diebstahls erhöht. Werden Wertgegenstände in einem Speicher eingelagert, besteht ebenfalls eine erhöhte Gefahr des Diebstahls, da oftmals verschiedene Personen im selben

756 Die untersuchten Quellen zeigen, dass die *custodia*-Haftung (primär) auf Diebstahlsfälle Anwendung findet. Da die zahlreichen Schadenersatzfälle mit Drittbeteiligung (siehe die Kapitel 4.3–4.6) in keiner Weise auf eine *custodia*-bedingte Haftung deuten, wenn eine nicht vom *vinculum iuris* erfasste Person einen Schaden verursacht, sind Fälle der Sachbeschädigung jedenfalls nicht als (Regel-)Fall einer *custodia*-Haftung einzustufen.

Speicherraum Gegenstände einlagern und daher (zumindest beschränkten) Zugang zu fremden Gegenständen haben. Zudem können die Wächter, die ebenfalls Zugang zu den Wertgegenständen haben, bestechlich sein. Schließlich zeigen die Fragmente, dass auch Räuber oftmals in Erfahrung bringen, dass in einem konkreten Speicher(-raum) Wertgegenstände gelagert werden, woraufhin sie in die jeweiligen Räumlichkeiten einbrechen. Die erhöhte Gefahr des Diebstahls beim Schifftransport ergibt sich aus der Vielzahl an Personen an Bord (Besatzungsmitgliedern und Passagieren), welche schwer zu kontrollieren und auszuforschen sind.

4.4 Die Haftung wegen *culpa in eligendo*

Die Haftung wegen *culpa in eligendo* ist in der römischen Klassik zwar nicht in Form einer allgemeinen Regelung verankert, sie etabliert sich aber im römischen Vertragsrecht als Sonderform der *culpa*-Haftung.[757] Wiewohl das Haftungskonzept der *culpa in eligendo* in älterer Literatur schwerwiegenden Interpolationsverdächtigungen ausgesetzt gewesen ist,[758] kann man übereinstimmend mit der nunmehr hL[759] von ihrer Klassizität ausgehen.[760]

Das Konzept der *culpa in eligendo* beschreibt eine unbeschränkte Haftung eines Vertragspartners für Schäden, die eine von ihm für eine konkrete Tätigkeit ausgewählte, dafür aber ungeeignete Person[761] dem anderen Vertragspartner herbeigeführt hat.[762] Im Bereich der *locatio conductio rei* lässt sich das Haftungsmodell der *culpa in eligendo* aus der Zusammenschau

757 *Du Plessis*, Letting and Hiring (2012) 36 f; *MacCormack*, RIDA 18 (1971) 527.

758 Siehe etwa *Krückmann*, SZ 63 (1943) 19 f; *Kunkel*, SZ 45 (1925) 331.

759 *Tröger*, Arbeitsteilung (2012) 89; *Knütel*, SZ 100 (1983) 400 f; *MacCormack*, RIDA 18 (1971) 525 f; *Kaser*, RPR I^2 (1971) 513; *Mayer-Maly*, Locatio Conductio (1956) 202.

760 Siehe bereits *Tritremmel*, Culpa, in *Ayasch/Bemmer/Tritremmel* (Hrsg), Wiener Schriften (2018) 191 ff.

761 Die vorliegenden Quellen, welche die Haftung wegen *culpa in eligendo* ausdrücklich thematisieren, behandeln ausschließlich Fälle der Haftung für die Auswahl untauglicher Sklaven. Das liegt wohl insbesondere daran, dass im antiken Rom überwiegend Sklaven als menschliche Arbeitskraft herangezogen worden sind; siehe bereits Kapitel 2.1.7 Fn 204, 205. Die Haftung wegen *culpa in eligendo* ist jedoch auch hinsichtlich anderer Gewaltunterworfener wie (gewisser) gewaltfreier Personen denkbar, die für eine konkret auszuübende Tätigkeit untauglich sind, dafür aber ausgewählt worden sind. Von der Wertung her macht es wohl keinen Unterschied, ob man für eine bestimmte Tätigkeit eine untaugliche gewaltunterworfene oder untaugliche gewaltfreie Person einsetzt und dadurch seinen Vertragspartner schädigt; vgl Ulp. (32 ed.) D. 19.2.11 pr.

762 Siehe mwN *Knütel*, SZ 100 (1983) 401.

mehrerer klassischer Quellen[763] ableiten, wobei sowohl *locatores* als auch *conductores* dieser Haftung unterliegen können. Ein erster Nachweis zum Haftungsmodell der *culpa in eligendo* geht auf den Frühklassiker Labeo zurück.

a) D. 19.2.60.7

Der Einsatz von Maultieren als Zug-, Last- oder Reittiere spielt eine bedeutende Rolle im Ackerbau und Transportwesen der römischen Antike. Die Nutzung ihrer Arbeitskraft ist aber keineswegs gefahrenlos:[764] So droht bei unsachgemäßem Umgang mit Last-Maultieren, dass Transportgüter, die Tiere selbst oder gar Menschen zu Schaden kommen. Um Schäden dieser Art vorzubeugen, geht es wesentlich darum, erfahrene Personen als Maultiertreiber einzusetzen. Dass dies nicht immer gelingt, zeigt das folgende Labeo-Fragment:

> Lab. (5 post. a Iavol. epit.) D. 19.2.60.7
> *Servum meum mulionem conduxisti: neglegentia eius mulus tuus perit. si ipse se locasset ex peculio dumtaxat et in rem versum damnum tibi praestaturum dico: sin autem ipse eum locassem, non ultra me tibi praestaturum, quam dolum malum et culpam meam abesse: quod si sine definitione personae mulionem a me conduxisti et ego eum tibi dedissem, cuius neglegentia iumentum perierit, illam quoque culpam me tibi praestaturum aio, quod eum elegissem, qui eiusmodi damno te adficeret.*[765]

Jemand mietet einen Sklaven als Maultiertreiber (*mulio*). Infolge einer Nachlässigkeit (*neglegentia*) des Sklaven kommt ein Maultier des Mieters um. Gefragt wird nach der Verantwortlichkeit des dahinterstehenden *dominus*.

763 Siehe Lab. (5 post. a Iavol. epit.) D. 19.2.60.7; Ulp. (18 ed.) D. 9.2.27.34; Ulp. (18 ed.) D. 9.2.27.9 und Ulp. (18 ed.) Coll. 12.7.7. Zur *locatio conductio operis* und *locatio conductio operarum* sind keine Fälle überliefert.

764 Siehe etwa Ulp. (18 ed.) D. 9.2.27.34; Ulp. (18 ed.) D. 9.1.1.4; Gai. (7 ed. prov.) D. 9.2.8.1.

765 Übersetzung: Du hast meinen Sklaven als Maultiertreiber gemietet. Infolge seiner Nachlässigkeit ist dein Maultier eingegangen. Ich sage, wenn er [der Sklave] selbst eine Dienstmiete abgeschlossen hat, dann hafte ich dir auf Schadenersatz nur bis zur Höhe des Sonderguts und [falls der Sklave den Mietzins abgeführt hat] wegen Zuwendung in das Vermögen [des Gewalthabers]. Wenn aber ich selbst ihn vermietet habe, brauche ich dir nicht für mehr einzustehen als dafür, dass ich ohne Vorsatz und Fahrlässigkeit gehandelt habe. Wenn du aber, ohne eine bestimmte Person zu nennen, einen Maultiertreiber gemietet hast und ich dir daraufhin einen Maultiertreiber überlasse, durch dessen Nachlässigkeit dein Lasttier umkommt, dann, so sage ich, muss ich dir auch für das Verschulden einstehen, weil ich jemanden ausgewählt habe, der dir einen derartigen Schaden zugefügt hat; angelehnt an *Luig*, in *Behrends et al.* (Hrsg), CIC III (1999) 591.

Hinsichtlich der Einstandspflicht des *dominus* unterscheidet Labeo zunächst zwei Sachverhaltsvarianten danach, ob der Sklave selbst den Vertrag abgeschlossen hat oder dessen *dominus* der Vertragspartner des *conductor* ist.

Gemäß Variante eins schließt der Sklave eigenständig – also ohne Mitwirken seines *dominus* – den Mietvertrag; er vermietet sich gewissermaßen selbst.[766] Mangels eines Vertragsverhältnisses zum *conductor* sei der *dominus* nach Ansicht des Juristen bei Selbstvermietung seines Sklaven nicht unbeschränkt haftpflichtig. Der geschädigte Mieter habe jedoch einen (beschränkten) Haftungsdurchgriff auf den Gewalthaber des Sklaven durch sogenannte adjektizische Klagen:[767] Bei Bestehen eines Sondervermögens (*peculium*[768]) habe der Mieter gegen den *dominus* die *actio conducti* als *actio de peculio*[769], deren Anspruchsumfang mit dem Wert des *peculium* des Sklaven im Verurteilungszeitraum beschränkt ist.[770] Bei Zuwendung des Mietzinses in das Stammvermögen des Gewalthabers habe der *conductor*

---

766 *Mayer-Maly* hält den Quellenteil betreffend die „Selbstverdingung" des Sklaven für nachklassisch und stützt sich dabei auf Ausführungen von *Schulz* (GrünhutsZ 38 [1911] 51); *Mayer-Maly*, Locatio Conductio (1956) 160. Dagegen vertreten etwa *Fiori*, *De Robertis*, *Möller*, *Thomas*, *Staerman* und *Valino* ihre Klassizität; siehe *Fiori*, Locatio Conductio (1999) 113; *De Robertis*, Responsabilità contrattuale (1996) 141; *Möller*, SZ 110 (1993) 311; *Thomas*, Acta Juridica 20 (1978) 130; *Staerman*, Sklavenwirtschaft (1969) 104; *Valino*, AHDE 37 (1967) 384.

767 *Chiusi*, Actio de in rem verso (2001) 95.

768 Zur Rolle des *peculium* in der römischen Antike siehe mwN *Gamauf* in HRPR (2023) § 102 Rz 10 ff; *Gamauf*, De nihilo crevit; in FS Bürge (2017) 225 ff; *Gamauf*, European Review of History 16:3 (2009) 331 ff; *Gamauf*, Erwerb durch Sklaven, in *Heinen et. al.* (Hrsg), Handwörterbuch (2012) 17; *Wacke*, Iura 42 (1991) 51 ff; siehe auch *Buchwitz*, Fremde Sklaven als Erben, in *Corbino/Humbert/Negri* (Hrsg), Homo, caput, persona (2010) 405 ff.

769 Zur *actio de peculio* siehe mwN *Kaser*, RPR I² (1971) 606 f.

770 Das empfangene Entgelt vergrößert den Wert des *peculium*, wenn der Sklave „in eigener Sache" tätig wird. Wird das empfangene Entgelt aber in das Stammvermögen des *dominus* eingegliedert, findet keine Wertsteigerung des *peculium* statt. Dagegen argumentiert Valino – ohne es zu begründen –, dass ein vom Sklaven eingenommener Mietzins den Wert seines *peculium* vergrößere und dadurch eo ipso auch der *dominus* eine *versio* erfahren würde; *Valino*, AHDE 37 (1967) 384. Dieser Ansicht ist nicht zuzustimmen; siehe nur Tryph. (1 disput.) D. 15.3.6: *Nam si hoc verum esset, etiam antequam venderet rem peculiarem, de in rem verso teneretur, quia hoc ipso, quod servus rem in peculio haberet, locupletior fieret, quod aperte falsum est.*

die *actio conducti* als *actio de in rem verso*[771] im Ausmaß der Bereicherung (*versio*) des Gewalthabers.[772]

In Sachverhaltsvariante zwei vermietet der *dominus* seinen Sklaven.[773] Zunächst erörtert Labeo ganz allgemein, in welchen Konstellationen der *conductor* vertraglichen Schadenersatz vom *locator* (dem *dominus* des vermieteten Sklaven) begehren respektive nicht begehren könne.[774] Im Anschluss daran erörtert er einen konkreten Haftungsfall. Als Vertragspartner muss der *locator* dem *conductor* nach den allgemeinen Haftungsgrundsätzen jedenfalls dann vertraglich einstehen, wenn dem *locator* selbst ein Verschulden angelastet werden kann.[775] Labeo erklärt, dass es hingegen zu keiner (vertraglichen) Haftung komme, wenn dem Vermieter selbst kein vorsätzliches oder fahrlässiges Verhalten vorzuwerfen sei[776] – *non ultra me tibi praestaturum, quam dolum malum et culpam meam abesse.*[777]

Daran anschließend beschreibt Labeo ein konkretes Szenario,[778] in dem der *locator* (bspw) für den von seinem Sklaven verursachten Schaden vertraglich einstehen muss: Eine Person benötigt einen Maultiertreiber und mietet dafür einen Sklaven, welcher nicht vom *conductor*, sondern vielmehr vom *locator* ausgewählt wird – *sine definitione personae mulionem a me conduxisti.* Aufgrund einer *neglegentia* des maultiertreibenden Sklaven kommt ein Lasttier des Mieters um, woraufhin sich die Haftungsfrage stellt.

Ein *dominus* ist ganz allgemein für Delikte eigener Sklaven verschuldensunabhängig einstandspflichtig, wobei er seine Haftung durch *noxae deditio* des jeweiligen gewaltunterworfenen Schädigers abwenden kann.[779] Da der

---

771 Zur *actio de in rem verso* siehe *Gamauf* in HRPR (2023) § 102 Rz 39 ff; *Klausberger*, RIDA 56 (2009) 75 ff; *Chiusi*, Actio de in rem verso (2001) 52 ff.

772 Siehe *Martin*, TAPhA 120 (1990) 305.

773 Das Mieten und Vermieten von Sklaven ist im antiken Rom keine Seltenheit; siehe Kapitel 2.1.5 d) Fn 161, 162.

774 *Klausberger*, Zurechnungsgründe (2019) 358; *Cardilli*, L'obligazione praestare (1995) 361.

775 Siehe *Kaser*, RPR I^2 (1971) 566.

776 Sollte den Vermieter selbst kein Verschulden treffen, so kann er aber dennoch deliktisch gemäß der verschuldensunabhängigen Noxalhaftung belangt werden.

777 Dieser Teil des Fragments beschreibt anschaulich den Grundsatz der eigenen Verantwortlichkeit, wonach eine Person einstehen muss, wenn ihr *dolus* oder *culpa* vorzuwerfen ist, jedoch in Ermangelung eigenen Fehlverhaltens nicht haftpflichtig wird. In der älteren Literatur ist dieser Teil des Fragments verbreitet als interpoliert erachtet worden. Die nunmehr hA hält zwar Kürzungen für wahrscheinlich, zweifelt jedoch nicht am klassischen Kern der Passage; siehe mwN *Cardilli*, L'obligazione praestare (1995) 361; *Martin*, TAPhA 120 (1990) 306 f.

778 *MacCormack*, RIDA 18 (1971) 546.

779 Siehe *Pennitz*, Obligatio domini, in *Harke* (Hrsg), Drittbeteiligung (2010) 73 ff; siehe auch Kapitel 2.2.1.

Sklave seine Tätigkeit nachlässig ausgeübt und dem *conductor* einen Schaden zugefügt hat, besteht jedenfalls ein beschränkter, deliktischer Anspruch gegen den Gewalthaber des Sklaven – den *locator* –, welcher aber an dieser Stelle unerwähnt bleibt.[780] Dies liegt wohl daran, dass Labeo dem *conductor* letztlich einen vertraglichen Schadenersatzanspruch gegen den *locator* im Umfang des Interesses zuspricht.[781]

Im Gegensatz zur deliktischen Noxalhaftung hängt die vertragliche Einstandspflicht des Vermieters grundsätzlich von einem eigenen Verschulden ab.[782] Dieses wird von Labeo konkret in der Auswahl des für die vorgesehene Tätigkeit als *mulio* untauglichen Sklaven gesehen. Inwiefern dem *locator* seine getroffene Wahl konkret vorwerfbar ist (bzw sein muss)[783] und welche Rolle die *neglegentia* des ausgewählten Sklaven zur Begründung der Haftpflicht seines *dominus* wegen *culpa in eligendo* spielt, wird in der Quelle nicht ausdrücklich erläutert.

Für den Versuch, das Profil der *culpa in eligendo* zu konkretisieren, empfiehlt sich zunächst ein vergleichender Blick zwischen Grundsachverhalt und den zwei Konstellationen der zweiten Sachverhaltsvariante.[784] Gemeinsam ist den Sachverhaltskonstellationen, dass ein als Maultiertreiber vermieteter Sklave des *locator* aus Nachlässigkeit den Untergang eines Maultieres des Mieters verursacht hat. Gemäß der ersten Konstellation der zweiten Sachverhaltsvariante haftet der *locator* für den verursachten Schaden nicht, wenn ihm persönlich weder *dolus malus* noch *culpa* anzulasten ist. In Konstellation zwei befürwortet Labeo die Haftpflicht des *locator* mit

780 Auch in Sachverhaltsvariante zwei ist ein deliktischer Anspruch des *conductor* gegen den *locator* grundsätzlich naheliegend, wobei er ebenso wenig thematisiert wird. *Du Plessis*, Letting and Hiring (2012) 132 vermutet, dass die Noxalhaftung aufgrund der vom *locator* wahrscheinlich getroffenen Wahl der *noxae deditio* – aufgrund der mangelnden Expertise des Sklaven (als Maultiertreiber) – in concreto für den *conductor* nicht lohnend gewesen wäre und wohl deswegen vom Juristen nicht erwähnt wird. Dies mag in Anbetracht des Schaden-Nutzen-Verhältnisses zutreffen. Ähnlich argumentiert *Thomas*, Acta Juridica 20 (1978) 130.

781 *Du Plessis*, Letting and Hiring (2012) 132.

782 Siehe Ulp. (28 ed.) D. 13.6.5.2; Afric. (2 quaest.) D. 30.108.12.

783 Für *Zimmermann* ist der konkrete Schuldvorwurf gegenüber dem *dominus* mangels näherer Informationen in der Quelle unklar wie spekulativ, dennoch versucht er, einen Erklärungsansatz dafür zu liefern; siehe *Zimmermann*, Law of Obligations (1990) 362.

784 Ein Vergleich mit Sachverhaltsvariante eins kann an dieser Stelle mangels Relevanz für die Haftung wegen *culpa in eligendo* unterbleiben.

dessen[785] Verschulden, einen für die Tätigkeit des Maultiertreibens untauglichen – weil achtlosen – Sklaven ausgewählt zu haben – *illam [...] culpam [...], quod eum elegissem.*[786]

Die Haftung wegen *culpa in eligendo* könnte Labeo nun so verstehen, dass den *locator* eo ipso ein Auswahlverschulden treffe, wenn er einen Sklaven für die Tätigkeit als Maultiertreiber auswählt und anschließend nachlässiges Verhalten des Sklaven zur Schädigung des Vertragspartners führt, und zwar selbst dann, wenn der Sklave für die vorgesehene Tätigkeit grundsätzlich als tauglich[787] einzustufen ist und der Vermieter somit nicht persönlich vorwerfbar gehandelt hat; gemäß dieser Ansicht ist die *culpa in eligendo* streng objektiviert.[788]

Ebenso plausibel erscheint die Ansicht, dass *culpa in eligendo* bloß dann vorliegt, wenn der *locator* einen für die Verwendung als Maultiertreiber (bereits aus einer *ex ante*-Betrachtung) untauglichen Sklaven[789] auswählt („Auswahlverschulden“) und sich anschließend die vorhersehbare Gefahr der Schadensverursachung wegen Unerfahrenheit des Sklaven insofern

---

785 Die angeführte *culpa* betrifft das Verschulden des *locator*, nicht die Nachlässigkeit seines Sklaven; *Martin*, TAPhA 120 (1990) 307; so auch bereits *Windscheid*, Lehrbuch des Pandektenrechts II[6] (1887) 541.

786 Der Passus „*sine definitione personae*“ zeigt, dass der *conductor* in der zweiten Konstellation der Sachverhaltsvariante zwei bloß irgendeinen (tauglichen) Maultiertreiber mieten möchte und die Auswahl des Sklaven ausschließlich vom *locator* getroffen wird. *Martin* geht davon aus, dass in Sachverhaltsvariante zwei – in Ermangelung eines diesbezüglichen Hinweises – e contrario der *conductor* die Auswahl getroffen haben müsse; *Martin*, TAPhA 120 (1990) 306; siehe auch *Thomas*, Acta Juridica 20 (1978) 130. Diese Annahme ist schwer belegbar und keinesfalls zwingend; *Klausberger*, Zurechnung (2019) 358. Für die Rekonstruktion der *culpa in eligendo* ist dieser Aspekt jedenfalls von untergeordneter Bedeutung, wie noch die Debatte zu Ulp. (18 ed.) D. 9.2.27.34 zeigen wird; siehe Kapitel 4.4 b) Fn 812.

787 Ist der vermietete Sklave bspw für die Tätigkeit als Maultiertreiber geschult und hat er bereits mehrfach das Treiben von Maultieren übernommen, ohne dabei jemals einen Schaden verursacht zu haben, ist (aus einer *ex ante*-Betrachtung) von seiner Tauglichkeit auszugehen. Wenn dem vom *locator* ausgewählten Sklaven dennoch eine Unachtsamkeit (*neglegentia*) passiert, die zum Untergang eines Maultieres des *conductor* führt, ist die Auswahl dem *locator* mE nicht persönlich vorwerfbar.

788 *Zimmermann* und *Stein* erachten die Lehre solch einer streng objektivierten *culpa* für vorstellbar; *Zimmermann*, Law of Obligations (1990) 362; *Stein*, Fault (1958) 107.

789 Als untauglich hinsichtlich der (verantwortungsvollen) Tätigkeit als Maultiertreiber gilt wohl ein Sklave, der (noch) nicht über die erforderliche Erfahrung verfügt und/oder sich wiederholt als ungeeignet erwiesen hat.

verwirklicht, als dieser den Untergang eines Lasttieres nachlässig herbeiführt.[790] Die Ersatzpflicht des *locator* entstünde diesem Ansatz nach nicht automatisch im Schadensfalls, sondern nur bei „Auswahlverschulden" und zurechenbarer[791] Schadensverursachung des Sklaven.

Möglicherweise erachtet es Labeo nicht für erforderlich, dass der *conductor* als Kläger ein Auswahlverschulden des *locator* konkret beweisen muss. Auf eine Beweislastumkehr zugunsten des *conductor* deutet folgende Sequenz des Labeo-Fragments hin: „[...] *illam quoque culpam me tibi praestaturum aio, quod eum elegissem, qui eiusmodi damno te adficeret*" – [ich] muss [...] dir auch für das Verschulden einstehen, da ich jemanden ausgesucht habe, der dir einen derartigen Schaden zugefügt hat. Wiewohl die Quelle eine Beweislastumkehr nicht ausdrücklich anspricht, deutet der Kausalsatz stark daraufhin, dass bereits die Schadensverursachung durch den vom *locator* ausgewählten Sklaven eine haftungsrechtliche Konsequenz für den *locator* nach sich zieht, ohne dass die Untauglichkeit konkret nachgewiesen werden muss. Wenn also der *locator* einen Sklaven als Maultiertreiber vermietet und der Schaden nachweislich nicht auf *vis extraria*[792] zurückzuführen ist, könnte die *neglegentia* des Sklaven seine Untauglichkeit

790 MacCormack, RIDA 18 (1971) 546, geht grundsätzlich davon aus, dass unter *culpa in eligendo* eine subjektive Sorgfaltswidrigkeit des *locator* zu verstehen ist, die sich daraus ergibt, dass der *locator* einen – bewiesen durch die *neglegentia* – untauglichen Sklaven für die Tätigkeit als *mulio* einsetzt. *MacCormack* nimmt bei dieser Argumentation (zumindest unbewusst) eine Objektivierung der *culpa* vor. *Kaser*, SZ 74 (1957) 164 geht davon aus, dass *culpa in eligendo* bloß dann vorliegen kann, wenn dem *locator* neben untauglichen auch taugliche Sklaven zur Verfügung stehen und der Vermieter in Ermangelung tauglicher Sklaven nicht wegen Auswahlverschuldens, sondern gemäß stillschweigender Garantie hafte. *Kasers* Differenzierung erscheint wenig sachgerecht. Geht man nämlich davon aus, dass das Maultiertreiben eine heikle Angelegenheit ist, die einschlägige Fachkenntnisse voraussetzt, so sollte es hinsichtlich der *culpa* (*in eligendo*) des *locator* keinen Unterschied machen, ob er generell über keinen tauglichen Sklaven verfügt und dennoch einen für diese Tätigkeit vermietet oder ob er grundsätzlich über (zumindest) einen fähigen Maultiertreiber verfügt, aber in concreto einen untauglichen vermietet (da bspw der fähige Maultiertreiber anderweitig beschäftigt ist). In beiden Konstellationen kann mE dem *locator culpa* vorgeworfen werden, er habe für die heikle Angelegenheit einen untauglichen Sklaven ausgewählt und vermietet.

791 Eine mangelnde Zurechenbarkeit liegt dann vor, wenn der Schadenseintritt nicht primär auf die Untauglichkeit des ausgewählten Sklaven, sondern vielmehr auf einen äußeren Faktor (*vis extraria*) zurückzuführen ist; siehe die Debatte in Kapitel 4.4 c) zu Ulp. (18 ed.) D. 9.2.27.34.

792 Siehe Kapitel 4.4 b) nach Fn 821.

und das daraus resultierende Auswahlverschulden des *locator* indizieren.[793] Nichtsdestoweniger kann mE der *locator* gegebenenfalls den Freibeweis antreten, er habe einen für die vereinbarte Tätigkeit als Maultiertreiber prinzipiell tauglichen[794] Sklaven ausgewählt, welcher bloß aus Versehen oder einem anderen unvorhersehbaren Umstand einen Schaden herbeigeführt hat. Gelingt der Freibeweis, so entfällt die vertragliche Haftung des *locator.*[795]

Verträte man hingegen die Ansicht, die *culpa in eligendo* sei streng objektiviert, – so wie etwa *Stein* oder *Zimmermann*[796] – so müsste man demnach die Möglichkeit eines Freibeweises verneinen, und zwar selbst dann, wenn der *locator* einen prinzipiell tauglichen Sklaven bestimmt hat, der Sklave aber dennoch (aus Unachtsamkeit) einen für den *locator* unvorhersehbaren Schaden verursacht und folglich dem *locator* die Auswahl nicht persönlich vorwerfbar ist. Solch eine Ansicht erscheint weder mit dem in Sachverhaltsvariante zwei (Fall 1) beschriebenen Grundsatz der Verschuldenshaftung[797] noch mit der in Sachverhaltsvariante zwei (Fall 2) angeführten Konstruktion der *culpa in eligendo*[798], noch mit den Wertungen der im Anschluss zu besprechenden Quelle D. 9.2.27.34 in Einklang zu bringen zu sein, weshalb sie mE abzulehnen ist.

Abschließend ist als hypothetische Sachverhaltskonstellation zu überlegen, welche Konsequenz es hätte, wenn nicht der *locator* die Auswahl getroffen hat, sondern der *conductor* den (untauglichen) Sklaven des *locator* auswählt, um ihn als *mulio* zu mieten. *MacCormack* geht für diesen Fall davon aus, dass der *locator* nicht vertraglich (wegen *culpa in eligendo*) einstandspflichtig sei, da ihm – mangels persönlicher Auswahl – kein Auswahlverschulden treffen könne.[799] Wenn der *locator* aber von der Untauglichkeit des Sklaven weiß bzw wissen müsste und den *conductor* darüber nicht informiert, verletzt er wohl seine auf die *bona fides*-Klausel zurückgehende Aufklärungspflicht, sodass er mE dem *conductor* in ähnlicher Weise ersatzpflichtig wird.[800] Fraglich erscheint, ob in diesem Fall auch

793 Siehe *Martin*, Mules, TAPhA 120 (1990) 306.

794 Siehe Fn 787.

795 Diesfalls trifft den *locator* (bloß) die deliktisch Noxalhaftung. Siehe dazu bereits Kapitel 2.2.

796 Siehe Fn 788.

797 *[...] non ultra me tibi praestaturum, quam dolum malum et culpam meam abesse.*

798 *[...] illam [...] culpam [...], quod eum elegissem.*

799 *MacCormack*, RIDA 18 (1971) 545 f.

800 So etwa auch *Martin*, TAPhA 120 (1990) 306; *Molnár*, ANRW II 14 (1982) 623. Auch *Du Plessis*, Letting and Hiring (2012) 29 und *Zimmermann*, Law of Obligations (1990) 362 scheinen diese Ansicht zu vertreten.

eine Beweiserleichterung zugunsten des *conductor* bestehen könnte. Jedenfalls wird der *conductor* mE beweisen müssen, die Miete eines Sklaven für die Tätigkeit als Maultiertreiber vereinbart zu haben.[801] Gelingt ihm dieser Beweis, müsste mE sodann der *locator* im Schadensfall nachweisen, der Sklave sei für die eingesetzte Tätigkeit grundsätzlich tauglich gewesen, sodass ihm der Schaden konkret nicht vorwerfbar ist.

Zusammenfassend kann festgehalten werden, dass die Haftung des *locator* wegen *culpa in eligendo* sein eigenes Fehlverhalten voraussetzt. Die Auswahl eines für die verantwortungsvolle[802] Tätigkeit des Maultiertreibens untauglichen Sklaven, welcher anschließend gerade wegen seiner Unerfahrenheit – indiziert durch die *neglegentia*[803] – einen Schaden verursacht, ist dem *locator* persönlich vorwerfbar und begründet seine unbeschränkte vertragliche Haftung. Die Durchsetzung des vertraglichen Schadenersatzanspruchs könnte durch eine Beweislastumkehr zugunsten des geschädigten *conductor* in der Weise erleichtert sein, dass grundsätzlich von der Untauglichkeit des Sklaven ausgegangen wird, wenn dieser auf nachlässige Weise einen Schaden verursacht hat.

b) D. 9.2.27.34

Eine weitere, thematisch verwandte Quelle, welche die Einstandspflicht eines *locator* wegen *culpa in eligendo* behandelt, ist das Ulpian-Fragment D. 9.2.27.34:

> Ulp. (18 ed.) D. 9.2.27.34
> *Si quis servum conductum <habens>*[804] *ad mulum regendum commendaverit ei mulum <et> ille ad pollicem suum eum alligaverit de loro et mulus eruperit sic, ut*

801 Siehe *Martin*, Mules, Muleteers and Transportation, TAPhA 120 (1990) 307.

802 *Mayer-Maly*, Locatio Conductio (1956) 158.

803 Die *neglegentia* des Sklaven ist Teil der Sachverhaltsdarstellung und wohl bloß ein Hinweis darauf, dass der Sklave für das Maultiertreiben nicht über die erforderliche Befähigung verfügt. Ein persönlich vorwerfbares Verhalten des Sklaven ist aber keine zwingende Voraussetzung, um die Haftung des *locator* wegen *culpa in eligendo* zu begründen, obgleich es parallel vorliegen kann; siehe Kapitel 4.4 c) Fn 835.

804 Der klassische Quellentext dürfte wohl nicht (zur Gänze) in seiner Originalform überliefert sein, sondern zumindest geringfügigen Kürzungen zum Opfer gefallen sein. In der romanistischen Literatur bestehen mehrere Ansätze, den Originaltext zu rekonstruieren, so etwa durch die Ergänzungen: *habens […]<et>*; siehe etwa *Mommsen/Krueger/Watson*, Digest I (1985) 268 f; *Lenel*, Palingenesia II (1889) 531; siehe auch *Apathy*, in *Behrends et al.* (Hrsg), CIC II (1995) 752 Fn 1. Der klassische Kern der Quelle ist aber nicht zu beanstanden; siehe *Martin*, TAPhA 120 (1990) 308; *Kaser*, SZ 74 (1957) 162.

et pollicem avelleret servo et se praecipitaret, Mela scribit, si pro perito imperitus locatus sit, ex conducto agendum cum domino ob mulum ruptum vel debilitatum, sed si ictu aut terrore mulus turbatus sit, tum dominum eius, id est muli, et servi cum eo qui turbavit habiturum legis Aquiliae actionem. Mihi autem videtur et eo casu, quo ex locato actio est, competere etiam Aquiliae.[805]

Jemand mietet einen Sklaven, um ihn als Maultiertreiber einzusetzen. In der Folge vertraut der *conductor* dem gemieteten Sklaven ein Maultier an. In Ausübung seiner Tätigkeit als Maultiertreiber bindet sich der gemietete Sklave das Maultier des *conductor* mit dem Zügel an seinem Daumen fest, verliert jedoch die Kontrolle über das Tier, als es sich plötzlich losreißt. Dabei wird der Daumen des Sklaven abgetrennt, das Tier stürzt in einen Abgrund und erleidet (bzw erliegt es seinen) Verletzungen. Hinsichtlich der Einstandspflicht für die entstandenen Schäden differenziert Ulpian in D. 9.2.27.34 zwei verschiedene Sachverhaltsvarianten.

Variante eins beschreibt einen Sachverhalt, welcher der zweiten Konstellation der Sachverhaltsvariante zwei des Labeo-Fragments D. 19.2.60.7 ziemlich ähnlich ist: Ein *locator* vermietet einem *conductor* einen Sklaven als Maultiertreiber – *servum conductum <habens> ad mulum regendum.* Diesen Sklaven setzt der *conductor* in der Folge für die vereinbarte Tätigkeit ein und vertraut ihm eines seiner Maultiere an – *commendaverit ei mulum.* Sodann nimmt das Tier einen Schaden – *mulum ruptum vel debilitatum.* Die Vergleichbarkeit der zwei Quellenausschnitte ist in der Literatur aber nicht unumstritten. Grund dafür ist der Umstand, dass die Quelle (wohl) nicht in ihrer Originalform überliefert ist und dadurch unterschiedliche Rekonstruktionsansätze entwickelt worden sind.[806]

Im Zentrum der Diskussion steht der Passus „*servum conductum <habens> ad mulum regendum commendaverit ei mulum*“. Dieser ist mE

805 Übersetzung: Hat jemand, der einen Sklaven zum Maultiertreiben gemietet hat, diesem ein Maultier anvertraut und hat der Sklave sich das Maultier mit dem Zügel am Daumen festgebunden und hat sich dann das Maultier losgerissen mit der Folge, dass es den Daumen des Sklaven abriss und irgendwo abstürzte, dann kann, wie Mela schreibt, gegen den Gewalthaber [des Sklaven] wegen des unbrauchbar gewordenen oder verletzten Maultieres mit der Klage aus dem Mietvertrag vorgegangen werden, wenn anstelle eines erfahrenen ein unerfahrener Sklave vermietet wurde. Ist aber das Maultier durch einen Schlag oder durch etwas anderes, was es erschreckte, scheu gemacht worden, dann könnten sein Eigentümer, das heißt der des Maultieres, und der Eigentümer des Sklaven gegen denjenigen, der das Tier scheu gemacht hat, die Klage gemäß der *lex Aquilia* erheben. Meines Erachtens steht aber auch in dem Fall, in dem die Klage aus dem Mietvertrag gegeben ist, die Klage gemäß der *lex Aquilia* zu; angelehnt an *Apathy*, in *Behrends et al.* (Hrsg), CIC II (1995) 751 f.

806 Siehe Fn 804.

so zu verstehen, dass „*ad mulum regendum*" als Gerundivkonstruktion auf „*servum conductum*" zu beziehen ist.[807] Es handelt sich folglich um einen gemieteten Sklaven (*servum conductum*), der dem Mieter (von Anfang an) für die Tätigkeit als *mulio* überlassen worden ist (*ad mulum regendum*) und dem der Mieter sodann ein Maultier anvertraut hat (*commendaverit*[808] *ei mulum*). Wegen mangelnder Erfahrung für die Tätigkeit als *mulio*[809] – *pro perito imperitus locatus sit* – nimmt das Maultier einen Schaden.

Übereinstimmend mit Mela[810] vertritt Ulpian in Variante eins die Ansicht, der *conductor* könne vom *locator* mittels *actio conducti* Ersatz für den entstandenen Schaden verlangen. Als Anknüpfungspunkt für die vertragliche Haftpflicht kann wohl wie in D. 19.2.60.7 die Haftungsfigur *culpa in eligendo* angenommen werden, da der *locator* einen (für die verantwortungsvolle Tätigkeit des Maultiertreibens) untauglichen[811] Sklaven vermietet[812]

---

807 Siehe *Hausmaninger*, Schadenersatzrecht[5] (1996) 72 f; *Apathy*, in *Behrends et al.* (Hrsg), CIC II (1995) 752 Fn 1; *Martin*, TAPhA 120 (1990) 308; *Otto/Schilling/Sintenis*, CIC I (1830) 778; andeutend auch *Frier*, Casebook (1989) 131; *Mommsen/Krueger/Watson*, Digest I (1985) 268 f.

808 „*Commendare*" kann grundsätzlich sowohl „anvertrauen" als auch „empfehlen" heißen; *Heumann/Seckel*, Handlexikon[11] (1971) 79; siehe auch *Apathy*, in *Behrends et al.* (Hrsg), CIC II (1995) 751 f. Aus der Sicht des *locator* könnte gemeint sein, dass er den Sklaven als Maultiertreiber empfohlen hat; vgl zur Leseart „empfehlen" die Quellen Ulp. (31 ed.) D. 17.1.12.12; Ulp. (2 fideicom.) D. 32.11.2; Flor. (8 inst.) D. 18.1.43 pr.; Ulp. (1 ed. aed. cur.) D. 21.1.19 pr. Aus der Sicht des *conductor* könnte dagegen gemeint sein, dass er dem (als Maultiertreiber) gemieteten Sklaven ein Maultier anvertraut hat; vgl zu dieser Leseart Pap. (9 quaest.) D. 16.3.24; Paul. (4 resp.) D. 16.3.26 pr. Da von einem *servum conductum* die Rede ist, dürfte dieser Teil des Sachverhalts aus der Sicht des *conductor* formuliert sein, weshalb davon auszugehen ist, dass „*commendare*" hier als „anvertrauen" zu verstehen ist. Im Hinblick auf die Gerundivkonstruktion „*ad mulum regendum*" ist diese Übersetzungsweise auch aus grammatikalischen Gründen vorzuziehen; siehe *Hausmaninger*, Schadenersatzrecht[5] (1996) 72 f; *Apathy*, in *Behrends et al.* (Hrsg), CIC II (1995) 752 Fn 1; *Frier*, Casebook (1989) 131; *Mommsen/Krueger/Watson*, Digest I (1985) 268 f; *Otto/Schilling/Sintenis*, CIC I (1830) 778.

809 Bereits das Festbinden des Tieres am eigenen Daumen dürfte ein Indiz für die Untauglichkeit des *mulio* sein; *Gamauf*, Kindersklaven, in: *Heinen* (Hrsg), Kindersklaven – Sklavenkinder (2012) 232.

810 Mela ist wie Labeo ein frühklassischer Jurist; siehe *Kunkel*, Die römischen Juristen [2] (1967) 116; *Martin*, TAPhA 120 (1990) 304.

811 Siehe *Robaye*, RIDA 38 (1991) 351.

812 Im Gegensatz zu Sachverhaltsvariante zwei (Fall 2) in D. 19.2.60.7 wird nicht näher ausgeführt, wer die Auswahl des Sklaven getroffen hat. Der konkrete Ablauf der Auswahl erscheint daher für die Haftung wegen *culpa in eligendo*

und sich die vorhersehbare Gefahr der Schadensverursachung insofern verwirklicht hat, als der entstandene Schaden gerade auf die Unerfahrenheit (*imperitia*[813]) des Sklaven zurückzuführen ist.[814]

Die Grenze der Haftpflicht wegen *culpa in eligendo* wird durch Sachverhaltsvariante zwei deutlich: Wenn zwar ein für die Tätigkeit als *mulio* untauglicher Sklave vermietet wird, der Schaden aber nicht (vorrangig) auf seine Unerfahrenheit, sondern vielmehr auf einen Umstand außerhalb der Einflusssphäre des Maultiertreibers zurückzuführen ist, so besteht laut Mela kein Anspruch gegen den Vermieter. Wenn also – wie in Sachverhaltsvariante zwei – ein außenstehender Dritter das Maultier (auf vorwerfbare Weise) scheu macht, durchbricht diese Handlung den Zurechnungszusammenhang des Auswahlverschuldens.[815] In solch einem Fall können sowohl der *conductor*[816] als auch der *locator*[817] gegen den schadenstiftenden Dritten deliktisch gemäß der *lex Aquilia* vorgehen. Da die Verletzungen des Maultieres und des Sklaven dem überlieferten Sachverhalt nach nicht durch

---

als vergleichsweise nebensächlich, sofern der Sklave letztlich vom *locator* für die Tätigkeit als Maultiertreiber – *ad mulum regendum* – vermietet wird.

813 *Imperitia* liegt grundsätzlich vor, wenn sich eine (freie) Person in Form einer *locatio conductio operis* zu einer Vertragsleistung verpflichtet, die Fachkunde voraussetzt, jedoch dafür kein Fachmann *(artifex)* ist und den Vertrag (bloß) wegen ihrer Unerfahrenheit nicht ordnungsgemäß erfüllen kann und dafür einstehen muss; siehe *Martin*, TAPhA 120 (1990) 311; siehe auch bereits Kapitel 2.1.8 c). Im vorliegenden Fall ist der unmittelbare Schädiger aber ein Sklave, welcher mangels Vertragsverhältnisses und aufgrund seines *status* als *servus* weder selbst die für das Maultiertreiben erforderliche Fachkunde schuldet noch aus der *locatio conductio* geklagt werden kann. Daher ist mE der für den *locator* geltende Sorgfaltsmaßstab auf seinen Sklaven zu übertragen. In Ermangelung der erforderlichen Erfahrung des Sklaven wird sein *dominus* (als Vertragspartner des *conductor*) persönlich und unbeschränkt haftpflichtig.

814 *Klausberger*, Zurechnungsgründe (2019) 360; *MacCormack*, SDHI 41 (1975) 59. *Kaser* ist hingegen der Ansicht, eine stillschweigende Garantie sei der vermeintliche Anknüpfungspunkt der Haftung des *locator*; *Kaser*, SZ 74 (1957) 164. Dagegen spricht bereits, dass Mela die Haftung nicht – wie sonst in Garantiefällen üblich – mit einer Form von *„dicere"* oder *„promittere"* begründet, sondern ausdrücklich mit der Untauglichkeit des Sklaven (hinsichtlich der konkreten Tätigkeit des Maultiertreibens) – *pro perito imperitus locatus sit*; vgl dazu Flor. (8 inst.) D. 18.1.43 pr. Ulp. (1 ed. aed. cur.) D. 21.1.19 pr.

815 Mithin beruht das Konzept der *culpa in eligendo* mE nicht auf einer abstrakten Garantie, die mit einer reinen Erfolgshaftung zu vergleichen wäre.

816 Der Anspruch des *conductor* besteht im Umfang des Schadens, der aus der Verletzung des Maultieres resultiert.

817 Der *locator* kann Ersatz im Umfang des aus der Verletzung des Sklaven resultierenden Schadens fordern.

aktives und unmittelbares Handeln des Dritten herbeigeführt worden sind, ist wohl von einer zur *lex Aquilia* analogen *actio in factum* auszugehen.[818]

Ulpian ergänzt daran anschließend, dem *conductor* komme auch in Sachverhaltsvariante eins eine deliktische Klage nach der *lex Aquilia* zu. Diese Option ist mE vor allem dann von Bedeutung, wenn der *locator* den Nachweis seiner Schuldlosigkeit bei der Auswahl des Sklaven erbringen kann.

Zusammenfassend kann festgehalten werden, dass das Vermieten eines Sklaven als *mulio*, welcher in Ausübung seiner Tätigkeit als Maultiertreiber dem *conductor* aus Unachtsamkeit einen Schaden zufügt, nicht zwingend zur (vertraglichen) Haftung des *locator* führt. Seine Einstandspflicht wegen *culpa in eligendo* setzt zunächst sein eigenes Fehlverhalten bei der Auswahl des Sklaven voraus. Sorgfaltswidrig verhält sich der *locator* (bloß), wenn er einen für die gefahrenträchtige Tätigkeit des Maultiertreibens untauglichen Sklaven vermietet, unabhängig davon, wie der Auswahlprozess konkret abläuft und ob er über die Untauglichkeit des Sklaven Bescheid weiß.[819] Zusätzlich muss sich zur Begründung der Haftpflicht die vorhersehbare Gefahr verwirklichen, dass der Sklave gerade wegen seiner Untauglichkeit als Maultiertreiber einen Schaden herbeiführt. Die Grenze der Haftpflicht liegt dort, wo ein Dritter vorrangig für den Schadenseintritt verantwortlich ist; mit der Vermietung eines Sklaven als *mulio* wird nämlich nicht automatisch garantiert, dass der gewünschte Erfolg jedenfalls eintritt.[820]

Geschuldet ist aber aufgrund der Miete des Sklaven zur Erledigung einer Fachtätigkeit die Fertigkeit eines *artifex*.[821] Schäden, die auf die *imperitia* des Sklaven zurückzuführen sind, begründen folglich die Haftpflicht des *locator*. Die Durchsetzung des vertraglichen Schadenersatzanspruchs könnte gleichermaßen, wie oben zu D. 19.2.60.7 erörtert, durch eine Beweislastumkehr zugunsten des geschädigten *conductor* vereinfacht sein, wonach im Schadensfall grundsätzlich von der Untauglichkeit des Sklaven und einem damit einhergehenden Auswahlverschulden des *locator* auszugehen ist. Ein Freibeweis würde dem *locator* bloß dann gelingen, wenn er nachweisen

---

818 *Knütel*, SZ 100 (1983) 398.

819 Der *locator* muss sich mE vergewissern, dass er einen nachweislich tauglichen Sklaven für diese verantwortungsvolle Tätigkeit zur Verfügung stellt. Würde der *locator* selbst die Tätigkeit des Maultiertreibens vertraglich im Rahmen eines Werkvertrages übernehmen, könnte er sich auch nicht darauf ausreden, dass er nicht gewusst hätte, dafür nicht geeignet gewesen zu sein; siehe *Robaye*, RIDA 38 (1991) 351; *Martin*, Mules, TAPhA 120 (1990) 310; *MacCormack*, RIDA 18 (1971) 543.

820 *Martin*, TAPhA 120 (1990) 304.

821 Diese Fertigkeit würde nämlich der *locator* schulden, wenn er selbst die Tätigkeit des Maultiertreibens als Werkunternehmer übernähme.

kann, dass der ausgewählte Sklave hinsichtlich der übernommenen Tätigkeit (grundsätzlich) über die erforderliche Erfahrung verfügt – etwa, weil er die Tätigkeit bis dato stets sorgsam ausgeübt hat, ohne dabei einen Schaden herbeizuführen – oder ein Schaden trotz Untauglichkeit des Sklaven auf eine *vis extraria* zurückzuführen ist.

c) D. 9.2.27.9 und Coll. 12.7.7

Zur Haftung wegen *culpa in eligendo* soll schließlich auf die Doppelüberlieferung D. 9.2.27.9 und Coll. 12.7.7 eingegangen werden, zwei weitgehend gleichlautende Texte.[822] Im Gegensatz zu den zwei zuvor erörterten Fragmenten betrifft die Doppelüberlieferung die Haftpflicht des *conductor*:

---

822 Die geringfügigen Unterschiede zwischen der Digesten- und der Collatiostelle, welche auf der Folgeseite abgedruckt sind, sind wohl eher auf Kürzungen und Überlieferungsfehler als auf nachklassische Interpolationen zurückzuführen, weshalb eine gemeinsame Behandlung sinnvoll erscheint; siehe *Knütel*, SZ 100 (1983) 399 ff; *MacCormack*, RIDA 18 (1971) 559. Eine Übersicht zur Interpolationsdebatte findet sich etwa bei *Molnár*, ANRW II 14 (1982) 631 f, welcher zurückhaltender, aber dennoch für die Klassizität der Quelle argumentiert.

Ulp. (18 ed.) D. 9.2.27.9

Si fornicarius servus coloni ad fornacem obdormisset et villa fuerit exusta, Neratius scribit ex locato conventum praestare debere, si neglegens in eligendis ministeriis fuit: ceterum si alius ignem subicerit fornaci, alius neglegenter custodierit, an tenebitur qui subiecerit? Nam qui custodit, nihil fecit, qui recte ignem subiecit, non peccavit: quid ergo est? puto utilem competere actionem tam in eum qui ad fornacem obdormivit quam in eum qui neglegenter custodit, nec quisquam dixerit in eo qui obdormivit, rem eum humanam et naturalem passum, cum deberet vel ignem extinguere vel ita munire, ne evagetur.[823]

Ulp. (18 ed.) Coll. 12.7.7

Si forte servus, qui idem conductor est, coloni ad fornacem obdormisset et villa fuerit exusta, Neratius scribit ex locato conventum praestare debere, si neglegens in eligendis ministeriis fuit. Ceterum si alius ignem subiecerit fornaci, alius neglegenter custodierit, tenetur? Namque qui non custodit, nihil fecit: qui recte ignem subiecit, non peccavit: quemadmodum si hominem medicus recte secuerit, sed neglegenter vel ipse vel alius curaverit, aquilia cessat. Quid ergo est? Et hic puto ad exemplum Aquiliae dandam actionem tam in eum, qui ad fornacem obdormivit vel neglegenter custodit, quam in medicum qui neglegenter curavit, sive homo periit sive debilitatus est. Nec quisquam dixerit in eo qui obdormivit rem eum humanam et naturalem passum, cum deberet vel ignem extinguere vel ita munire, ut non evagaretur.[824]

---

823 Übersetzung: Wenn der als Ofenheizer tätige Sklave eines Pächters beim Ofen eingeschlafen und das Landhaus abgebrannt ist, muss, wie Neraz schreibt, der aus dem Pachtvertrag geklagte Pächter dafür einstehen, wenn er bei der Auswahl seiner Gehilfen nachlässig war. Wie ist es jedoch, wenn einer das Feuer im Ofen angezündet, ein anderer es nachlässig bewacht hat – haftet dann derjenige, der es angezündet hat? Denn wer das Feuer bewachte, hat nicht gehandelt, wer das Feuer ordnungsgemäß anzündete, hat keine Verfehlung begangen. Wie ist es also? Meiner Meinung nach steht sowohl im Hinblick auf den, der beim Ofen eingeschlafen ist, als auch im Hinblick auf jenen, der das Feuer nachlässig bewacht hat, eine analoge Klage zu. Und es sollte niemand einwenden, demjenigen, der eingeschlafen ist, sei etwas Menschliches oder Natürliches widerfahren – hätte er doch das Feuer entweder (vorher) löschen oder so sichern müssen, dass es sich nicht ausbreitet; angelehnt an *Apathy*, in *Behrends et al.* (Hrsg), CIC II (1995) 747 f.

824 Übersetzung: Wenn ein Sklave des Pächters beim Ofen eingeschlafen und das Landhaus abgebrannt ist, so schreibt Neraz, der Pächter müsse aus dem Pachtvertrag haften, wenn er bei der Auswahl seiner Gehilfen nachlässig gewesen ist. Wenn jedoch einer das Feuer im Ofen angezündet und ein anderer es nachlässig bewacht hat, soll er [der Pächter] dann haften? Denn derjenige, der es nicht bewacht hat, hat nichts getan und denjenigen, der es ordnungsgemäß angezündet hat, trifft keine Schuld. Ebenso versagt die *lex Aquilia* einen [Anspruch], wenn ein Arzt einen Sklaven gut operiert hat, aber der Arzt selbst oder ein

Der jeweils überlieferte Sachverhalt ist zweigeteilt, wobei nur der erste Fall die auf *culpa in eligendo* beruhende Haftung des *conductor* für das schadensverursachende Handeln seines Sklaven thematisiert. Der zweite Teil betrifft einen davon unabhängigen deliktischen Schadenersatzfall. Die Zäsur liegt nach dem Passus „*si neglegens in eligendis ministeriis fuit*".

Der Sachverhalt des ersten Falles handelt davon, dass in einem gepachteten Landhaus ein Ofenfeuer angezündet wird und sich daraus ein Brand entwickelt, der das Gebäude zerstört – *villa fuerit exusta*. Das Entstehen des Brandes ist möglich, weil der mit dem Bewachen des Ofens betraute Sklave (*fornicarius servus*) zuvor eingeschlafen ist. Es stellt sich die Frage, ob der Pächter für den Schaden einstehen muss. Neraz entscheidet, der Pächter hafte unbeschränkt gemäß der *actio locati*, wenn er bei der Auswahl seiner Gehilfen nachlässig gewesen ist – *si neglegens in eligendis ministeriis fuit.*[825]

Wäre der *conductor* selbst als Ofenheizer tätig, so würde jeder eigene Sorgfaltsverstoß, der zu einem Schaden des Pachtobjekts führt, seine Einstandspflicht gemäß den Grundsätzen der Verschuldenshaftung begründen. Da aber nicht der *conductor* selbst, sondern sein Sklave aus eigener Nachlässigkeit den Brand des Pachtobjekts verursacht, muss der *conductor* für den Schaden grundsätzlich nicht vertraglich einstehen, es sei denn, es ist ihm selbst eine *culpa* (*in eligendo*) vorzuwerfen.[826] In concreto muss dem *colonus* die Auswahl des Sklaven für die Tätigkeit des Ofenheizens derart[827]

---

anderer den Sklaven anschließend nachlässig behandelt hat. Wie soll man also entscheiden? Ich glaube, eine der *actio legis Aquiliae* nachgebildete Klage wird hier ebenso gegen den zu geben sein, der beim Feuer eingeschlafen ist oder es nachlässig bewacht hat, wie gegen den Arzt, der den Sklaven nachlässig behandelt hat, mag der Sklave nun gestorben oder invalide geworden sein. Und es soll niemand sagen, jenem, der eingeschlafen ist, sei etwas Menschliches und Natürliches passiert, denn er hätte entweder das Feuer auslöschen oder es so absichern müssen, dass es sich nicht ausbreiten konnte; angelehnt an *Hausmaninger*, Schadenersatzrecht[5] (1996) 137.

825 Da die *neglegentia* der *culpa* zuzurechnen ist, bietet es sich an, bei derselben Terminologie zu bleiben und auch in diesem Fall von *culpa in eligendo* zu sprechen; siehe *Kaser*, RPR I[2] (1971) 512; *Frier*, Landlords and Tenants (1980) 136.

826 In Ermangelung eigener *culpa* würde der *conductor* bloß deliktisch gemäß der *actio* (*ad exemplum*) *legis Aquiliae noxalis* haften; siehe dazu *Wesener*, SZ 75 (1958) 222; siehe auch Ulp. (18 ed.) Coll. 12.7.9.

827 Im Unterschied zu den zuvor besprochenen Quellen zur Haftung wegen *culpa in eligendo* ist die dem Sklaven übertragene Tätigkeit nicht ausdrucklicher Inhalt des zwischen *locator* und *conductor* geschlossenen Vertrages, weshalb möglicherweise andere Begleitumstände mitberücksichtigt werden müssen, um eine Haftung wegen *culpa in eligendo* zu begründen.

vorwerfbar sein, dass seine unbeschränkte Haftpflicht *ex contractu* gerechtfertigt erscheint.[828]

Der *conductor* unterliegt zunächst der allgemeinen Pflicht, das Pachtobjekt zu erhalten,[829] weshalb er dafür Sorge zu tragen hat, dass er potenzielle Gefahrenquellen tunlichst vermeidet.[830] Das Ofenheizen im gepachteten Landhaus ist eine erhebliche Gefahrenquelle, weshalb dafür ein entsprechend hohes Maß an Erfahrung und Sorgfalt erforderlich ist.[831] Durch das Betrauen seines Sklaven mit der Tätigkeit des Ofenheizens erspart sich der *conductor* eigenes Tätigwerden; für einen daraus resultierenden Schaden soll er aber – nicht zuletzt, da er die mit dem Ofenheizen verknüpfte Gefahr auf den Sklaven überwälzt – bei *culpa in eligendo* einstehen.

Ein Schuldvorwurf hinsichtlich der Auswahl des Ofenheizers kann dem *conductor* gewiss dann gemacht werden, wenn der für die gefahrenträchtige Tätigkeit des Ofenheizens eingesetzte Sklave (noch) nicht über die dafür erforderliche Erfahrung verfügt bzw sich bereits wiederholt als ungeeignet erwiesen hat.[832] Verursacht der Sklave in Ausübung seiner Tätigkeit als Ofenheizer sodann einen Schaden, der gerade auf seine Untauglichkeit zurückzuführen ist, so trifft den *conductor* ein Verschulden, weshalb er für den Ersatz des Schadens vertraglich einzustehen hat.[833]

Ein neben der *culpa* (*in eligendo*) des *conductor* subjektiv vorwerfbares Fehlverhalten des handelnden Sklaven muss – entgegen der Ansicht *Friers*[834] – zur Begründung der Haftung des dahinterstehenden Gewalthabers nicht vorliegen.[835] Die Passage, auf die *Frier* seine Annahme stützt,

828 Siehe mwN *Wicke*, Haftung (2000) 56; *Frier*, SZ 95 (1978) 258; *MacCormack*, RIDA 18 (1971) 539.

829 Siehe Ulp. (32 ed.) D. 19.2.11.2; siehe auch Kapitel 2.1.5 Fn 107.

830 *Johne/Köhn/Weber*, Kolonen (1983) 216.

831 Siehe *Frier*, SZ 95 (1978) 258.

832 Siehe Kapitel 4.4 a) Fn 789.

833 *Knütel* argumentiert überzeugend, dass es hinsichtlich der Haftung des *conductor* wohl keinen Unterschied machen könne, ob dieser für die konkret zu beurteilende Tätigkeit (hier: das Entzünden von Feuer und Bewachen der Feuerstelle) einen ungeeigneten Sklaven einsetzt oder ob er generell (bloß) unqualifizierte Leute am Grundstück beschäftigt, die ihre Arbeiten in Eigenregie auf dem Gut verrichten (müssen). Fraglich erscheint, ob *Knütel*s Argumentation auf die Haftungsfigur *culpa in habendo vel inducendo* verweist (siehe Kapitel 4.5) oder ob er auch diesen Sachverhalt unter *culpa in eligendo* subsumiert. Jedenfalls dürfte *Knütel* in seinen Ausführungen bspw die Quellenstelle Ulp. (18 ed.) D. 9.2.27.11 mitberücksichtigt haben, welche die Haftung wegen *culpa in habendo vel inducendo* thematisiert; siehe *Knütel*, SZ 100 (1983) 401.

834 *Frier*, SZ 95 (1978) 257.

835 Wird ein Gewaltunterworfener von seinem *dominus* zu einer konkreten Tätigkeit (die Fachkunde voraussetzt) verpflichtet, obwohl er nicht über die dafür

(auch) die *culpa* des Sklaven sei für die Vertragshaftung des Pächters erforderlich, entnimmt er dem zweiten – mit „*ceterum si [...]*“ eingeleiteten – Teil der Digestenstelle. Dieser ist jedoch, wiewohl auch hier ein schadensverursachendes Feuer thematisiert wird, als ein eigener Fall zu sehen.[836]

Zusammenfassend kann festgehalten werden, dass die Haftung des *conductor* wegen *culpa in eligendo* auf einem vergleichbaren Schuldvorwurf basiert wie die Haftung des *locator*: Aufgrund seiner allgemeinen Pflicht zur Erhaltung des im Rahmen einer *locatio conductio rei* überlassenen Grundstücks schuldet der *conductor* entsprechende Sorgfalt und Umsicht beim Umgang mit Gefahrenquellen. Wenn der *conductor* für die gefährliche Tätigkeit des Ofenheizens, die entsprechende Eignung voraussetzt, einen (nachweislich) untauglichen Sklaven einsetzt, erfüllt er diese Sorgfaltskriterien nicht, weshalb er für den daraus resultierenden Schaden vertraglich haften muss. Für die Haftpflicht des *conductor* wegen *culpa in eligendo* ist es nicht erforderlich, dass dem Sklaven sein objektives Fehlverhalten persönlich vorwerfbar ist, vielmehr muss bloß ein Konnex zwischen der vorwerfbaren Auswahl eines untauglichen Sklaven und dem von diesem herbeigeführten Schadenseintritt vorliegen.

---

notwendige Befähigung verfügt, ist dem Gewaltunterworfenen selbst – mangels Handlungsalternative – wohl kein eigenes Fehlverhalten anzulasten, wenn er die Tätigkeit nicht mit der erforderlichen Routine ausüben kann. Vielmehr hat sich in solchen Fällen aber stets der Gewalthaber zu verantworten, wenn er über die Untauglichkeit seines Gehilfen Bescheid weiß oder wissen müsste und sich die vorhersehbare Gefahr der Schadensverursachung aufgrund der Untauglichkeit des Gehilfen verwirklicht.

836 Im zweiten Szenario der Doppelüberlieferung begegnen uns zwei nicht näher identifizierte und weder als *colonus* noch als dessen *servus* bezeichnete Handlungsträger: Einer entfacht ein Feuer, während der andere es überwachen soll. Der Wächter agiert jedoch nachlässig, sodass sich das Feuer ausbreiten kann und einen Schaden verursacht. Ulpian entscheidet, dass sowohl jener, der das Feuer entfacht und schlafen geht, als auch jener, der das Feuer nachlässig bewacht, den Schaden schuldhaft – wenn auch nicht unmittelbar und aktiv – herbeigeführt hat. Er gewährt dem (unbekannten) Geschädigten daher jeweils eine *actio utilis ad exeplum legis Aquiliae*. Im Gegensatz zum ersten Fall ist die Einstandspflicht eines dahinterstehenden Gewalthabers offenbar kein Thema. Da die deliktische Haftung (gewaltfreier Personen) gemäß der *actio ad exemplum legis Aquiliae* von einer persönlichen Schuld abhängt, ist die *culpa* des Heizersklaven und des Wächtersklaven zwingend zu thematisieren gewesen. Demgegenüber legen Wortwahl und Systematik der Quelle nahe, dass die im ersten Fall erörterte vertragliche Haftung des *conductor* wegen *culpa in eligendo* bloß von der *culpa* des *conductor* abhängt. Freilich muss der Schaden auf die Untauglichkeit des Sklaven zurückgehen; diesem muss jedoch selbst (etwa mangels Handlungsalternative) keine persönliche *culpa* anzulasten sein.

4.4.1 Ergebnisse

1. Im Bereich der *locatio conductio rei* gibt es klassische Quellen, welche sowohl die unbeschränkte Vertragshaftung des *locator* als auch des *conductor* wegen *culpa in eligendo* beschreiben.
2. Ein *locator* haftet wegen *culpa in eligendo*, wenn er eine für eine konkret vereinbarte, Fachkunde voraussetzende Tätigkeit – etwa das Maultiertreiben – eine untaugliche Person vermietet, welche mangels der dafür erforderlichen Eignung dem *conductor* einen Schaden zufügt. Unerheblich für die Haftpflicht des *locator* erscheint, wie der konkrete Ablauf der Auswahl stattgefunden hat, sofern die Person gerade für die Verrichtung einer Fachtätigkeit vermietet worden ist.
3. Untauglich für eine vertraglich vereinbarte Tätigkeit ist eine Person immer dann, wenn sie nicht über die dafür erforderlichen Fähigkeiten verfügt, sohin nicht *artifex* iSd Werkvertragsrechts ist. Es ist folglich derselbe Maßstab heranzuziehen, als ob der *dominus* selbst eine Fachtätigkeit werkvertraglich übernimmt. Demnach begründet nicht nur die positive Kenntnis von der *imperitia* einer überlassenen Hilfsperson die Schuld des *locator*. Vielmehr muss sich der *locator* vorab vergewissern, ob sich die zu vermietende Person, für die Ausübung der vertraglich bestimmten Tätigkeit eignet. (Fahrlässige) Unkenntnis geht zulasten des Vermieters.
4. Die Durchsetzung des Schadenersatzanspruchs könnte im Schadensfall – wiewohl nur in D. 19.2.60.7 angedeutet – durch eine Beweislastumkehr zugunsten des geschädigten *conductor* vereinfacht sein. Demnach ist bei Schadensverursachung durch die vermietete Hilfsperson grundsätzlich von ihrer Untauglichkeit auszugehen. Ein Freibeweis wird dem *locator* wohl bloß dann gelingen, wenn er nachweisen kann, dass die ausgewählte Person hinsichtlich der übernommenen Tätigkeit grundsätzlich über die erforderliche Eignung verfügt hat und der eingetretene Schaden bloß durch eine für den *locator* unvorhersehbare (erstmalige) Unachtsamkeit der Hilfsperson herbeigeführt worden ist. Diesfalls unterbleibt mE eine vertragliche Haftung des *locator*. Ebenso entfällt seine Haftpflicht, wenn der Schaden des *conductor* vorrangig auf einen Umstand außerhalb der Einflusssphäre der vermieteten Person zurückzuführen ist.
5. Im Vergleich zur Haftpflicht des *locator* beruht die Haftung des *conductor* wegen *culpa in eligendo* auf einem etwas anders begründeten Schuldvorwurf, der aber ähnlich schwer wiegt. Ein wesentlicher Unterschied bei der Haftungsbegründung liegt darin, dass eine vom *conductor* eingesetzte Hilfsperson, welche dem *locator* einen Schaden zufügt, niemals Vertragsobjekt ist. Stattdessen unterliegt der

conductor einer *locatio conductio rei* der allgemeinen Pflicht zur Erhaltung des ihm überlassenen Bestandobjekts. Er hat daher dafür Sorge zu tragen hat, dass Gefahrenquellen für das Bestandobjekt möglichst vermieden werden.

6. Betraut der *conductor* einen Gehilfen mit einer Tätigkeit, deren Ausübung mit einer erheblichen Gefahr für das Bestandobjekt verbunden ist – wie etwa das Ofenheizen –, so muss die eingesetzte Person über die dafür erforderliche Eignung verfügen. Wählt der *conductor* eine untaugliche Person, welche in Ausübung der gefahrenträchtigen Tätigkeit einen auf ihre Untauglichkeit beruhenden Schaden herbeiführt, so muss der *conductor* wegen *culpa in eligendo* einstehen. Auf einen persönlichen Schuldvorwurf gegenüber dem unmittelbaren Schadensverursacher kommt es bei der Haftung des *conductor* wegen *culpa in eligendo* nicht an.
7. Ob Ulpian eine Art Beweislastumkehr zulasten des *conductor* vertritt, lässt sich D. 9.2.27.9 und Coll. 12.7.7 nicht entnehmen. Allenfalls könnte der *conductor* seine unbeschränkte Vertragshaftung mE dann abwenden, wenn er nachweisen kann, dass sein Gehilfe für die eingesetzte Tätigkeit grundsätzlich tauglich und der Schaden in concreto auf ein für den *conductor* unvorhersehbares Ereignis zurückzuführen ist.

4.5 Die Haftung wegen *culpa in habendo vel inducendo*

Das Haftungsmodell der *culpa in habendo vel inducendo* ist dem Konzept der *culpa in eligendo* ähnlich, wird in der Literatur aber vielfach als eigenständige Sonderform der *culpa*-Haftung bei der *locatio conductio rei* eingestuft.[837] Die *culpa in habendo vel inducendo* hat ihren Ursprung ebenfalls in der römischen Klassik,[838] wobei ihre Entwicklung insbesondere auf den spätklassischen Juristen Ulpian zurückgeht.

Gemeinsam ist den beiden Haftungsfiguren, dass sie eine unbeschränkte, vertragliche Einstandspflicht einer Vertragspartei für Schäden bewirken, die eine andere Person unmittelbar herbeigeführt hat. Im Unterschied zur Einstandspflicht wegen *culpa in eligendo* betreffen die zur *culpa in habendo*

837 Siehe bereits *Tritremmel*, Culpa, in *Ayasch/Bemmer/Tritremmel* (Hrsg), Wiener Schriften (2018) 205 ff; siehe auch *Tröger*, Arbeitsteilung (2012) 93; *Wicke*, Haftung (2000) 56 ff; *Zimmermann*, Law of Obligations (1990) 377; *Knütel*, SZ 100 (1983) 397 ff.

838 Zur einschlägigen Interpolationsdebatte in der älteren Literatur siehe mwN *Frier*, Landlords and Tenants (1980) 144; *Frier*, SZ 95 (1978) 261; *Krückmann*, SZ 63 (1943) 39.

vel inducendo überlieferten Fragmente[839] ausschließlich die Haftpflicht des *conductor.*

a) Ulp. D. 9.2.27.11

Der erste Nachweis zur Haftungsfigur der *culpa in habendo vel inducendo* findet sich in einem Fragment, deren Sachverhaltsvariante eins bereits in Kapitel 4.1.2 hinsichtlich ihres noxalhaftungsrechtlichen Bezuges erörtert worden ist. Für das gegenständliche Kapitel ist bloß die noch nicht erörterte Sachverhaltsvariante zwei relevant, die durch die Phrase „*si noxios servos habuit*" eingeleitet wird:

> Ulp. (18 ed.) D. 9.2.27.11
> *Proculus ait, cum coloni servi villam exussissent, colonum vel ex locato vel lege Aquilia teneri, ita ut colonus possit servos noxae dedere, et si uno iudicio res esset iudicata, altero amplius non agendum. Sed haec ita, si culpa colonus careret: ceterum si noxios servos habuit, damni eum iniuria teneri, cur tales habuit. Idem servandum et circa inquilinorum insulae personas scribit: quae sententia habet rationem.*[840]

Sklaven eines Pächters (*colonus*) verursachen einen Brand, wodurch das gepachtete Landhaus zerstört wird. Hinsichtlich der Einstandspflicht des *colonus* differenziert Proculus zwei Sachverhaltsvarianten, wobei nur die zweite die Haftung wegen *culpa in habendo vel inducendo* betrifft.

Variante eins betrifft – wie bereits erörtert – die Wahlmöglichkeit des *locator*, Ersatz für die Beschädigung des Pachtobjekts entweder mittels deliktischer *actio legis Aquiliae* oder vertraglicher *actio locati* fordern zu können.[841] In Ermangelung eines eigenen Schuldvorwurfs[842] haftet der *conductor* nach der Ansicht Ulpians jedoch bloß beschränkt. Seine Ersatzpflicht

---

839 Siehe Ulp. (18 ed.) D. 9.2.27.11; Ulp. (32 ed.) D. 19.2.11 pr.; Gai. (10 ed. prov.) D. 19.2.25.4.

840 Übersetzung: Haben Sklaven eines Pächters das [gemietete] Landhaus durch Brand zerstört, so hafte der Pächter, sagt Proculus, sowohl aus dem Pachtvertrag als auch gemäß der *lex Aquilia*, jedoch so, dass er die Sklaven [dem Geschädigten] ausliefern könne und dass, falls die Sache aufgrund einer der beiden Klagen entschieden worden ist, die andere nicht mehr erhoben werden könne; immer vorausgesetzt, den Pächter treffe kein Verschulden. Habe er dagegen Sklaven, die zu schädlichen Handlungen neigen, so hafte er wegen widerrechtlich zugefügten Schadens, weil er sich solche Sklaven hielt. Derselbe Jurist schreibt, dasselbe müsse auch für Mieter eines Mietshauses beachtet werden; diese Meinung ist begründet; angelehnt an *Apathy*, in *Behrends et al.* (Hrsg), CIC II (1995) 748.

841 Siehe bereits die Debatte zu Ulp. (18 ed.) D. 9.2.27.11 in Kapitel 4.1.2.

842 Siehe mwN *Knütel*, SZ 100 (1983) 396.

könne er bei beiden Klagen durch *noxae deditio* der schadensverursachenden Sklaven abwenden – *colonus possit servos noxae dedere.*

In Sachverhaltsvariante zwei ist von einem nahezu identen Grundsachverhalt auszugehen: Sklaven eines Pächters bzw Mieters (*inquilinus*) verursachen einen Brand, welcher das Bestandobjekt zerstört. Proculus und ihm folgend Ulpian vertreten hier jedoch eine unbeschränkte Vertragshaftung des *conductor*, wenn er „*noxios servos*"[843] hält und diese einen Schaden am Bestandobjekt verursachen.

Der Passus „*damni eum iniuria teneri*" suggeriert, es handle sich um eine deliktische Haftung gemäß der *lex Aquilia*, welche Proculus befürwortet.[844] Unbeschränkt haftpflichtig wird man für Delikte eigener Sklaven (nur) als *dominus sciens*.[845] Solch ein vorwerfbares Wissen, welches einen *dominus* persönlich und unbeschränkt haftbar macht, liegt grundsätzlich nicht nur dann vor, wenn er von einem bevorstehenden Delikt Kenntnis erlangt, sondern auch, wenn er schadenstiftendes Handeln seiner Sklaven nicht abwendet, obwohl ihm dies möglich (gewesen) wäre.[846]

Im vorliegenden Fall könnte Anknüpfungspunkt einer etwaigen deliktischen Haftung das Wissen(müssen) des *conductor* sein, dass es sich um *noxios servos* handelt, die er auf das Bestandobjekt lässt und die aufgrund ihrer Eigenschaft eine vorhersehbare Gefahr für das Bestandobjekt sind, welche sich letztlich verwirklicht hat.[847] Diesen Sklaven den Zutritt zum Pachtobjekt zu verwehren, wäre ihm als deren *dominus* und Pächter des Grundstückes möglich und auch zumutbar gewesen.

Plausibel erscheint, dass Proculus die unbeschränkte Haftpflicht auch auf die vertragliche *actio locati* bezieht.[848] Wenn Proculus eine (mit der Option der *noxae deditio* beschränkte) vertragliche Haftung des *conductor* in

843 *Wicke*, Haftung (2000) 58 spricht von „unzuverlässigen Sklaven", *Knütel*, SZ 100 (1983) 397, von „verbrecherischen Sklaven und Taugenichtsen". *Frier*, SZ 95 (1978) 262 geht ganz allgemein davon aus, es handle sich um „*slaves [which] should not have been in the leasehold*". *MacCormack*, RIDA 18 (1971) 536, versteht unter *noxios servos* „*slaves of an unreliable or destructive character*" bzw „*slaves of a consisten(t)ly unreliable or untrustworthy disposition*"; siehe auch *MacCormack*, SDHI 41 (1975) 51. Im Extremfall könnte es sich um Sklaven handeln, welche bereits ein vergleichbares Delikt (bspw Brandstiftung) begangen haben; *Frier*, SZ 95 (1978) 266.

844 Siehe *MacCormack*, RIDA 18 (1971) 536.

845 Siehe dazu bereits Kapitel 2.2.2.

846 *Pennitz*, Obligatio domini, in *Harke* (Hrsg), Drittbeteiligung (2010) 75; *Knütel*, SZ 100 (1983) 397.

847 Siehe *Robaye*, RIDA 38 (1991) 362.

848 Siehe *MacCormack*, RIDA 18 (1971) 536; *Thomas*, Labeo 17 (1971) 19; *Voci*, SDHI 56 (1990) 109 f.

Sachverhaltsvariante eins sogar verschuldensunabhängig befürwortet, dann ist es umso naheliegender, dass er eine (unbeschränkte) Vertragshaftung auch im Falle eines vorwerfbaren Verhaltens des *conductor* gewährt. Als Anknüpfungspunkt der unbeschränkten Vertragshaftung gilt die *culpa in habendo vel inducendo.*[849]

Im Unterschied zur *culpa in eligendo* basiert der Schuldvorwurf gegenüber dem *conductor* bei diesem Haftungsmodell nicht auf der Auswahl einer für eine konkret auszuübende Tätigkeit untauglichen Person, welche in der Folge einen Schaden am Bestandobjekt verursacht. Vielmehr wird bereits das bloße Halten bzw Dulden vertrauensunwürdiger Sklaven am Bestandobjekt, welche in der Folge einen Schaden daran verursachen, als sorgfaltswidrig beurteilt.[850] Zurückführen lässt sich die Haftung wegen *culpa in habendo vel inducendo* – ähnlich wie die Haftung wegen *culpa in eligendo* – mE auf eine Verletzung der allgemeinen Pflicht zur Erhaltung der Bestandsache. Durch das Halten von *noxii servi* setzt der *conductor* das Bestandobjekt einer unzulässigen Gefahr aus, deren Verwirklichung letztlich die Haftpflicht begründet.

Der Terminus „*noxii servi*" spricht dafür, dass es sich um für den *conductor* erkennbar vertrauensunwürdige Sklaven handelt, die er auf das Grundstück lässt: Entweder weiß der *conductor* aus eigener Erfahrung, dass die Sklaven nicht vertrauenswürdig sind (da er etwa schon länger mit ihnen zu tun hat), oder er hat sie erst neulich erworben und hätte zumindest vom Verkäufer auf etwaige gefährliche Eigenschaften hingewiesen[851] werden müssen.[852] Dass „Wissenmüssen" und nicht nur positive Kenntnis von der Gefährlichkeit seiner Sklaven die Haftpflicht des *conductor* begründet, erscheint durch folgenden Passus belegt: *damni eum iniuria teneri, cur tales habuit* – er haftet wegen widerrechtlich zugefügten Schadens, weil er sich solche Sklaven hielt.

Zusammenfassend lässt sich festhalten, dass Ulpian die Einstandspflicht wegen *culpa in habendo vel inducendo* zwar als eine Figur der Verschuldenshaftung einstuft, das für die unbeschränkte Vertragshaftung (grundsätzlich) erforderliche *culpa*-Element aber erheblich abstrahiert.[853] Erscheint

849 *Wicke*, Haftung (2000) 56; *Knütel*, SZ 1983/100 (340–443) 397.

850 Siehe *Wicke*, Haftung (2000) 58; *MacCormack*, RIDA 18 (1971) 537; *Thomas*, Labeo 17 (1971) 19; *Mayer-Maly*, Locatio Conductio (1956) 200.

851 Werden Sklaven am Markt verkauft, ist der Verkäufer aufgrund des Edikts der kurulischen Ädilen dazu verpflichtet, den Käufer über gefährliche Eigenschaften und Fehler des zu Verkauf stehenden Sklaven zu informieren. Widrigenfalls ist der Verkäufer Gewährleistungs- und Haftungsansprüchen ausgesetzt; siehe *Jakab*, Praedicare und cavere (1997) 127 ff.

852 Siehe *MacCormack*, SDHI 41 (1975) 51; *MacCormack*, RIDA 18 (1971) 543.

853 Siehe *Wicke*, Haftung (2000) 61.

die unbeschränkte Vertragshaftung neben der Deliktshaftung – wie dargelegt – plausibel, ist davon auszugehen, dass das Anstrengen der einen Klage das Durchsetzen der jeweils anderen ausschließt.[854] Gewählt wird wohl diejenige Klage, von der man sich die bessere Beweismöglichkeit verspricht und/oder deren Klagsbegehren wertmäßig umfangreicher ist.

b) D. 19.2.11 pr.

Ein weiterer Nachweis für die Haftung wegen *culpa in habendo vel inducendo* findet sich im Ulpian-Fragment D. 19.2.11 pr.:[855]

> Ulp. (32 ed.) D. 19.2.11 pr.
> *Videamus, an et servorum culpam et quoscumque induxerit praestare conductor debeat? Et quatenus praestat, utrum ut servos noxae dedat an vero suo nomine teneatur? Et adversus eos quos induxerit utrum praestabit tantum actiones, an quasi ob propriam culpam tenebitur? Mihi ita placet, ut culpam etiam eorum quos induxit praestet suo nomine, etsi nihil convenit, si tamen culpam in inducendis admittit, quod tales habuerit vel suos vel hospites: et ita Pomponius libro sexagesimo tertio ad edictum probat.*[856]

Sklaven bzw Gäste eines Pächters verursachen einen Schaden am Pachtobjekt. Gefragt wird, inwieweit der Pächter für den Schaden einstehen muss. Bei der Beurteilung der Haftpflicht greift Ulpian drei Fragen auf: Er prüft erstens, ob der Pächter überhaupt für *culpa* seiner Sklaven oder freier Personen, die er auf das Grundstück gelassen hat, einzustehen habe. Zweitens untersucht er den Umfang der Haftung für Sklavendelikte, also ob der Pächter dafür bloß noxal oder unbeschränkt hafte. Drittens erörtert Ulpian, ob der Pächter in Bezug auf freie Personen lediglich zur Abtretung seiner

---

854 Siehe bereits Ulp. (18 ed.) Coll. 12.7.9 in Kapitel 4.1.1.

855 Siehe *Wicke*, Haftung (2000) 58; *Knütel*, SZ 100 (1983) 397 ff; *MacCormack*, RIDA 18 (1971) 538 ff.

856 Übersetzung: Wir wollen überprüfen, ob der Pächter auch für das Verschulden seiner Sklaven und der [freien] Personen, die er auf das Grundstück gelassen hat, einstehen muss. Und auch, wie weit er haftet, ob nur dahingehend, dass er die Sklaven als Schädiger ausliefert oder ob er sogar im eigenen Namen haftet. Und ob er nur den Anspruch gegen diejenigen, die er auf das Grundstück gelassen hat, abtreten muss oder ob er gleichsam aufgrund eigenen Verschuldens haftet. Ich halte es für richtig, dass er auch für das Verschulden derjenigen, die er auf das Grundstück gelassen hat, im eigenen Namen haftet, selbst wenn nichts Besonderes vereinbart worden ist, vorausgesetzt jedoch, dass er dadurch, dass er sie auf das Grundstück ließ, etwas Vorwerfbares getan hat, weil er gerade solche Personen um sich duldete, seien es Hausgenossen oder Gäste. Und die Meinung billigt Pomponius im 63. Buch zum Edikt; angelehnt an *Luig*, in *Behrends et al.* (Hrsg), CIC III (1999) 559.

Klagen gegen den unmittelbaren Schädiger gezwungen werden könne oder ob er (bei Vorliegen eigener *culpa*) in vollem Umfang hafte.

Bedauerlicherweise ist nur die Antwort auf die letzte Frage überliefert, weshalb jedenfalls von erheblichen Kürzungen ausgegangen werden muss.[857] Am klassischen Kern der Quelle wird aber – mangels überzeugender Quellenkritik in der Literatur – nicht ernsthaft zu zweifeln sein.[858]

Im bereits besprochenen Ulpian-Fragment D. 9.2.27.11 ist die Haftungsfigur der *culpa in habendo vel inducendo* überliefert: *„si noxiis servos habuit, damni eum iniuria teneri, cur tales habuit"*. Hält ein *conductor* vertrauensunwürdige Sklaven und gewährt er ihnen Zugang zum Pachtobjekt, so muss er für den von ihnen daran verursachten Schaden einstehen. D. 19.2.11 pr. betrifft im Unterschied dazu nicht nur die Haftung für Gewaltunterworfene, sondern auch für (freie) Gäste, die der Pächter auf das Grundstück gelassen hat – *vel suos vel hospites.*[859] Während der Pächter *noxii servi* ganz allgemein unter strenger Aufsicht haben sollte und seine Kontrollmacht gegenüber seinen Gewaltunterworfenen notfalls auch mit Gewalt durchsetzen kann, sind seine Einwirkungsmöglichkeiten gegenüber (freien) Gästen wesentlich geringer.[860] Es stellt sich daher die Frage, inwieweit die unbeschränkte Haftung des Pächters für freie Personen (anstelle

857 Siehe mwN *Wicke*, Haftung (2000) 59; *Voci*, SDHI 56 (1990) 110 f; *Knütel*, SZ 100 (1983) 403, *Molnár*, ANRW II 14 (1982) 630; *MacCormack*, RIDA 18 (1971) 541; *Mayer-Maly*, Locatio Conductio (1956) 201.

858 *Wicke*, Haftung (2000) 59; *Knütel*, SZ 100 (1983) 404 f; *MacCormack*, RIDA 18 (1971) 541. *Molnár; Frier* und *Mayer-Maly* gehen grundsätzlich auch von einem klassischen Kern der Quelle aus, argumentieren – gestützt auf ältere Lehrmeinungen – jedoch etwas zurückhaltender; *Molnár*, ANRW II 14 (1982) 630 f; *Frier*, Landlords and Tenants (1980) 143; *Frier*, SZ 95 (1978) 259 f; *Mayer-Maly*, Locatio Conductio (1956) 201 f.

859 Der Passus *„vel suos vel hospites"* ist in der älteren Literatur mehrfach für interpoliert befunden worden. *Pflüger*, SZ 65 (1947) 193 geht bspw davon aus, ein nachklassischer Bearbeiter der Quelle habe *„hospites"* hinzugefügt, bleibt aber eine Erklärung für seine Annahme schuldig. Die nunmehr hA erachtet den Passus als klassisch; siehe mwN *Wicke*, Haftung (2000) 59; *Knütel*, SZ 100 (1983) 403 ff; *MacCormack*, RIDA 18 (1971) 540 f. Fraglich erscheint aber, ob der *conductor* gegebenenfalls neben den *suis* und *hospites* auch für Untermieter einstehen muss. In Frage drei erwähnt Ulpian Klagen des *conductor*, welche uU dem *locator* abgetreten werden könnten. Darunter fällt wohl auch die *actio locati*, die der *conductor* gegen einen Untermieter hätte. Daher scheint auch eine vertragliche Haftung für das Schadensverursachen eines Untermieters im Raum zu stehen; *Frier*, Landlords and Tenants (1980) 144.

860 *Knütel*, SZ 100 (1983) 404.

einer bloßen Klagsabtretung) in Einklang mit dem bestehenden Verschuldenshaftungsregime der römischen Klassik zu bringen ist.[861]

Ulpian hält die unbeschränkte Haftpflicht des *conductor* jedenfalls dann für unproblematisch, wenn eine entsprechende Vertragsvereinbarung besteht.[862] Im vorliegenden Fall ist solch eine Vereinbarung aber – wie es scheint – gerade nicht geschlossen worden – *mihi ita placet, ut culpam etiam eorum quos induxit praestet suo nomine, etsi nihil convenit.* Nichtsdestoweniger vertreten Ulpian und Pomponius[863] die Ansicht, der Pächter müsse sowohl für seine Sklaven als auch für freie Personen[864] unbeschränkt einstehen, wenn es ihm vorzuwerfen ist, gerade solche Personen[865] auf das gepachtete Grundstück gelassen zu haben – *si tamen culpam in inducendis admittit, quod tales habuerit vel suos vel hospites.*[866] Eine differenzierende Behandlung von Sklavendelikten bzw Delikten freier Personen erachten die zwei Juristen wohl deshalb für unerheblich, da den Pächter – wie bereits ausgeführt – eine allgemeine Pflicht zur Erhaltung des überlassenen

861 Eine strikte Haftung des Pächters für fremdes Verschulden wird bis in die Hochklassik von keinem Juristen vertreten und eine (allgemeine) *custodia*-Haftung, welche Sachbeschädigung durch Dritte abdeckt, ist ebenso nicht belegt; siehe *Knütel*, SZ 100 (1983) 404; *Kaser*, RPR I² (1971) 513; siehe auch Kapitel 4.3.4 Fn 756.

862 Zur möglichen haftungsverschärfenden Wirkung von Nebenvereinbarungen bei der *locatio conductio* siehe bereits Kapitel 4.2.

863 Wiewohl Ulpian und Pomponius die unbeschränkte Haftung des *conductor* befürworten, deuten die Phrasen *„mihi ita placet"* und *„ita Pomponius [...] probat"* darauf hin, dass ihre Ansicht unter den römischen Juristen nicht unumstritten gewesen ist; *Frier*, Landlords and Tenants (1980) 144.

864 Dazu zählen neben den Gästen wohl gewaltfreie Dienstnehmer, Familienmitglieder und Untermieter; siehe *Frier*, Landlords and Tenants (1980) 144; *MacCormack*, RIDA 18 (1971) 540; siehe auch bereits Fn 859.

865 Nach der Ansicht *MacCormacks* ist davon auszugehen, dass diese Personen (zumindest für den *conductor*) erkennbar als Gefahr für die Unversehrtheit des Pachtobjekts wahrzunehmen sind; *MacCormack*, RIDA 18 (1971) 544. Unabhängig von einer individuellen Gefährlichkeit einzelner Sklaven und Gäste könnte uU auch bereits eine hohe Anzahl an (grundsätzlich ungefährlichen) Personen, die der Pächter auf das Grundstück lässt, als Vertragsverletzung qualifiziert werden, da ab einer gewissen Anzahl an Personen auf einem Grundstück ebenfalls eine erhöhte Gefahr der Beschädigung des Bestandobjekts herrscht.

866 Die persönliche Haftung für das Handeln freier Personen anstelle einer bloßen Klagszession ist auch in Paul. (9 ed.) D. 3.5.20.3 überliefert: *Mandatu tuo negotia mea Lucius Titius gessit: quod is non recte gessit, tu mihi actione negotiorum gestorum teneris non in hoc tantum, ut actiones tuas praestes, sed etiam quod imprudenter cum elegeris, ut quidquid detrimenti neglegentia eius fecit, tu mihi praestes.*

Bestandobjekts trifft. Bei Duldung vertrauensunwürdiger Personen am überlassenen Grundstück, die in der Folge daran einen Schaden verursachen, ist dem *conductor culpa* vorzuwerfen,[867] und zwar unabhängig vom rechtlichen *status* des jeweiligen Schädigers.[868]

An die Erkenntnisse zur vertraglichen Haftungsfigur der *culpa in habendo vel inducendo* in D. 19.2.11 pr. anschließend, scheint die These bestätigt, es handle sich bei D. 9.2.27.11 – wie zuvor besprochen – (zumindest auch) um eine vertragliche Haftung wegen *culpa in habendo vel inducendo.*

Zusammenfassend kann festgehalten werden, dass die Haftungsfigur der *culpa in habendo vel inducendo* als Anknüpfungspunkt der vertraglichen Haftpflicht eines *conductor* dann heranzuziehen ist, wenn dieser vertrauensunwürdige Personen auf das Bestandobjekt lässt – *quod tales habuerit* –, dadurch trotz seiner weitreichenden Erhaltungspflicht des Bestandobjekts dieses einer erhöhten Gefahr der Beschädigung aussetzt und sich die Gefahr insofern verwirklicht, als ebendiese vertrauensunwürdigen Personen in der Folge einen (vorhersehbaren) Schaden verursachen.[869] Angesichts der erkennbaren Entwicklung, einen geschädigten Vertragspartner vermehrt bei der Durchsetzung von Schadenersatzansprüchen zu unterstützen, ist es denkbar, dass Ulpian und Pomponius im Schadensfall von einer Beweiserleichterung zugunsten des geschädigten *locator* ausgehen;[870] ein belastbarer Hinweis darauf lässt sich dem Fragment aber nicht entnehmen.

---

867 Ist dem *conductor* kein Verschulden vorzuwerfen, kann bei einem gewaltfreien Schädiger nur die Klagszession verlangt werden; bei einem gewaltunterworfenen Schädiger kommt es zur Noxalhaftung des *conductor*; *Frier*, SZ 95 (1978) 261.

868 Siehe *Zimmermann*, Law of Obligations (1990) 377; *Knütel*, SZ 100 (1983) 403 ff; *MacCormack*, RIDA 18 (1971) 540.

869 Da die Haftpflicht des *conductor* erst im Zeitpunkt der Schadensverursachung und nicht bereits im Zeitpunkt der Duldung der schadenstiftenden Personen am Grundstück entsteht, kann der Pächter gegebenenfalls noch einschreiten, bevor es zur Schadensverursachung kommt und sohin seine Schadenersatzpflicht verhindern. Vorgeworfen wird ihm aber nicht mangelndes Abwehren der konkreten Gefahr – oft ist ein Einschreiten gar nicht (mehr) möglich. Vielmehr begründet die Haftung das Herbeiführen einer abstrakten Gefahr für das Pachtobjekt durch Duldung vertrauensunwürdiger (oder einer Vielzahl an) Personen darauf, wenn sich diese Gefahr letztlich auch verwirklicht.

870 *Krückmann*, SZ 63 (1943) 39 spricht etwa von einer *culpa*-Fiktion, welche wohl der *conductor* widerlegen müsste. Eine etwaige Beweislastumkehr hätte für den *locator* den wesentlichen Vorteil, dass er nicht den konkreten Täter ausfindig machen müsste, um diesen deliktisch in Anspruch nehmen zu können.

c) D. 19.2.25.4 – Ein Fall von culpa in habendo vel inducendo?

Gai. (10 ed. prov.) D. 19.2.25.4
Culpae autem ipsius et illiud adnumeratur, si propter inimicitias eius vicinus arbores exciderit.[871]

Locator und conductor schließen einen Bestandvertrag über ein Grundstück, auf dem Bäume stehen.[872] Daraufhin fällt ein Nachbar (*vicinus*) aus Feindschaft zum *conductor* Bäume am Bestandobjekt. Gefragt wird, ob das Verhalten des Nachbarn dem *conductor* zugerechnet werden kann. Gaius entscheidet, es sei als eigenes Verschulden (*ipsius culpae*)[873] des *conductor* zu werten, wenn der *vicinus* aus Feindschaft zum *conductor* Bäume am Bestandobjekt fällt.

Das Gaius-Fragment ist in der älteren Literatur vielfach für interpoliert erklärt worden, häufig ohne nähere Begründung.[874] Jüngere Lehrmeinungen gehen hingegen von der Klassizität des Textes aus, wobei sie geringfügige Kürzungen bzw Vereinfachungen durch Justinians Kompilatoren nicht ausschließen.[875]

Wiewohl auch *Frier*[876] von der Klassizität des Gaius-Fragments ausgeht, äußert er dennoch Skepsis aufgrund der (vermeintlich) ausufernden Verantwortung des *conductor*. Die Haftpflicht des *conductor* sei nämlich für die römische Klassik zu weitgehend, wenn ihr Anknüpfungspunkt bloß im Erzeugen eines aggressiven Gemütszustandes bei einer dritten Person liege, welche sodann das Bestandobjekt beschädigt. In einem anschließenden Gedankengang findet *Frier* aber die vermeintliche Erklärung für die konkrete Verantwortlichkeit des *conductor*: Nicht durch jegliches Hervorrufen

---

871 Übersetzung: Als eigenes Verschulden wird ihm [dem Mieter/Pächter] auch angerechnet, wenn sein Nachbar aus Feindschaft zu ihm Bäume fällt; angelehnt an *Luig*, in *Behrends et al.* (Hrsg), CIC III (1999) 573.

872 *Du Plessis*, Letting and Hiring (2012) 149 Fn 120 und *MacCormack*, SZ 89 (1972) 196, denken an ein Waldgrundstück.

873 Der Terminus „*ipsius*" könnte sich rein grammatikalisch auch auf eine andere Person (etwa den *locator*) beziehen. Aufgrund der Systematik der Quelle unter Einbeziehung der Palingenesie ist jedoch eher vom *conductor* als Bezugsperson auszugehen; siehe *Voci*, SDHI 56 (1990) 80.

874 Siehe etwa *Beseler*, SZ 44 (1924) 369: „*Culpae [...] arbores exciderit* ist sachlich unhaltbar"; siehe auch *Mayer-Maly*, Locatio Conductio (1956) 179: „als zur Gänze nachklassisch anzusehen"; *Pflüger*, SZ 65 (1947) 199 Fn 206: „D. 19.2.25.4: gänzlich unecht".

875 Siehe *Knütel*, SZ 100 (1983) 420; *Frier*, SZ 95 (1978) 239; *MacCormack*, SZ 89 (1972) 196; *Daube*, Licinnia's Dowry, in Studi di onore Biondi I (1966) 209 ff; *Daube*, Iura 11 (1960) 109; *Krückmann*, SZ 63 (1943) 19.

876 *Knütel*, SZ 100 (1983) 420; *Frier*, SZ 95 (1978) 239.

eines aggressiven Gemütszustandes beim Nachbarn werde der *conductor* verpflichtet, sondern ausschließlich dann, wenn er zuvor ein (derart) vorwerfbares Verhalten gesetzt hat, welches das schädigende Handeln des Nachbarn vorhersehbar erscheinen lässt.[877]

Aus den bisherigen Erkenntnissen zum Gaius-Fragment lassen sich folgende Sachverhaltsüberlegungen anstellen: Der *conductor* eines Waldgrundstückes lebt in Feindschaft mit einem Nachbarn dieses Grundstückes. Aufgrund der konkreten Beschaffenheit des feindseligen Verhältnisses, ist es für den *conductor* vorhersehbar, dass der Nachbar einen Schaden an der überlassenen Sache verursachen könnte. Diese Gefahr nimmt der *conductor* in Kauf, ohne das Pachtobjekt adäquat vor dem vorhersehbaren Angriff des Nachbarn zu schützen. Sodann beschädigt der Nachbar – offenbar motiviert durch seine Abneigung gegen den *conductor* – das Bestandobjekt. Dieses Fehlverhalten des Nachbarn rechnet Gaisus dem *conductor* wegen seiner eigenen Sorglosigkeit zu und wertet es als *culpa conductoris*. Folglich muss der *conductor* (nur) für sein eigenes Fehlverhalten vertraglich einstehen.

Wiewohl ein konkreter Hinweis im Text fehlt, besteht eine Vergleichbarkeit zwischen der haftungsbegründenden *culpa* in D. 19.2.25.4 und der haftungsbegründenden *culpa in habendo vel inducendo* in D. 19.2.11 pr. In beiden Fällen geht es um die Vertragshaftung des *conductor* für einen aufgrund der besonderen Gefahrenlage vorhersehbaren Schaden, den eine andere (gewaltfreie) Person am Bestandobjekt herbeigeführt hat. In beiden Fällen hat der *conductor* eine vorhersehbare Gefahr für das Bestandobjekt geschaffen: einmal durch das Dulden vertrauensunwürdiger Gäste am Bestandobjekt und einmal durch das Schaffen respektive Aufrechterhalten einer Feindschaft zum Nachbarn des Bestandobjekts. In beiden Fällen hat der *conductor* die vertragliche Pflicht zur Erhaltung des Bestandobjekts verletzt.

Aufgrund der weitreichenden Parallelität der beiden Quellen ist es mE adäquat, D. 19.2.25.4 ebenfalls als Nachweis der Haftung wegen *culpa in habendo vel inducendo* bei der *locatio conductio* zu qualifizieren.

---

877 Als Beispiel für ein vorhersehbares Auslösen eines aggressiven Gemütszustandes beim Nachbarn beschreibt *Frier* eine Situation, in welcher der *conductor* selbst zuvor bösartig einen Schaden am Nachbargrundstück verursacht hat; *Frier*, SZ 95 (1978) 239. Dieses Beispiel ist wohl etwas drastisch und könnte sogar als doloses Verhalten eingestuft werden. Nichtsdestoweniger erscheint plausibel, dass der *conductor* schuldhaft eine Feindschaft zum Nachbarn erzeugt oder zumindest aufrechterhalten hat; siehe *Molnár*, ANRW II 14 (1982) 627; *MacCormack*, SZ 89 (1972) 196.

4.5.1 Ergebnisse

1. Die *culpa in habendo vel inducendo* wird in der römischen Klassik von Proculus, Gaius und Ulpian als spezifische Ausprägung der *culpa*-Haftung bei der *locatio conductio* (*rei*) etabliert. Den überlieferten Fragmenten D. 9.2.27.11, D. 19.2.11 pr. und D. 19.2.25.4 zufolge betrifft die Haftung wegen *culpa in habendo vel inducendo* ausschließlich *conductores*. Anknüpfungspunkt der unbeschränkten Vertragshaftung wegen *culpa in habendo vel inducendo* ist wohl zunächst die einem *conductor* obliegenden allgemeine Pflicht zur Erhaltung des ihm überlassenen Bestandobjekts (D. 19.2.11.2). Diese verpflichtet ihn, jegliche (vorhersehbare) Gefahren für das Bestandobjekt hintanzuhalten.
2. Durch das Halten bzw Dulden vertrauensunwürdiger gewaltunterworfener bzw gewaltfreier Personen am Bestandobjekt – seien es *noxii servi*, vertrauensunwürdige Familienangehörige und Gäste oder feindselige Nachbarn – setzt der *conductor* das Grundstück einer erhöhten Gefahr aus. Verwirklicht sie sich insofern, als ebensolche vertrauensunwürdige Personen daran einen – aufgrund ihrer Eigenschaft – vorhersehbaren Schaden verursachen, hat der *conductor* dafür aus eigenem Verschulden einzustehen.
3. Zur Durchsetzung eines Schadenersatzanspruches könnte dem *locator* – ähnlich wie bei der *culpa in eligendo* – eine Beweiserleichterung zukommen, wonach sich der *conductor* bei Beschädigung des Bestandobjektes von einem Verschulden frei beweisen muss, obwohl der Schaden von einer nicht vom *vinculum iuris* erfassten Person herbeigeführt worden ist. Dies wäre für den *locator* insbesondere deswegen vorteilhaft, weil es für ihn wohl schwierig nachzuweisen ist, wer von den mehr oder weniger regelmäßig am Bestandobjekt befindlichen Personen den konkreten Schaden (schuldhaft) herbeigeführt hat. Ein klarer Hinweis auf eine Beweiserleichterung für den *locator* lässt sich den Quellen aber nicht entnehmen.

4.6 Die Haftung für das Verschulden eingesetzter Hilfspersonen

Die bisherigen Modelle der unbeschränkten Vertragshaftung für das Verhalten anderer Personen bei der *locatio conductio* behandeln Fälle, in denen eine nicht vom *vinculum iuris* erfasste Person einen Schaden herbeigeführt hat, wobei die Haftpflicht des *conductor* bzw *locator* auf ein eigenes, der unmittelbaren Schadensverursachung vorgelagertes Fehlverhalten zurückzuführen ist. Fraglich erscheint, ob sich in den Quellen der römischen Klassik auch ein Nachweis einer unbeschränkten Vertragshaftung für fremdes

Verschulden findet, wie sie etwa seit der 3. Teilnovelle[878] des österreichischen Allgemeinen bürgerlichen Gesetzbuches § 1313a ABGB[879] in Form der Erfüllungsgehilfenhaftung vorsieht. Möglicherweise bietet das Gaius-Fragment D. 19.2.25.7 einen solchen Nachweis.

4.6.1 Der Säulentransportfall: D. 19.2.25.7

Der sogenannte Säulentransportfall zählt zweifelsohne zu den umstrittensten Juristentexten der römischen Klassik, nicht zuletzt, da er insbesondere in jüngerer Literatur als Nachweis einer verschuldensunabhängigen Gehilfenhaftung in der römischen Klassik gesehen wird.[880] Diese vom Säulentransportfall abgeleitete Haftung für fremdes Verschulden ist in der Romanistik aber nicht unumstritten. Die folgende exegetische Analyse soll den haftungsrechtlichen Charakter des Gaius-Fragments zu klären versuchen:

> Gaius (10 ed. prov.) D. 19.2.25.7
> *Qui columnam transportandam conduxit, si ea, dum tollitur aut portatur aut reponitur, fracta sit, ita id periculum praestat, si qua ipsius eorumque, quorum opera uteretur, culpa acciderit: culpa autem abest, si omnia facta sunt, quae diligentissimus quisque observaturus fuisset. idem scilicet intellegemus et si dolia vel tignum transportandum aliquis conduxerit: idemque etiam ad ceteras res transferri potest.*[881]

Jemand übernimmt eine Säule (*columna*) zum Transport. Diese bricht beim Abbau, Transport oder Wiederaufstellen am vereinbarten Erfüllungsort – *dum tollitur aut portatur aut reponitur, fracta sit.* Die Rechtsfrage betrifft die Einstandspflicht für das zerstörte Transportgut. Nach der

878 RGBl. Nr. 69/1916.

879 § 1313a ABGB: Wer einem andern zu einer Leistung verpflichtet ist, haftet ihm für das Verschulden seines gesetzlichen Vertreters sowie der Personen, deren er sich zur Erfüllung bedient, wie für sein eigenes.

880 Statt vieler *Knütel*, SZ 100 (1983) 343 f, 419 ff; zur bereits im 19. Jh. geführten Debatte zur verschuldensunabhängigen Gehilfenhaftung im römischen Recht siehe mwN *Unger*, Handeln auf eigene Gefahr[3] (1904) 54 ff.

881 Übersetzung: Wer den Transport einer Säule übernommen hat, muss für den Schaden einstehen, wenn die Säule beim Abbau, Transport oder Wiederaufstellen bricht, vorausgesetzt, dass sich der Schaden durch irgendein Verschulden seinerseits oder derjenigen, deren Hilfe er sich bediente, ereignet hat. Verschulden ist aber nicht gegeben, wenn alles geschehen ist, was äußerst sorgfältige Dritte beachtet hätten. Dasselbe müssen wir natürlich auch annehmen, wenn jemand es übernommen hat, Fässer oder Balken zu transportieren. Und dasselbe kann auch auf andere Sachen übertragen werden; angelehnt an *Luig*, in *Behrends et al.*, CIC III (1999)574.

Ansicht von Gaius muss der Transportunternehmer für Schäden einstehen, *„si qua ipsius eorumque, quorum opera uteretur, culpa acciderit"*.

Der Transportunternehmer (*conductor*), der die Säule zur entgeltlichen Beförderung übernimmt, schließt mit dem Werkbesteller (*locator*) einen Werkvertrag: Der *conductor* schuldet den erfolgreichen[882] Transport der Säule; im Gegenzug erhält er vom *locator* den vereinbarten Werklohn (*merces*).[883] Im gegenständlichen Fall misslingt der Transport jedoch und die übernommene Säule wird zerstört, bevor es zur Annahme (*probatio*[884]) durch den *locator* am vereinbarten Erfüllungsort kommt.[885]

Zur Erfüllung der Vertragspflicht sind im gegenständlichen Fall (wohl) Hilfspersonen herangezogen worden – *eorumque, quorum opera uteretur*. Diese Annahme wird zudem durch Überlieferungen[886] zum antiken Transportwesen gestützt, wonach der antike Säulentransport – wiewohl durch gewisse Transportmaschinen erleichtert – sehr aufwändig gewesen ist und der Mithilfe mehrerer Personen bedurft hat.[887] Bedient sich der *conductor* Hilfspersonen – wie im gegenständlichen Fall –, weil das konkrete Transportgut den Einsatz mehrerer Personen erfordert, handelt er nicht per se vertragswidrig.[888] Umstritten ist in der romanistischen Lehre jedoch seit jeher, ob der *conductor* – wie gewöhnlich in der römischen Klassik – nur für eigenes oder aber auch für das (bloße) Verschulden seiner Gehilfen ohne Haftungsbeschränkung vertraglich einstehen muss.[889]

Grund für die Debatte ist die Partikel *„que"* in *„eorumque"*, die sowohl „und" als auch „oder" bedeuten kann.[890] Versteht Gaius die Partikel kopulativ, würde die rechtliche Verantwortlichkeit des Transportunternehmers voraussetzen, dass der Schaden aufgrund seiner eigenen wie auch der Schuld seiner Hilfspersonen verursacht worden ist. Versteht er sie hingegen disjunktiv, ist entweder eigenes Verschulden des Transportunternehmers oder

882 Siehe Kapitel 2.1.6 b) Fn 188.

883 Der Werklohn ist wohl als Fixbetrag konzipiert, kann in Form eines Kostenvoranschlages aber auch variabel sein; siehe *Buchwitz*, SZ 126 (2009) 363 ff.

884 Zur *probatio* siehe mwN *Buchwitz*, SZ 126 (2009) 360 ff; *Rainer*, SZ 108 (1992) 507 ff.

885 Zur Lohngefahr bei Ausbleiben des geschuldeten Erfolgs siehe mwN *Buchwitz*, SZ 126 (2009) 359 ff; *Zimmermann*, Law of Obligations (1990) 401 ff; *Kaser* RPR I[2] (1971) 571.

886 Siehe etwa Vitr. 10.2.11.

887 Siehe mwN *Knütel*, SZ 100 (1983) 420 f.

888 Siehe *Zimmermann*, Law of Obligations (1990) 397; *Kaser*, RPR I[2] (1971) 571.

889 *Unger*, Handeln auf eigene Gefahr[3] (1904) 53 ff.

890 Statt vieler *Klausberger*, Zurechnungsgründe (2019) 361 f; *Zimmermann*, Law of Obligations (1990) 399 f; *Knütel*, SZ 100 (1983) 343 f, 419 ff; siehe auch bereits *Goldschmidt*, ZHR 16 (1871) 354 ff.

culpa (einer) seiner Hilfspersonen ausreichend, um seine Haftpflicht zu begründen.

Eine rege Debatte hinsichtlich der Auslegung von „*que*“ wurde bereits im 19. Jh. geführt. Zu den Vertretern der kopulativen Auslegung der Partikel zählen *Goldschmidt*[891] und *Windscheid*[892]. In seiner ausführlichen Auseinandersetzung mit dem Gaius-Fragment kommt *Goldschmidt* zum Ergebnis, dass die disjunktive Auslegung der Partikel „*que*“ zu einem für die römische Klassik singulären Haftungsregime führte, die sich durch keine Passage des Fragments rechtfertigen ließe. Nach seiner Ansicht kommt es bloß dann zur Vertragshaftung des *conductor*, wenn ihm ein eigenes (Auswahl-)Verschulden anzulasten sei. Ähnlich argumentiert *Windscheid*, der die Partikel „*que*“ ebenfalls kopulativ versteht und die Haftung des *conductor* auf eine Form der *culpa in eligendo* zurückführt. Diesen Ausführungen widerspricht bereits *Dernburg*[893] vehement. Seiner Ansicht nach ist die Partikel disjunktiv zu verstehen. Dass die disjunktive Auslegung vom Grundsatz der eigenen Verantwortlichkeit abweicht, erachtet er im Unterschied zu *Goldschmidt* als unproblematisch. Vielmehr hätte Gaius beim Säulentransportfall auf eine besondere Haftungskonstellation hinweisen wollen, die eine Haftung für fremdes Verschulden rechtfertige.

Insbesondere bis Mitte des 20. Jh. wurde in der Romanistik auf die Methodik der Interpolationskritik zurückgegriffen, um die disjunktive Deutungsvariante von „*que*“ zu negieren. So geht etwa *Schulz*[894] – insbesondere wegen des vermeintlichen Widerspruchs zur *custodia*-Lehre – von erheblichen Interpolationen der Quelle aus. *Haymann*[895] beanstandet die Klassizität der Quelle ebenso wegen ihrer vermeintlichen Unvereinbarkeit mit der *custodia*-Lehre, aber vor allem auch wegen sprachlicher Mängel. *Molnár*[896] vermutet ebenso weitreichende Interpolationen, welche er – ähnlich wie *Haymann* – auf sprachliche Mängel der Quelle stützt.

Mit der Interpolationskritik älterer Literaturmeinung setzen sich in der zweiten Hälfte des 20. Jh. etwa *Mayer-Maly* und *Knütel* ausführlich auseinander. *Mayer-Maly*[897] teilt zu einem geringen Teil die Interpolationsvorwürfe hinsichtlich einzelner Passagen des Gaius-Fragments, hält jedoch am wahren Kern der Quelle fest und vertritt die disjunktive Bedeutung von „*que*“. Wiewohl sich auch *Knütel*[898] punktuell textkritisch äußert, stuft

891 *Goldschmidt*, ZHR 16 (1871) 355.
892 *Windscheid*, Lehrbuch des Pandektenrechts II[6] (1887) 541.
893 *Dernburg*, Pandekten II (1886) 102 f.
894 *Schulz*, GrünhutsZ 38 (1911) 26 f.
895 *Haymann*, SZ 40 (1919) 193 f.
896 *Molnár*, ANRW II 14 (1982) 603.
897 *Mayer-Maly*, Locatio Conductio (1956) 28 f.
898 *Knütel*, SZ 100 (1983) 419 f.

er den Säulentransportfall als grundsätzlich klassisch ein und befürwortet ebenfalls die disjunktive Übersetzung von *„que"*.

Für den disjunktiven Gebrauch von *„que"* spricht bereits die bedeutungsgleiche Verwendung in einem anderen Gaius-Fragment[899] und – wie noch zu zeigen sein wird – die Systematik der Fallentscheidung. Dagegen spricht, dass die Haftung für fremdes Verschulden abseits der Noxalhaftung dem klassischen römischen Recht grundsätzlich fremd ist.[900] Dieses Argument kann jedoch insofern entkräftet werden, als bei kopulativer Übersetzung von *„que"* der Grundsatz durchbrochen würde, dass man (zumindest) für eigenes Verschulden einstehen muss.[901] Ein kopulativ zu verstehendes *„que"* würde nämlich streng genommen bedeuten, dass für die Haftpflicht des *conductor* sowohl *sua culpa* als auch schuldhaftes Verhalten (zumindest) eines beteiligten Gehilfen erforderlich wäre und der *conductor* somit nicht haftpflichtig würde, wenn er zwar selbst sorgfaltswidrig agierte,[902] seinen Gehilfen aber kein Verschulden anzulasten wäre.[903] Zugespitzt formuliert *Knütel*[904], der Transportunternehmer könnte bei einer kopulativen Übersetzung deliktsunfähige Gehilfen zum Säulentransport einsetzen und dadurch einer Haftung entgehen, da deliktsunfähigen Personen niemals ein Schuldvorwurf gemacht werden könne.

Aus all diesen Gründen kann mit der hL[905] von der disjunktiven Bedeutung von *„que"* ausgegangen und Folgendes zusammenfassend festgehalten

---

899 Siehe Gai. (15 ed. prov.) D. 26.8.11: *Si ad pupillum aut furiosum bonorum possessio pertineat, expediendarum rerum gratia et in agnoscenda et in repudianda bonorum possessione voluntatem tutoris curatorisque spectari debere placuit: qui scilicet si quid eorum contra commodum pupilli furiosive fecerint, tutelae curationisve iudicio tenebuntur.*

900 *Kaser*, RP I² 513; siehe auch bereits Kapitel 3.1.

901 Siehe dazu bereits Kapitel 2.1.8.

902 Sorgfaltswidriges Verhalten ist dem *conductor* bspw anzulasten, wenn er für die heikle Tätigkeit des Säulentransports untaugliche Gehilfen auswählt (*culpa in eligendo*); siehe *MacCormack*, RIDA 18 (1971) 541. Ein neben der *culpa in eligendo* des Unternehmers zusätzlich vorwerfbares Verhalten der Hilfsperson wäre für die Haftung des Unternehmers gerade nicht erforderlich; siehe bereits Kapitel 4.4 c) Fn 835.

903 *Wicke*, Haftung (2000) 70.

904 *Knütel*, SZ 100 (1983) 422.

905 *Klausberger*, Zurechnungsgründe (2019) 361; *Hu*, Haftung für Erfüllungsgehilfen (2019) 36; *Alonso*, Fault, in *Urbanik* (Hrsg), Culpa (2012) 73; *Du Plessis*, Letting and Hiring (2012) 93; *Tröger*, Arbeitsteilung (2012) 89; *Honsell*, Haftung für Hilfspersonen, in FS Schwenzer (2011) 781; *Wicke*, Haftung (2000) 70; *Zimmermann*, Law of Obligations (1990) 399 f; *Voci*, SDHI 56 (1990) 107; *Knütel*, SZ 100 (1983) 422; *Frier*, Landlords and Tenants (1980) 148; *Meyer-Termeer*, Haftung der Schiffer (1978) 182; *MacCormack*, SZ 89

werden: Zwar darf der Transportunternehmer Gehilfen zur Erfüllung seines Vertrages einsetzen,[906] dafür muss er aber für Schäden an der Säule einstehen – *periculum praestat*[907]–, seien sie auf sein eigenes oder das Verschulden seiner Gehilfen[908] zurückzuführen.

So weitreichend und abstrakt die Haftpflicht des *conductor* nach diesem Zwischenresümee erscheint, so viele offene Fragen birgt das Gaius-Fragment, die noch einer Klärung bedürfen. Erst danach wird es möglich sein, eine profunde Einschätzung zum Umfang der Haftpflicht des Säulentransporteurs abzugeben.

Einige Fragen wirft bspw folgender Passus auf: *„culpa autem abest, si omnia facta sunt, quae diligentissimus quisque observaturus fuisset"* – Verschulden ist aber nicht gegeben, wenn alles geschehen ist, was jede äußerst sorgfältige Person beachtet hätte. Zunächst erscheint es möglich, dass die negative Formulierung *„culpa autem abest [...]"* an dieser Stelle als Hinweis für eine Art Beweislastumkehr zu verstehen ist.[909] Nur für den Fall, dass

---

(1972) 202 Fn 149; *MacCormack*, RIDA 18 (1971) 541; *Kaser*, RPR I² (1971) 513; *Mayer-Maly*, Locatio Conductio (1956) 28 f .

906 Siehe *Zimmermann*, Law of Obligations (1990) 397; *Kaser*, RPR I² (1971) 513.

907 Der Passus *„periculum praestat"* wird in der romanistischen Literatur teilweise als Hinweis dafür gesehen, dass es sich um einen Fall von Gefahrtragung handelt, da er auch als „er trägt die Gefahr" übersetzt werden kann und schadensverursachendes Verhalten einer anderen Person grundsätzlich der Zufallssphäre (*casus*) zugeordnet wird; siehe *Alonso*, Fault, in *Urbanik* (Hrsg), Culpa (2012) 73; *Honsell*, Haftung für Hilfspersonen, in FS Schwenzer (2011) 781; *Ernst*, SZ 105 (1988) 547; *Molnár*, ANRW II 14 (1982) 603 f. Andere Literaturmeinungen messen *„periculum praestat"* eine geringere Technizität bei und verstehen darunter bloß, dass der *conductor* „den Schaden trägt"; *Knütel*, SZ 100 (1983) 419; *MacCormack*, RIDA 18 (1971) 541. Zwischen Gefahrtragung und Gehilfenhaftung verortet *Du Plessis*, Letting and Hiring (2012) 93 den Säulentransport insofern, als er einerseits von *„risk regime"*, andererseits von *„vicarious liabilty"* spricht. Da nach der Ansicht von Gaius das Einstehen des *conductor* eigene oder fremde *culpa* voraussetzt, dürfte der Passus nicht auf einen Gefahrtragungsfall im technischen Sinn hinweisen, sondern eher als ein Fall der Haftung (auch) für fremdes Verschulden zu verstehen sein; *Zimmermann*, Law of Obligations (1990) 399.

908 Mangels konkreter Hinweise zum *status* der eingesetzten Gehilfen, ist davon auszugehen, dass darunter sowohl freie als auch gewaltunterworfene Personen zu verstehen sind, für deren Fehlverhalten der *conductor* beim Säulentransport verschuldensunabhängig *ex contractu* haften muss; *MacCormack*, RIDA 18 (1971) 541; *Tröger*, Arbeitsteilung und Vertrag (2012) 89. Würden als Gehilfen (bloß) Sklaven eingesetzt worden sein, so wäre in der Quelle wohl die Noxalhaftung thematisiert worden.

909 Siehe *Knütel*, SZ 100 (1983) 422 f.

das Einhalten der äußersten Sorgfalt beim Säulentransport vom *conductor* nachgewiesen werden könnte, wäre er von der Haftung befreit.

Abgesehen von einer möglichen Beweislastumkehr[910] könnte die negative Formulierung des *culpa*-Kriteriums als Einschränkung der zunächst weit formulierten Haftung des *conductor* zu verstehen sein oder aber eine zusätzliche Haftungsverschärfung bedeuten. Die Haftpflicht einschränkend wäre es zu verstehen, wenn sich der vorausgesetzte Sorgfaltsmaßstab eines *„diligentissimus quisque"* bloß auf den Transportunternehmer bezöge und das Einhalten äußerster Sorgfalt seine unbeschränkte Haftpflicht im Schadensfall abwendete.[911] Erweitert würde die Haftung hingegen, wenn sich jeder am Transport Beteiligte äußerst – und nicht bloß gewöhnlich – sorgfältig verhalten müsste und jedes Abweichen davon die Haftung des *conductor* begründete.

MacCormack[912] vermutet, dass der *conductor* frei von *culpa* sei, wenn er alles eingehalten hat, was von einem äußerst sorgfältigen Säulentransporteur zu erwarten ist. Ohne sich im Detail zu äußern, dürfte *MacCormack* davon ausgehen, dass sich der nachzuweisende Sorgfaltsmaßstab eines *diligentissimus* bloß auf den *conductor* und nicht auch auf dessen Gehilfen bezieht. Seiner Ansicht nach verbirgt sich hinter dem Säulentransportfall eine Haftung für Auswahlverschulden (*culpa in eligendo*). Haftpflichtig werde der *Transporteur*, wenn er nicht äußerst sorgfältige Gehilfen zur Erfüllung seines Vertrages einsetzt. Von der Haftung befreit sei er, könnte er nachweisen, grundsätzlich äußerst geeignete Gehilfen ausgewählt zu haben. Die Haftung für fremdes Verschulden, wie sie iSd des disjunktiv zu verstehenden *„que"* zunächst angedeutet worden ist, wäre dadurch relativiert.

Demgegenüber vertreten *Knütel*[913] und – ihm folgend – *Wicke*[914] die Ansicht, dass der erhöhte Sorgfaltsmaßstab sowohl für den Transportunternehmer als auch für seine Hilfspersonen gelte. Der *conductor* wäre ihrer Ansicht nach im Schadensfall nur dann von der Haftung befreit, wenn sowohl er als auch alle seine Gehilfen mit äußerster Sorgfalt den Säulentransport verrichtet hätten. Wie ist das von Gaius vertretene Sorgfaltsmaß eines *diligentissimus* nun zu verstehen?[915]

---

910 Zur (vermutlichen) Beweislastumkehr bei der Haftung wegen *culpa in eligendo* und *culpa in habendo vel inducendo* siehe bereits Kapitel 4.4 und 4.5.

911 Siehe *Von Wyss*, Haftung für fremde Culpa (1867) 109.

912 *MacCormack*, RIDA 18 (1971) 541.

913 *Knütel*, SZ 100 (1983) 422.

914 *Wicke*, Haftung (2000) 70.

915 Speziell in der älteren Literatur ist der Terminus *„diligentissimus"* als nachklassische Änderung eingestuft worden; siehe *Mayer-Maly*, Locatio Conductio (1956) 29; *Haymann*, SZ 40 (1919) 193 f. Den nicht näher begründeten Interpolationsverdächtigungen kann entgegengehalten werden, dass dieser

Ganz allgemein schuldet ein Werkunternehmer – wie bereits erörtert[916] – die für seine Tätigkeit erforderliche Eignung (*peritia*) eines Fachmannes (*artifex*). Der *conductor* wird folglich nicht an seinen individuellen Kenntnissen und Fertigkeiten gemessen, sondern an jenen eines äußerst sorgfältigen Transportunternehmers.[917] Ein negatives Abweichen von diesem objektivierten Sorgfaltsmaßstab ist dem *conductor* vorwerfbar (*imperitia*).[918] Dies spricht gegen *MacCormacks*[919] Ansicht, wonach unter *diligentissimus* ein ausschließlich für den *conductor* geltender (noch einmal erhöhter) Sorgfaltsmaßstab (bei der Auswahl seiner Gehilfen) zu verstehen sei, da eine Verschärfung der geschuldeten Sorgfalt des Säulentransporteurs in Relation zum allgemein für Werkunternehmer geltenden, streng objektivierten *peritia*-Kriterium nicht möglich erscheint.

Durchaus plausibel ist hingegen die Ansicht, dass Gaius unter *diligentissimus* einen Maßstab versteht, der ähnlich hoch ist wie das Erfordernis der *peritia*, aber für jeden am Transport Beteiligten (*quisque*) gilt, also auch für seine Gehilfen.[920] Für diese Ansicht spricht etwa, dass der Transport von Säulen aufgrund ihrer Beschaffenheit und ihres Wertes sehr heikel ist und daher besondere Kenntnisse und Sorgfalt sämtlicher beteiligten Personen erfordert.[921]

Möglicherweise können weitere Argumente für diese Ansicht aus folgendem Passus gewonnen werden: „*Idem scilicet intellegemus et si dolia vel tignum transportandum aliquis conduxerit*" – dasselbe müssen wir natürlich auch annehmen, wenn jemand es übernommen hat, Fässer oder Balken zu transportieren. Fraglich erscheint, worauf sich „*idem*" beziehen sollte, folgte man der Ansicht *MacCormacks*. Bloß dass der Transporteur einer erhöhten Sorgfalt unterliegt, die ohnedies keine weitreichendere als die allgemeine Haftpflicht bei der *locatio conductio* nach sich ziehen würde, erscheint nicht plausibel. Ebenso wenig ist die Haftung wegen *culpa in eligendo* (bei

---

Sorgfaltsmaßstab auch in anderen (Gaius-)Fragmenten überliefert ist; siehe etwa Gai. (9 ed. prov.) D. 13.6.18 pr.; Ulp. (11 ed.) D. 4.4.11.5. Mangels überzeugender Einwände ist von der Klassizität des Passus „*diligentissimus quisque*" auszugehen; *Zimmermann*, Law of Obligations (1990) 400; *Knütel*, SZ 100 (1983) 421 f; *Hausmaninger*, Diligentia quam in suis, in FS Kaser (1976) 273 f.

916 Siehe Kapitel 2.1.8 c) Fn 240.

917 *Klausberger*, Zurechnungsgründe (2019) 361.

918 Siehe *Klausberger*, Zurechnungsgründe (2019) 361; *Rainer*, SZ 108 (1992) *507*.

919 *MacCormack*, RIDA 18 (1971) 541.

920 Siehe *Rainer*, SZ 108 (1992) 507.

921 Siehe *Osthues*, Bauwissen im antiken Rom, in *Renn/Osthues/Schlimme* (Hrsg), Wissensgeschichte der Architektur II (2014) 374; *Du Plessis*, Letting and Hiring (2012) 93; *Wicke*, Haftung (2000) 71; *Knütel*, SZ 100 (1983) 421; *Frier*, Landlords and Tenants (1980) 148; *Van den Bergh*, TR 43 (1975) 68.

gleichzeitiger Beweislastumkehr) ein Novum, das in D. 19.2.25.7 mehrfach hervorgehoben werden müsste. Plausibel erscheint hingegen, dass ein erhöhter objektivierter Sorgfaltsmaßstab – wie beim Säulentransport – auch für alle am Transport von Balken und Fässern Beteiligten geschuldet ist, da diese ebenso von erheblichem Wert sein sowie ähnlich leicht brechen können und der Umgang mit diesen Gegenständen ebenfalls besondere Fachkunde sowie die Mithilfe mehrerer Personen erfordert.[922]

Als Zwischenergebnis kann daher Folgendes festgehalten werden: Ein Werkunternehmer, der wertvolle und leicht zerbrechliche Gegenstände zum Transport übernimmt, wie Säulen, Balken oder Fässer, haftet für Schäden am jeweiligen Transportgut, vorausgesetzt die Schäden sind darauf zurückzuführen, dass entweder der *conductor* selbst oder einer seiner Gehilfen die für den jeweiligen Transport erforderliche Sorgfalt außer Acht gelassen hat. Die Beweislast, die äußerste Sorgfalt eingehalten zu haben, obliegt vermutlich dem *conductor*, wobei ihm ein Freibeweis aufgrund des streng objektivierten Sorgfaltsmaßstabs wohl nur dann gelingen wird, wenn der entstandene Schaden auf eine *vis extraria* zurückzuführen ist.[923]

Im letzten Teil der Quellenstelle findet eine Verallgemeinerung des von Gaius skizzierten Haftungsregimes statt – *idemque etiam ad ceteras res transferri potest.* Die strenge Haftpflicht für dritte Personen könne demnach auch auf andere Sachen – *ad ceteras res* – übertragen werden. Insbesondere diese Verallgemeinerung ist in der romanistischen Literatur verdächtigt worden, eine nachklassische Ergänzung zu sein,[924] jedoch lässt sich diese Vermutung nicht mit Sicherheit belegen. Geht man davon aus, dass der Passus nicht gänzlich interpoliert ist,[925] ist er mE nach aber restriktiv zu verstehen und die strenge Haftung nur hinsichtlich des Transports solcher Sachen anzunehmen, welche wegen ihres Wertes, ihrer Fragilität sowie der erforderlichen Fachkunde und Mithilfe mehrerer Personen dem Transport von Säulen, Fässern und Balken gleichen.[926]

Erscheint die strenge Haftung für fremdes Verschulden beim Säulentransport plausibel, bleibt zu klären, wie Gaius dogmatisch zu dieser Rechtsansicht gelangt, die ein Abrücken vom Grundsatz der eigenen Verantwortlichkeit bedeutet. Schließlich ist die unbeschränkte vertragliche Haftung für fremdes Verhalten im römischen Obligationenrecht als besondere Ausnahme zu sehen.[927]

---

922 *Knütel*, SZ 100 (1983) 420 f.

923 Siehe *Du Plessis*, Letting and Hiring (2012) 93.

924 Siehe etwa *Haymann*, SZ 40 (1919) 194.

925 So etwa *Knütel*, SZ 100 (1983) 421.

926 Ibid.

927 *Kaser*, RPR I² (1971) 513.

Eine Erklärung für Gaius' Entscheidung könnte in der *bona fides*-Klausel[928] der *locatio conductio* liegen: Übernimmt ein Werkunternehmer den Transport eines Gegenstandes, so schuldet er das erforderliche Wissen und Können eines *artifex* und ein Schaden, der auf sein Unvermögen zurückzuführen ist, führt zur *imperita*-Haftung.[929] Bedient sich der Transportunternehmer Hilfspersonen, weil das Transportgut – wie beim Säulentransport – die Mithilfe mehrerer Personen erfordert, so erweitert er seinen wirtschaftlichen Aktionsradius; gleichzeitig vergrößert sich dadurch der Kreis an Personen, die einen Schaden am Transportgut verursachen können.[930] Der Einsatz von Gehilfen ist im Rahmen der *locatio conductio operis* zwar zulässig,[931] die erhöhte Gefahr eines Schadens durch das Mitwirken mehrerer Personen kann aber kaum der Werkbesteller, sondern vielmehr bloß der Werkunternehmer kalkulieren.[932]

Ein Ergebnis, dass der *conductor* beim Transport wertvoller und leicht zerbrechlicher Gegenstände die Gefahr seiner unbeschränkten Vertragshaftung verringern könnte, indem er Gehilfen einsetzt, welche nicht wie er den Sorgfaltsmaßstab eines *diligentissimus* bzw *artifex,* sondern einen geringeren schuldeten, wäre inkonsistent. Den *locator* bei Schuldlosigkeit des *conductor* bloß auf (deliktische) Ansprüche gegen den bzw die nachlässigen Gehilfen zu verweisen, wäre auch in Anbetracht dessen, dass der *conductor* als Vertragspartner der wohl einzig Greifbare ist, unbillig und daher wohl nicht mit der *bona fides*-Klausel der *locatio conductio* zu vereinbaren. Für den *locator* wäre es nämlich kein leichtes Unterfangen, festzustellen, wer von den Gehilfen sich sorgfaltswidrig verhalten hat.[933] Darüber hinaus ist die Liquidität der Gehilfen in diesem Ausmaß äußerst fraglich.

Abschließend gilt zu klären, inwieweit sich das in D. 19.2.25.7 skizzierte Haftungsregime verallgemeinern lässt. In Ulpians spätklassischer Sentenz D. 50.17.149 heißt es: „*Ex qua persona quis lucrum capit, eius factum praestare debet*" – „wer aus [dem Einsatz] einer Person einen Profit schlägt, muss für ihr Handeln einstehen". Dieses nach *Lenel*[934] aus dem Bereich der Edikte „*Quorum bonorum*" und „*Quod legatorum*"[935] gerissene Ulpian-Fragment

928 Siehe bereits Kapitel 2.1.4 Fn 91–94.

929 *Rainer*, SZ 108 (1992) 507.

930 *Zimmermann*, Law of Obligations (1990) 401; vgl auch *Mathiaschitz*, Handeln auf eigene Gefahr (2017) 222.

931 Siehe bereits Fn 888.

932 Siehe *Klausberger*, Zurechnungsgründe (2019) 362.

933 *Mayer-Maly*, Locatio Conductio (1956) 29.

934 Siehe *Lenel*, Palingenesia II (1889) 802 Fn 7.

935 Siehe dazu *Domisch*, Besitzübergang auf den Erben (2015) 204; *Lotmar*, SZ 31 (1910) 89 ff.

deutet auf die Entwicklung einer allgemeinen Gehilfenhaftung hin. Jedoch dürfte diese Bestimmung erst unter Justinian ihren abstrakten Charakter erhalten haben.[936] Daher ist davon auszugehen, dass die strenge Haftung in D. 19.2.25.7 auf die Besonderheiten des zugrundeliegenden Sachverhalts zurückzuführen ist.[937] Eine allgemeine (verschuldensunabhängige) Gehilfenhaftung kann mE aus dem Säulentransportfall für die römische Klassik nicht abstrahiert werden.[938]

4.6.2 Ergebnisse

1. Der Säulentransportfall ist ein auf die römische Klassik zurückgehender Nachweis, dass eine verschuldensunabhängige Haftung des Werkunternehmers für das Verschulden seiner Gehilfen im Rahmen der *locatio conductio operis* möglich ist. Die Partikel *„que"* in *eorumque* ist disjunktiv zu verstehen, sodass der *conductor* für einen Schaden am Transportgut einstehen muss, wenn er ihn selbst oder einer seiner Gehilfen nachlässig herbeigeführt hat.
2. Der Grund für die von Gaius befürwortete strenge Haftung dürfte am Spezifikum des Säulentransports liegen. Beim Transport sehr wertvoller und fragiler Gegenstände – wie einer Säule –, welcher besonderer Fachkenntnisse und der Mithilfe mehrerer Personen bedarf, schuldet der Transportunternehmer die unternehmerische Sorgfalt aller am Transport beteiligten Personen. Jegliche Sorgfaltsverletzung einer mitwirkenden Person, die zur Beschädigung des Transportgegenstandes führt, begründet demnach die Haftung des Werkunternehmers, ohne dass der Werkbesteller ihm ein konkretes Verschulden nachweisen muss.
3. Entsteht an der zu transportierenden Säule ein Schaden, so dürfte eine Beweislastumkehr zugunsten des Werkbestellers bestehen: Der Transportunternehmer muss demnach beweisen, dass sowohl er als auch alle seine Gehilfen äußerst sorgfältig – *diligentissimus quisque* – gehandelt haben, um seine Haftung abzuwenden. Ein Freibeweis wird dem *conductor* nur dann gelingen, wenn er nachweisen kann, dass der Bruch der Säule auf einen unvorhersehbaren äußeren Einflussfaktor zurückzuführen ist.

---

936 Siehe mwN *Knütel*, SZ 100 (1983) 441 ff; *Wacke*, Aktiv- und Passivlegitimation, in FS Seidl (1975) 187.

937 *Wicke*, Haftung (2000) 71.

938 Zu verallgemeinernd, da nicht gegenteilige Quellen einbeziehend, *Du Plessis* in HRPR (2019) § 80 Rz 27.

4. Eine ebenso strenge Haftpflicht wie beim Säulentransport gilt auch für den Transport anderer Gegenstände, welche hinsichtlich ihres Wertes, ihrer Fragilität und der erforderlichen Fachkunde mit dem Säulentransport vergleichbar sind. Eine allgemeine Haftung für das Verschulden eingesetzter Hilfspersonen bei der *locatio conductio* kann mE aber nicht aus dem Gaius-Fragment für die römische Klassik abstrahiert werden.

5. Forschungsergebnisse

Im Hinblick auf die dieser Studie zugrundeliegenden Forschungsfragen lassen sich folgende Ergebnisse zusammenfassen:

1. Die *locatio conductio* ist ein Konsensualvertrag, der wesentliche Bereiche des täglichen Lebens im antiken Rom regelt, und umfasst – der Einteilung moderner Privatrechtskodifikationen folgend – drei Vertragstypen: Miete/Pacht (*locatio conductio rei*), Werkvertrag (*locatio conductio operis*) und Dienstvertrag (*locatio conductio operarum*).[939]
2. Aus den analysierten Quellen lassen sich sechs Modelle der Haftung für das Verhalten anderer Personen bei der *locatio conductio* in der römischen Klassik rekonstruieren: (1) die vertragliche Noxalhaftung, (2) die *custodia*-Haftung, (3) die Haftung infolge der Verletzung einer Nebenvereinbarung, (4) die Haftung wegen *culpa in eligendo*, (5) die Haftung wegen *culpa in habendo vel inducendo* und (6) die Haftung für das Verschulden eingesetzter Erfüllungsgehilfen.[940]
3. Manche dieser Haftungsmodelle betreffen nur einzelne Unterkategorien der *locatio conductio*: So ist etwa die Haftung wegen *culpa in habendo vel inducendo* auf Fälle der *locatio conductio rei* beschränkt[941] und die verschuldensunabhängige Gehilfenhaftung betrifft bloß einzelne Fälle der *locatio conductio operis*.[942] Andere Haftungsmodelle, wie etwa die Haftung infolge der Verletzung einer Nebenvereinbarung, beziehen sich hingegen auf alle Formen der *locatio conductio*.[943]
4. Entsteht einem Vertragspartner einer *locatio conductio* während aufrechten Vertrages ein Schaden, der in einem Zusammenhang mit dem Vertragsverhältnis steht, so muss ihn der jeweils andere Vertragspartner prinzipiell bloß dann tragen, wenn er ihn schuldhaft herbeigeführt hat.[944] Die auf alle Formen der *locatio conductio* anwendbaren Verschuldenskriterien *culpa* und *dolus* gelten sowohl für den *locator* als auch für den *conductor*.[945] Zur *culpa* zählen die spezifischen Unterkategorien Untauglichkeit (*imperitia*) und Schwäche (*infirmitas*), welche insbesondere für die *locatio conductio operis* relevant sind und das

939 Zur Trichotomie der *locatio conductio* siehe Kapitel 2.1.2.
940 Siehe Kapitel 4.1–4.6.
941 Siehe Kapitel 4.5 Fn 837.
942 Siehe Kapitel 4.6 Fn 938.
943 Siehe Kapitel 4.2.
944 Siehe Kapitel 2.1.8 Fn 213.
945 Siehe Kapitel 2.1.8 Fn 214.

Verschulden des Werkunternehmers (*conductor*) auf ein streng objektiviertes Maß erhöhen.[946]

5. Fügt eine nicht vom *vinculum iuris* erfasste Person einer der Vertragsparteien einen Schaden zu, so hat ihn der jeweils andere Vertragspartner grundsätzlich nicht zu tragen. Das entspricht dem am treffendsten in D. 39.1.5.5 zur *operis novi nuntiatio* formulierten, in der römischen Klassik allgemein bestehenden – und auch durch Fragmente zur *locatio conductio* bestätigten – Grundsatz der eigenen Verantwortlichkeit, wonach eine Person prinzipiell bloß für ihr eigenes Fehlverhalten einzustehen hat[947] – *neque enim debet nocere factum alterius ei qui nihil fecit.*[948]
6. Eingeschränkt wird der Grundsatz der eigenen Verantwortlichkeit zunächst durch die verschuldensunabhängige Noxalhaftung des *dominus insciens* für Delikte seiner Gewaltunterworfenen.[949] Anstatt eine Bußgeldzahlung zu leisten, steht es dem *dominus insciencs* zur Wahl, seinen delinquenten Gewaltunterworfenen auszuliefern (*noxae deditio*).[950]
7. Einer unbeschränkten deliktischen Haftung – ohne Möglichkeit der *noxae deditio* – unterliegt demgegenüber ein *dominus sciens.* Es handelt sich dabei um einen Gewalthaber, der von einem bevorstehenden Delikt eines (seiner) Gewaltunterworfenen Bescheid weiß, es jedoch nicht verhindert, obwohl ihm dies möglich (gewesen) ist. Der unbeschränkte Ersatzanspruch gemäß der deliktischen *actio legis Aquiliae* steht einem Geschädigten gegen den *dominus sciens* unabhängig davon zu, ob sie sich in einem gemeinsamen Vertragsverhältnis befinden.[951]
8. Ausgehend von der deliktischen Noxalhaftung entwickeln sich im Bereich der *locatio conductio* im Laufe der römischen Klassik besagte Modelle der vertraglichen Haftung. Gemeinsam ist ihnen, dass ein Vertragspartner für Schäden, die eine nicht vom *vinculum iuris* erfasste Person dem jeweils anderen Vertragspartner zugefügt, haften muss. Zunächst wird vom frühklassischen Juristen Proculus eine Vertragshaftung des Mieters/Pächters mit noxaler Beschränkung etabliert. Voraussetzung der Haftung des *conductor* ist, dass dessen Gewaltunterworfene – wiewohl ohne sein Wissen – dem Vertragspartner einen Schaden zugefügt haben.[952] Die vertragliche Haftung mit noxaler

946 Siehe Kapitel 2.1.8 c) Fn 241, 253.
947 Siehe Kapitel 3.1–3.5.
948 Siehe Kapitel Ulp. (52 ed.) D. 39.1.5.5.
949 Siehe Kapitel 2.2.1.
950 Siehe Kapitel 2.2.1 Fn 303, 306.
951 Zur Haftung des *dominus sciens* siehe Kapitel 2.2.2.
952 Siehe Ulp. (18 ed.) Coll. 12.7.9, Ulp. (18 ed.) D. 9.2.27.11.

Beschränkung kann etwa aus Beweisgründen vorteilhafter sein als die deliktische Noxalhaftung, zu der sie in elektiver Konkurrenz steht.[953] Dies könnte (ein) Grund für ihre Etablierung gewesen sein.

9. Das Modell der Vertragshaftung infolge der Verletzung einer Nebenvereinbarung hat sich ebenfalls bereits in frühklassischer Zeit etabliert.[954] Beim Abschluss einer *locatio conductio* ist es nicht unüblich, das Pflichtenbündel der Vertragsparteien individuell auszugestalten. Regelmäßig werden die Vertragspflichten von *conductores* mittels Nebenvereinbarung erweitert. Das Nichteinhalten von *pacta adiecta* verschärft die Haftung insofern, als Schäden, die eine andere Person unmittelbar herbeigeführt hat – etwa ein Gewaltunterworfener[955], sonstige Personen in der Einflusssphäre des Verpflichteten[956], aber auch außenstehende Personen[957] – seine Vertragshaftung bewirken können, selbst wenn ihm kein konkretes Verschulden im Zusammenhang mit der unmittelbaren Schadenszufügung vorzuwerfen ist.[958]
10. In manchen Fällen beruht die Haftung infolge der Verletzung einer Nebenvereinbarung auf einer abstrakten Garantie, deren Nichterfüllung ohne Prüfung weiterer Umstände zur Haftung führt.[959] In anderen Fällen resultiert die Haftung aus der objektiv vorwerfbaren Missachtung einer Nebenvereinbarung und dem Eintritt eines konnexen Schadens, welcher gerade durch den Abschluss des konkreten *pactum* hätte verhindert werden sollen.[960] Da die Vertragshaftung infolge der Verletzung einer Nebenvereinbarung nicht (zwingend) von einem individuellen Verschulden des *conductor* abhängt, kann die Wirkung einer Nebenvereinbarung den Grundsatz der eigenen Verantwortlichkeit gegebenenfalls einschränken.
11. Eine in der romanistischen Literatur heftig umstrittene Haftungsfigur ist die *custodia*. Wie gezeigt, ist die *custodia*-Haftung nicht auf jedes Vertragsverhältnis der *locatio conductio* anwendbar, sondern entwickelt sich in der römischen Klassik nur bei einzelnen Formen der *locatio conductio* zur einer vertragsimmanenten, aber abdingbaren Haftung.

953 Siehe Kapitel 4.1.2 Fn 439, 440.
954 Siehe Kapitel 4.2.1 Fn 475.
955 Siehe Alf. (3 dig. a Paul. epit.) D. 19.2.30.4; Ulp. (32 ed.) D. 19.2.11.4.
956 Siehe Ulp. (28 ed.) D. 14.3.5.10, (32 ed.) D. 19.2.11 pr.
957 Siehe Alf. (7 dig.) D. 19.2.29, (3 dig. a Paul. epit.) D. 19.2.30.2; Hermog. (2 iur. epit.) D. 19.2.12.
958 Siehe Kapitel 4.2.1–4.2.2.
959 Siehe Alf. (3 dig. a Paul. epit.) D. 19.2.30.4; Ulp. (28 ed.) D. 14.3.5.10.
960 Siehe Ulp. (32 ed.) D. 19.2.11.4; Hermog. (2 iur. epit.) D. 19.2.12; Alf. (7 dig.) D. 19.2.29.

Ihr unterliegen insbesondere *horearii*[961], *fullones/sarcinatores*[962] sowie *nautae/caupones/stabularii*[963].

12. Bei der *custodia* handelt es sich um eine strenge vertragliche Haftung für den (insbesondere diebstahlsbedingten) Verlust vertraglich anvertrauter Gegenstände.[964] Kann eine *custodia*-pflichtige Person den Verlust ihr anvertrauter Sachen nicht verhindern, so ist die objektivierte Verwahrungs- bzw Bewachungspflicht *prima facie* verletzt und die geschädigte Person kann von ihrem Vertragspartner Ersatz verlangen, ohne ihm ein individuelles Verschulden nachweisen zu müssen.[965] Der Grundsatz der eigenen Verantwortlichkeit ist dadurch eingeschränkt. Von der *custodia*-Haftung ist der jeweilige Unternehmer aber (insbesondere) dann befreit, wenn der Untergang der Sache auf ein *vis maior*-Ereignis zurückzuführen ist.[966]
13. Ein weiteres Modell der vertraglichen Haftung für das Verhalten anderer Personen bei der *locatio conductio* betrifft Fälle der *culpa in eligendo*. Es handelt sich dabei um eine unbeschränkte Haftung eines Vertragspartners für Schäden, die eine von ihm für eine konkrete Tätigkeit ausgewählte, dafür aber ungeeignete Person dem anderen Vertragspartner zufügt.[967]
14. Ein *locator*[968] haftet wegen *culpa in eligendo*, wenn er eine gewaltunterworfene Person für eine konkret vereinbarte, Fachkunde voraussetzende Tätigkeit vermietet, die über die dafür erforderliche Eignung aber nicht verfügt und dem Vertragspartner einen darauf zurückzuführenden Schaden zufügt.[969] Die Durchsetzung des Schadenersatzanspruchs könnte im Schadensfall durch eine Art Beweislastumkehr zugunsten des geschädigten *conductor* vereinfacht sein: Verursacht eine für eine konkrete Tätigkeit vermietete Person einen Schaden, der *prima facie* auf ihre mangelnden Eignung zurückzuführen ist, ist demnach von der vertraglichen Haftpflicht des *locator* wegen *culpa in eligendo* auszugehen.[970] Ein Freibeweis wird dem *locator* bloß dann gelingen, wenn er belegen kann, dass die ausgewählte Person hinsichtlich der

961 Siehe Kapitel 4.3.1.
962 Siehe Kapitel 4.3.2.
963 Siehe Kapitel 4.3.3.
964 Siehe Kapitel 4.3.4 Fn 756.
965 Siehe Kapitel 4.3.1 a) vor Fn 605; Kapitel 4.3.2 j) Fn 698, 699; Kapitel 4.3.3 f) nach Fn 755.
966 Siehe Kapitel 2.1.8 d) Fn 262.
967 Siehe Kapitel 4.4.
968 Siehe Lab. (5 post. A Iavol. epit.) D. 19.2.60.7; Ulp. (18 ed.) D. 9.2.27.34.
969 Siehe Kapitel 4.4 a) Fn 802, 803.
970 Siehe Kapitel 4.4 a) nach Fn 802.

übernommenen Tätigkeit grundsätzlich über die erforderliche Eignung verfügt und der Schaden in concreto durch eine für den *locator* unvorhersehbare (erstmalige) Unachtsamkeit der Hilfsperson entstanden ist.[971] Ebenso entfällt die Haftung, wenn der Schaden vorrangig auf einen Umstand außerhalb der Einflusssphäre der vermieteten Hilfsperson zurückzuführen ist.[972]

15. Im Vergleich zur Haftpflicht des *locator* beruht die Haftung des *conductor*[973] wegen *culpa in eligendo* auf einem etwas anders begründeten Schuldvorwurf, der aber ähnlich schwer wiegt: Der Grund für die etwas unterschiedliche Haftungsbegründung liegt im Umstand, dass die vom *conductor* eingesetzte Hilfsperson, welche den Schaden verursacht, idR nicht Vertragsobjekt ist. Stattdessen ist bei der Haftung des *conductor* wegen *culpa in eligendo* folgender Begleitumstand zur Begründung seiner Haftpflicht zu berücksichtigen: Durch Abschluss eines Bestandvertrages wird dem *conductor* eine umfassende Pflicht zur Erhaltung des Bestandobjekts auferlegt, die ihn zwingt, Gefahren für das Bestandobjekt tunlichst zu vermeiden.[974] Betraut der *conductor* eine Hilfsperson mit einer Tätigkeit, deren Ausübung mit einer erheblichen Gefahr für das Bestandobjekt verbunden ist, so muss die eingesetzte Person über die dafür erforderliche Eignung verfügen. Wählt der *conductor* eine dafür untaugliche Person, welche in Ausübung der gefahrenträchtigen Tätigkeit einen auf ihrer Untauglichkeit beruhenden Schaden herbeiführt, so hat er das Bestandobjekt einer vermeidbaren Gefahr ausgesetzt und somit seine Erhaltungspflicht verletzt, weshalb der *conductor* wegen *culpa in eligendo* unabhängig davon einzustehen hat, ob dem Sklaven sein objektives Fehlverhalten persönlich vorwerfbar ist. Vielmehr muss bloß ein Konnex zwischen der (vorwerfbaren) Auswahl einer untauglichen Hilfsperson und dem von ihr herbeigeführten Schadenseintritt vorliegen.[975]

16. Der Haftung wegen *culpa in habendo vel inducendo* unterliegen ausschließlich *conductores*.[976] Angeknüpft wird ihre unbeschränkte Vertragshaftung wegen *culpa in habendo vel inducendo* am Halten bzw Dulden vertrauensunwürdiger, gewaltunterworfener[977] bzw

971 Siehe Kapitel 4.4 a) Fn 795; Kapitel 4.4 b) nach Fn 821.
972 Siehe Kapitel 4.4 b) Fn 820.
973 Siehe Ulp. (18 ed.) Coll. 12.7.7; D. 9.2.27.9.
974 Siehe Kapitel 2.1.5 Fn 107.
975 Siehe Kapitel 4.4 c) Fn 833.
976 Siehe Kapitel 4.5 Fn 839.
977 Siehe Ulp. (18 ed.) D. 9.2.27.11, (32 ed.) D. 19.2.11 pr.

gewaltfreier Personen[978] am oder um das Bestandobjekt, welche daran einen – aufgrund ihres Charakters – vorhersehbaren Schaden verursachen. Zurückführen lässt sich die strenge Haftpflicht des *conductor* wohl erneut auf die ihm obliegende Erhaltungspflicht des Bestandobjekts, welche er durch das bloße Halten bzw Dulden dieser Personen verletzt.[979]

17. Die bisher in den Ergebnissen beschriebenen Modelle[980] der Haftung für das Verhalten anderer Personen betreffen Fälle, in denen eine nicht vom *vinculum iuris* erfasste Person einem Vertragspartner einer *locatio conductio* einen Schaden zufügt. Die Haftpflicht des jeweils anderen Vertragspartners stützt sich aber auf ein eigenes, der konkreten Schadensverursachung vorgelagertes Fehlverhalten des Haftpflichtigen stützt, wenngleich es sich um eine teils (streng) objektivierte Verschuldensform handelt. Das letzte Haftungsmodell[981] beschreibt die weitestreichende Haftpflicht für das Verhalten anderer Personen: Es handelt sich dabei – nach moderner Terminologie – um eine Erfüllungsgehilfenhaftung, eine Haftung für fremdes Verschulden.
18. Als Nachweis für die Haftung des Werkunternehmers für das Verschulden eingesetzter Hilfspersonen dient der Säulentransportfall, D. 19.2.25.7. Der Grund für die von Gaius befürwortete strenge Haftpflicht des Säulentransporteurs dürfte am Spezifikum des Säulentransports liegen. Beim Transport sehr wertvoller und fragiler Gegenstände – wie einer Säule –, welcher besonderer Fachkenntnisse und der Mithilfe mehrerer Personen bedarf, schuldet der Transportunternehmer (*conductor*) die äußerste Sorgfalt aller von ihm eingesetzten Gehilfen und jegliche Sorgfaltsverletzung einer der beteiligten Personen, die zur Beschädigung des Transportgegenstandes führt, begründet die Haftpflicht des Unternehmers.[982] Dieses Haftungsregime lässt sich (nur) auf den Transport von Fässern und Balken sowie von anderen Gegenständen übertragen, deren Transport wegen ihres Wertes, ihrer Fragilität sowie der erforderlichen Fachkunde und Mithilfe mehrerer Personen mit jenem von Säulen vergleichbar ist. Eine allgemeine Haftung für das Verschulden eingesetzter Hilfspersonen bei der *locatio conductio* lässt sich aus dem Säulentransportfall aber mE nicht ableiten.[983]

---

978 Siehe Gai. (10 ed. prov.) D. 19.2.25.4; Ulp. (32 ed.) D. 19.2.11 pr.
979 Siehe Kapitel 4.5 a) Fn 850.
980 Siehe Kapitel 4.1, 4.2, 4.3, 4.4, und 4.5.
981 Siehe Kapitel 4.6.
982 Siehe Kapitel 4.6 Fn 905–908.
983 Siehe Kapitel 4.6 nach Fn 933.

19. Die in der gegenständlichen Arbeit untersuchten Haftungsfälle zeigen eine sich im Verlauf der römischen Klassik entwickelnde Praxis der römischen Juristen, einen Vertragspartner immer mehr zu unterstützen, Ersatz für im Rahmen des Vertragsverhältnisses erlittene Schäden zu erhalten, selbst wenn sie eine nicht vom *vinculum iuris* erfasste Person herbeigeführt hat. Bei eingehender Untersuchung der einzelnen Haftungsmodelle zeigt sich eine in der römischen Klassik stattfindende Ausdifferenzierung des *culpa*-Prinzips im römischen Haftungsrecht:[984] Unter Berücksichtigung der dynamischen wirtschaftlichen Entwicklung und der unterschiedlichen Ausprägungen der *locatio conductio* erarbeiten die klassischen römischen Juristen basierend auf dem *bona fides*-Prinzip sachgerechte, branchenspezifische Haftungsmaßstäbe für vergleichbare Sachverhaltskonstellationen.
20. Die Modelle der Haftung für das Verhalten anderer Personen bei der *locatio conductio* schränken zum einen den in der römischen Klassik bestehenden Grundsatz der eigenen Verantwortlichkeit ein; zum anderen bestätigen sie ihn, da sie grundsätzlich ein – wenn auch vorgelagertes, objektiviertes bzw impliziertes – Fehlverhalten voraussetzen. Die Haftung für das bloße Verschulden eingesetzter Hilfspersonen, wie sie im Säulentransportfall thematisiert wird, ist schließlich als Sonderfall[985] des klassischen Römischen Rechts zu verstehen.

---

984 *Frier*, SZ 95 (1978) 262 ff; siehe auch *Du Plessis*, Letting and Hiring (2012) 36 ff.
985 Siehe Kapitel 4.6 Fn 937.

Stichwortverzeichnis

Quellenverzeichnis

8. Literaturverzeichnis

Alexy, Rechtsregeln und Rechtsprinzipien, in Alexy/Koch/Kuhlen/Rüßmann (Hrsg), Elemente einer juristischen Begründungslehre (2003) 217–233

Alonso, Fault, strict liability and risk in the law of the papyri, in Urbanik (Hrsg), Culpa: Facets of Liability in Ancient Legal Theory and Practice 2012 (19–81)

Amirante, Ricerche in terma di locazione, BIDR 1959/62 (9–119)

Arangio-Ruiz, Il mandato in diritto romano (1949, Ndr 1965)

Arangio-Ruiz, La società in diritto romano (1982)

Arangio-Ruiz, Responsabilità Contrattuale in Diritto Romano (1933) 135

Avenarius, Methodenwandel und Wissenschaftstransfer in der Interpolationenforschung: Neue Quellen und wissenschaftsgeschichtliche Forschungsperspektiven (Zusammenfassung), in Avenarius et al. (Hrsg), Gradewitz, Riccobono und die Entwicklung der Interpolationenkritik (2018) 303–313

Babusiaux, Id quod actum est: Zur Ermittlung des Parteiwillens im klassischen römischen Zivilprozess (2006)

Bardis, Main features of the Ancient Roman Family, Social Science 1963/38-4 (225–240)

Beck, Zu den Grundprinzipien der bona fides im römischen Vertragsrecht, in Juristische Fakultät der Universität Basel (Hrsg), Aequitas und bona fides: Festgabe für August Simonius (1955) 9–27

Behrends, Die Prokuratur des klassischen römischen Zivilrechts, SZ 1971/88 (215–299)

Behrends, Institutionelles und prinzipielles Denken im römischen Privatrecht, SZ 1978/95 (187–231)

Behrends, Wie haben wir uns die römischen Juristen vorzustellen?, SZ 2011/128 (83–129)

Behrends/Knütel/Kupisch/Seiler (Hrsg), Corpus Iuris Civilis: Text und Übersetzung II. Digesten 1–10 (1995)

Behrends/Knütel/Kupisch/Seiler (Hrsg), Corpus Iuris Civilis: Text und Übersetzung III. Digesten 11–20 (1999)

Behrens, Begriff und Definition in den Quellen, SZ 1957/74 (352–363)

Behrens, D 50, 17, 1, SZ 1958/75 (353–361)

Benke, Zu Papinians actio ad exemplum institoriae actionis, SZ 1988/105 (592–633)

Benke, Zum Eigentumserwerb des Unternehmers bei der "locatio conductio irregularis", SZ 1987/104 (156–237)

Benöhr, Zur Haftung für Sklavendelikte, SZ 1980/97 (273–287)

Berger, Encyclopedic Dictionary of Roman law (1953, Ndr 1991)

Beseler, Miscellanea critica, SZ 1924/44 (359–395)

Betti, Zum Problem der Gefahrtragung bei zweiseitig verpflichtenden Verträgen, SZ 1965/82 (1–23)

Biondi, Le actiones noxales nel diritto romano classico (1925)

Bodel, Slave Labour and Roman Society, in Bradley/Cartledge (Hrsg), The Cambridge World History of Slavery I: The Ancient Mediterranean World (2011) 311–336

Böhr, Das Verbot der eigenmächtigen Besitzumwandlung im römischen Privatrecht: Ein Beitrag zur rechtshistorischen Spruchregelforschung (2002)

Brecht, Zur Haftung der Schiffer im antiken Recht (1962)

Briguglio, Studi sul procurator I: L'acquisto del possesso e della proprietà (2007)

Brödner, Wohnen in der Antike (1989)

Buchwitz, Fremde Sklaven als Erben. Sozialer Aufstieg durch Dritte, in *Corbino/Humbert/Negri* (Hrsg), Homo, caput, persona: La costruzione giuridica dell'identità nell'esperienza romana. Dall'epoca di Plauto a Ulpiano (2010) 393–425

Buchwitz, Vertragsklauseln und probatio: Anmerkungen zum römischen Bauvertragsrecht SZ 2009/126 (358–386)

Buckland, The Roman Law of Slavery: The Condition of the Slave in Private Law from Augustus to Justinian (1908)

Bürge, Der Witz im antiken Seefrachtvertrag: Beobachtungen zur Vertragspraxis im antiken Mittelmeerraum, Index 1994/22 (389–407)

Cannata, Richerche sulla responsabilità contrattuale nel diritto romano (1966)

Cannata, Sul Problema della Responsabilità nel Diritto Privato Romano (1996)

Cardilli, L'obbligazione di "praestare" e la responsabilità contrattuale in diritto romano (1995)

Chiusi, Die actio de in rem verso im römischen Recht (2001)

Choe, Regula Catoniana und Servius, der Meister, in Altmeppen/Reichard/Schermaier (Hrsg), Festschrift für Rolf Knütel zum 70. Geburtstag (2009) 213–227

Costa, La locazione di cose nel diritto romano (1915)

Crook, B. W. Frier, Landlords and Tenants in Imperial Rome. Princeton: Princeton University Press, J980. Pp. xxxii + 251, 8 pls., 1 plan, JRS 1983/73 (213–214)

Cursi, La responsabilità per fatto altrui, in Carvajal/Miglietta (Hrsg), Estudios Jurídicos en Homenaje al Profesor Alejandro Guzmán Brito II (2001), 169–214

Cursi, Modelle objektiver Haftung im Deliktsrecht: Das schwerwiegende Erbe des römischen Rechts, SZ 2015/132

Böhr, Das Verbot der eigenmächtigen Besitzumwandlung im römischen Privatrecht: Ein Beitrag zur rechtshistorischen Spruchregelforschung (2015)

Daube, Licinnia's Dowry, in Studi di onore di Biondo Biondi I (1966) 197–212

Daube, Nocere and noxa, CLJ 1939/7 (23–55)

Daube, Utiliter agere, Iura 1960/11 (69–148)

Daube, Zur Palingenesie einiger Klassikerfragmente, SZ 1959/76 (149–264)

De Martino, Wirtschaftsgeschichte des alten Rom (1985)

Dernburg, Pandekten II (1886)

De Robertis, La responsabilità contrattuale nel diritto romano (1996)

Domisch, Zur Frage eines Besitzübergangs auf den Erben im klassischen römischen Recht (2015)

Domisch, Friederike Erxleben, Translatio iudicii. Der Parteiwechsel im römischen Formularprozess (= Münchener Beiträge zur Papyrusforschung und antiken Rechtsgeschichte 112). Beck, München 2017. 311 S, SZ 2018/135 724–739

Du Plessis, § 80 Klagen aus Verdingung (actio locati und actio conducti, in Babusiaux/Baldus/Ernst/Meissel/Platschek/Rüfner (Hrsg), Handbuch des römischen Privatrechts I (2023) 2272–2297

Du Plessis, ‚Liability', ‚Risk' and locatio conductio, in Fiori (Hrsg), Modelli teorici e metodologici nella storia del diritto privato IV (2011) 63–95

Du Plessis, Between Theory and Practice: New Perspectives on the Roman Law of Letting and Hiring, CLJ 2006/65 (423–437)

Du Plessis, Janus in the Roman Law of Urban Lease, Historia 2006/55–1 (48–63)

Du Plessis, Letting and Hiring in Roman Legal Thought: 27 BCE – 284 CE (2012)

Du Plessis, Notes on a Fire, in Sturm et al. (Hrsg), Liber Amicorum Guido Tsuno (2013) 309–316

Du Plessis, Urban Landlords and Tenants, in Ando/Du Plessis/Tuori (Hrsg), The Oxford Handbook of Roman Law and Society (2016) 635–645

Du Plessis, The Roman Concept of lex contractus, RLT 2006/3 (79–94)

Dworkin, The Model of Rules, University of Chicago Law Review, 1967/35 (14–46)

Ebert et al., Die Arbeitswelt der Antike (1983)

Erdmann, Freie Berufe und Arbeitsverträge in Rom, SZ 1948/66 (567–571)

Ernst, Das Nutzungsrisiko bei der Pacht in der Entwicklung seit Servius, SZ 1988/105 (541–591)

Ernst, Wandlungen des „vis maior"-Begriffes in der Entwicklung der römischen Rechtswissenschaft, Index 1994/22 (293–321)

Finkenauer, Drittwirkende pacta im klassischen Recht, SZ 2018/135 (178–260)

Finkenauer, Pönale Elemente der lex Aquilia, in Gamauf (Hrsg), Ausgleich oder Buße als Grundproblem des Schadenersatzrechts von der lex Aquilia bis zur Gegenwart: Symposium zum 80. Geburtstag von Herbert Hausmaninger (2017) 35–71

Finkenauer, Vererblichkeit und Drittwirkungen der Stipulation im klassischen römischen Recht (2010)

Fiori, La definizione della ‚locatio conductio': Giurisprudenza romana e tradizione romanistica (1999)

Flach, Das Zwölftafelgesetz – Leges XII tabularum (2004)

Flohr, The World of the Fullo: Work, Economy, and Society in Roman Italy (2013)

Földi, Anmerkungen zum Zusammenhang zwischen der Haftung ex recepto nautarum cauponum stabularium und der Haftung für custodia, RIDA 1993/40 (263–291)

Földi, Die Entwicklung der sich auf die Schiffer beziehenden Terminologie im Römischen Recht, TR 1995/63 (1–9)

Földi, Remarks on the Notion of "bona fides", Annales Univ. Budapest 2007/48 (53–72)

N. Forgó, Locatio conductio in Cancik/Schneider (Hrsg), Der Neue Pauly VII (1999) Sp 384–386

Frakes, Compiling the Collatio Legum Mosaicarum et Romanarum in Late Antiquity (2012)

France, Les personnels et la gestion des entrepôts impériaux dans le monde romain, REA 2008/110 (483–507)

Frier, A Casebook on the Roman Law of Delict (1989)

Frier, Landlords and Tenants in Imperial Rome (1980)

Frier, Tenant's liability for damage to landlord's property in classical Roman law, SZ 1978/95 (232–269)

Frier, The Rental Market in Early Imperial Rome, JRS 1977/67 (27–37)

Gamauf, § 36 Sklaven (servi), in Babusiaux/Baldus/Ernst/Meissel/Platschek/Rüfner (Hrsg), Handbuch des römischen Privatrechts I (2023) 915–985

Gamauf, § 102 Klage aufgrund Sonderguts oder unmittelbarer Zuwendung in das Vermögen des Gewalthabers (actio de peculio vel de in rem verso) in Babusiaux/Baldus/Ernst/Meissel/Platschek/Rüfner (Hrsg), Handbuch des römischen Privatrechts I (2023) 2771–2809

Gamauf, De nihilo crevit – Freigelassenenmentalität und Pekuliarrecht: Einige Überlegungen zur Entstehung von Sklavenpekulien; in Babusiaux/Nobel/Platschek (Hrsg), Der Bürge einst und jetzt: Festschrift für Alfons Bürge (2017) 225–253

Gamauf, Erwerb durch Sklaven, Peculium, in Heinen et. al. (Hrsg), Handwörterbuch der Antiken Sklaverei (2012/17)

Gamauf, Kindersklaven in klassischen römischen Rechtsquellen, in: Heinen (Hrsg), Kindersklaven – Sklavenkinder: Schicksale zwischen Zuneigung und Ausbeutung in der Antike und im interkulturellen Vergleich. Beiträge zur Tagung des Akademievorhabens Forschungen zur antiken Sklaverei, Mainz, 14. Oktober 2008, (2012)

Gamauf, Slavery: Social Position and Legal Capacity, in Ando/Du Plessis/Tuori (Hrsg), The Oxford Handbook of Roman Law and Society (2016) 386–401

Gamauf, Slaves Doing Business: The Role of Roman Law in the Economy of a Roman Household, European Review of History 2009/16:3 (331–346)

Gamauf, Vindicatio Nummorum: Eine Untersuchung zur Reichweite und praktischen Durchführung des Eigentumsschutzes an Geld im Klassischen Römischen Recht, Habilitationsschrift, Universität Wien (2001)

Gardener, Family and Familia in Roman Law and Life (1998)

Garnsey, Social Status and Legal Privilege in the Roman Empire (1970)

Gerkens, Selbsthilfe bei Brandgefahr: Überlegungen zu den Rechtsmitteln im Prinzipat, in Sturm et al. (Hrsg), Liber Amicorum Guido Tsuno (2013) 103–124

Gerkens, "Vis maior" and "vis cui resisti non potest", Fundamina 2005/11 (109–120)

Giaro, Über methodologische Werkmittel der Romanistik, SZ 1988/105 (180–262)

Goldschmidt, Über die Verantwortlichkeit des Schuldners für seine Gehülfen, ZHR 1871/16 (287–382)

Gröschler, Considerazioni sulla funzione della responsabilità nossale in diritto romano, in Ruggeri (Hrsg), Studi in onore di Antonino Metro III (2010) 195–222 (198 ff)

Guarino, Diritto Privato Romano (1992)

Hägerström, Über den Grund der bindenden Kraft des Konsensualkontraktes nach römischer Rechtsanschauung, SZ 1945/63 (268–300)

Hausmaninger, Das Schadenersatzrecht der lex Aquilia[5] (1996)

Hausmaninger, Diligentia quam in suis, in Medicus/Seiler (Hrsg), FS Kaser (1976) 265–284

Hausmaninger, Nemo sibi ipse causam possessionis mutare potest:eine Regel der veteres in der Diskussion der Klassiker, in Seidl (Hrsg), Aktuell Fragen aus modernem Recht und Rechtsgeschichte: Gedächtnisschrift für Rudolf Schmidt (1966) 399–412

Hausmaninger, Regula Catoniana, TR 1968/36 (469–488)

Haymann, Textkritische Studien zum römischen Obligationenrecht: Über Haftung für custodia, SZ 1919/40 (167–350)

Heumann/Seckel, Handlexikon zu den Quellen des römischen Rechts[11] (1971)

Hoeks, Multimodal Transport Law: The law applicable to the multimodal contract for the carriage of goods (2010)

Hoffmann-Riem, Custodia-Haftung des Sachmieters untersucht an Alf./Paul. D. 19,2,30,2., SZ 1969/86 (394–403)

Honoré, Gaius (1962)

Honsell, Die Haftung für Hilfspersonen, in FS Schwenzer (2011) 779–789

Horak, Dogma und Dogmatik: Zur Genese und Entwicklung eines Begriffs in der Wissenschaftsgeschichte, SZ 1984/101 (275–293)

Horak, Wer waren die Veteres? Zur Terminologie der klassischen römischen Juristen, in Klingenberg/Rainer/Stiegler (Hrsg), Vestigia iuris Romani: Festschrift für Gunter Wesener zum 60. Geburtstag am 3. Juni 1992 (1992) 201–236

Hu, Haftung für Erfüllungsgehilfen nach deutschem und chinesischem Recht: Eine rechtsvergleichende Sicht im Spiegel der Lehre und Rechtsprechung, Dissertation, Humboldt Universität zu Berlin (2019)

Isola, Venire contra factum proprium: Herkunft und Grundlagen eines sprichwörtlichen Rechtsprinzips (2017)

Jakab, Praedicare und cavere beim Marktkauf: Sachmängel im griechischen und römischen Recht (1997)

Jakab/Ernst (Hrsg), Kaufen nach Römischem Recht: Antikes Erbe in den europäischen Kaufrechtsordnungen (2008)

Johne/Köhn/Weber, Die Kolonen in Italien und den westlichen Provinzen des Römischen Reiches: Eine Untersuchung der literarischen, juristischen und epigraphischen Quellen vom 2. Jahrhundert v.u.Z. bis zu den Severern (1983)

Jörs/Kunkel/Wenger, Römisches Privatrecht[3] (1949)

Kaiser, Justinian and the Corpus Iuris Civilis, in Johnston (Hrsg), The Cambridge Companion to Roman Law (2015) 119–149

Kaser, Das Römische Privatrecht I: Das altrömische, das vorklassische und klassische Recht (1955)

Kaser, Das Römische Privatrecht I²: Das altrömische, das vorklassische und klassische Recht (1971)

Kaser, Das Römische Privatrecht II²: Die nachklassischen Entwicklungen (1975)

Kaser, Ein Jahrhundert Interpolationenforschung an den römischen Rechtsquellen, in Kaser (Hrsg), Römische Rechtsquellen und angewandte Juristenmethode (1986) 112–154

Kaser, Ius gentium (1993)

Kaser, Noxae dedere oder noxae dare, SZ 1970/87 (445–446)

Kaser, Periculum Locatoris, SZ 1957/74 (155–200)

Kaser, Theo Mayer-Maly, Locatio Conductio, Eine Untersuchung zum klassischen römischen Recht. Verlag Herold, Wien-München 1956, 240 p., TR 1957/25 (398–405)

Kaser, Zur Methode der römischen Rechtsfindung² (1969)

Kaser/Hackl, Das römische Zivilprozeßrecht² (1996)

Kaser/Knütel/Lohsse, Römisches Privatrecht²¹ (2017)

Kaufmann, Die altrömische Miete: Ihre Zusammenhänge mit Gesellschaft, Wirtschaft und staatlicher Vermögensverwaltung (1964)

Kehoe, Investment, Profit, and Tenancy: The Jurists and the Roman Agrarian Economy (1997)

Kiechle, Sklavenarbeit und technischer Fortschritt im römischen Reich (1969)

Klausberger, Objektive und subjektive Zurechnungsgründe im klassischen römischen Haftungsrecht, Habilitationsschrift, Universität Wien (2019)

Klausberger, Versum autem sic accipimus, ut duret versum? Bemerkungen zur actio de in rem verso zwischen Geschäftsführung und Bereicherung, RIDA 2009/56 (75–90)

Klinck, Die persönliche Haftung des filius familias, SZ 2015/132 (126–153)

Klinck, Zur Bedeutung des Wortes procurator in den Quellen des klassischen Rechts, SZ 2007/123 (25–52)

Knütel, Die Haftung für Hilfspersonen im römischen Recht, SZ 1983/100 (340–443)

Knütel/Kupisch/Rüfner/Seiler (Hrsg), Corpus Iuris Civilis: Text und Übersetzung V. Digesten 28–34 (2012)

Kordasiewicz, Receptum nautarum and "Custodiam praestare" revisited, RIDA 2011/58 (193–210)

Kovács, Quelques observations sur la division de la locatio-conductio, in Hamza et al. (Hrsg), Iura antiqua – iura moderna: Festschrift für Ferenc Benedek zum 75. Geburtstag (2001) 217–230

Krampe, Die ambiguitas-Regel: Interpretado contra stipulatorem, venditorem, locatorem, SZ 1983/100 (185–228)

Kretschmar, Kritik der Interpolationenkritik, SZ 1939/59 (102–218)

Kroppenberg, Die Insolvenz im klassischen römischen Recht: Tatbestände und Wirkungen außerhalb des Konkursverfahrens (2001)

Krückmann, Custodia, SZ 1944/64 (1–56)

Krückmann, Versicherungshaftung im römischen Recht, SZ 1943/63 (1–53)

Kunkel, Diligentia: Zur Erklärung der lex metalli vipascensis, SZ 1925/45 (266–351)

Kunkel, Die römischen Juristen: Herkunft und soziale Stellung[2] (1967)

Kunkel, Römische Rechtsgeschichte[12] (1967)

Leesen, Gaius meets Cicero: Law and Rhetoric in the School Controversies (2010)

Lehne-Gstreinthaler, Schiedsgerichtsbarkeit und außergerichtliche Konfliktbereinigung im klassischen römischen Recht, in Pfeiffer/Grotkamp (Hrsg), Außergerichtliche Konfliktlösung in der Antike: Beispiele aus drei Jahrtausenden (2017) 141–168

Lenel, Das Edictum Perpetuum: Ein Versuch zu dessen Wiederherstellung (1883)

Lenel, Das Edictum Perpetuum: Ein Versuch zu seiner Wiederherstellung[2] (1907)

Lenel, Das Edictum Perpetuum: Ein Versuch zu seiner Wiederherstellung[3] (1927)

Lenel, Die Formeln der actiones noxales, SZ 1927/47 (1–28)

Lenel, Palingenesia Iuris Civilis I (1889)

Lenel, Palingenesia Iuris Civilis II (1889)

Levy, Die Konkurrenz der Aktionen und Personen im klassischen römischen Recht I (1964)

Lewis, The Trichotomy in locatio conductio, Irish Jurist s (164–177)

Liebs, Die Klagenkonkurrenz im römischen Recht: Zur Geschichte der Scheidung von Schadensersatz und Privatstrafe (1972)

Liebs, Hofjuristen der römischen Kaiser bis Justinian (2010)

Litewski, Die Zahlung bei der Sachmiete (vor oder nach Ablauf der Mietzeit) im römischen Recht, TR 2002/70 (229–249)

Lotmar, Zur Geschichte des Interdictum Quod legatorum, SZ 1910/31 (89–158)

Luzzatto, Caso fortuito e forza maggiore come limite alla responsabilità contrattuale I: La responsabilità per custodia (1938)

MacCormack, Aquilian Studies, SDHI 1975/41 (49–63)

MacCormack, Culpa in eligendo, RIDA 1971/18 (525–551)

MacCormack, Culpa, SDHI 1972/38 (123–188)

MacCormack, Custodia and Culpa, SZ 1972/89 (149–219)

MacCormack, Dolus, Culpa, Custodia and Diligentia: Criteria of Liability or Content of Obligation, Index 1994/22 (189–209)

MacCormack, The Thievish Slave, RIDA 1972/19 (345–365)

Manthe, Gaius Institutionen2 (2010)

Manthe, Geschichte des römischen Rechts4 (2011)

Mantovani, Le formule del processo privato romano2 (1999)

Marini, La custodia di merci dell'horrearius: a proposito di CIL VI 33747, SZ 2015/132 (154–180)

Martin, Imperitia: The Responsibility of Skilled Workers in Classical Roman Law, AJP 2001/122 (107–129)

Martin, Mules, Muleteers and Transportation in Classical Roman Law, TAPhA 1990/120 (301–314)

Martin, Roman Law and the Study of Land Transportation, in Aubert/Sirks (Hrsg), Speculum Iuris: Roman Law as a Reflection of Social and Economic Life in Antiquity (151–168)

Martin, Servum Meum Mulionem Conduxisti: Mules, Muleteers and Transportation in Classical Roman Law, TAPhA 1990/120 (301–314)

Martin, The Roman Jurists and the Organization of Private Building in the Late Republic and Early Empire (1989)

Mathiaschitz, Handeln auf eigene Gefahr: Joseph Unger und seine Konzeption einer verschuldensunabhängigen Haftung „pro utilitate communi", Dissertation, Universität Wien (2017)

Mayer-Maly, Höhere Gewalt: Falltypen und Begriffsbildung, in FS Steinwenter (1958) 58–77

Mayer-Maly, Horst Kaufmann, Die altrömische Miete: Ihre Zusammenhänge mit Gesellschaft, Wirtschaft und staatlicher Vermögensverwaltung. Forschungen zum Römischen Recht, Bd. 18. Böhlau-Verlag, Köln-Graz 1964. XIV und 393 S., SZ 1965/82 (406–416)

Mayer-Maly, Locatio Conductio (1956)

Mayer-Maly, R. Fiori, La definizione della locatio conductio, Giurisprudenza romana e tradizione romanistica. [Università di Roma 'La Sapienza', Pubblicazioni dell'Istituto di diritto romano e dei diritti dell'Oriente mediterraneo, 76]. Jovene, Napoli 1999. XI + 410 p, TR 2002/70 (353–354)

Mayer-Maly, Tipicità e unita della locatio-conductio, Labeo 1959/5 (390–397)

McGinn, Hire-Lease in Roman Law and Beyond: Paul J. du Plessis. Letting and Hiring in Roman Legal Thought: 27 BCE – 284 CE. Leiden: Brill, 2012. Pp. XVI + 213., AHB 2013/27 (168–187)

Medicus, Id quod interest: Studien zum römischen Recht des Schadenersatzes (1962)

Medicus in Ziegler/Sontheimer (Hrsg), Der kleine Pauly: Lexikon der Antike in fünf Bänden IV (1979)

Medicus, Restituere – quanti ea res est – id quod interest, SZ 1998/114 (66–79)

Meissel, Dolus, in Cancik/Schneider (Hrsg), Der Neue Pauly III (1997) Sp 736–737

Meissel, Societas: Struktur und Typenvielfalt des römischen Gesellschaftsvertrages (2004)

Meissel, Zur Haftung für Furtum beim römischen Leihevertrag: Diebstahlsverfolgung und Drittschadensproblem, JAP 1993–94/4 (212–218)

Meissel/Novitskaya, § 78 Bonae fidei iudicia: Grundlagen, in Babusiaux/Baldus/Ernst/Meissel/Platschek/Rüfner (Hrsg), Handbuch des Römischen Privatrechts I (2023) 1998–2020

Metro, L'obbligazione di custodire nel diritto romano (1966)

Meyer, Legitimacy and Law in the Roman World (2004)

Meyer-Termeer, Die Haftung der Schiffer im Griechischen und Römischen Recht (1978)

Miquel, Periculum locatoris: Ricerche in tema di responsabilità contrattuale, SZ 1964/81 (134–190)

Möller, Die mercennarii in der römischen Arbeitswelt, SZ 1993/110 (296–330)

Molnár, Die Ausgestaltung des Begriffes der vis maior im römischen Recht, Iura 1981/32 (73–105)

Molnár, Rechte und Pflichten der Subjekte der locatio conductio, Index 1983–84/12 (157–188)

Molnár, Roberto Fiori, La definizione della ‚locatio conductio'. Giurisprudenza Romana e tradizione romanistica (= Università di Roma ‚La Sapienza'. Publicazioni dell'instituto di diritto romano e die diritti dell'oriente mediterraneo LXXVI). Jovene, Napoli 1999. XI, 410 S., SZ 2002/119 (611–614)

Molnár, Verantwortung und Gefahrtragung bei der locatio conductio zur Zeit des Prinzipats, in Hildegard Temporini (Hrsg), Aufstieg und Niedergang der römischen Welt II: Principat Principat 14 (583–681)

Mommsen/Krueger/Watson, The Digest of Justinian I (1985)

Morelli, Die Geschäftsführung im Klassischen Römischen Recht (1935)

Mrozek, Lohnarbeit im klassischen Altertum (1989)

Müller, Gefahrtragung bei der locatio conductio: Miete, Pacht, Dienst- und Werkvertrag im Kommentar römischer Juristen (2002)

Neeve, Colonus: Private Farm-Tenancy in Roman Italy during the Republic and the Early Principate (1984)

Nörr, Causa mortis: Auf den Spuren einer Redewendung (1986)

Nörr, Die Entwicklung des Utilitätsgedankens im römischen Haftungsrecht, SZ 1956/73 (68–119)

Nörr, Exempla nihil per se valent SZ 2009/126 (1–54)

Nörr, Kausalitätsprobleme im klassischen römischen Recht: ein theoretischer Versuch Labeos, in Behrends et al. (Hrsg), Festschrift für Franz Wieacker zum 70. Geburtstag (1978) 115–144

Nörr, Spruchregel und Generalisierung, SZ 1972/89 (18–93)

Nörr, Zur sozialen und rechtlichen Bewertung der freien Arbeit in Rom, SZ 1965/82 (67–105)

Nörr/Nishimura (Hrsg), Mandatum und Verwandtes: Beiträge zum römischen und modernen Recht (1993)

Ondreasova, Die Gehilfenhaftung: eine rechtsvergleichende Untersuchung zum österreichischen Recht mit Vorschlägen zur Reform (2013)

Ormerod, Piracy in the Ancient World (1924)

Osthues, Bauwissen im antiken Rom, in Renn/Osthues/Schlimme (Hrsg), Wissensgeschichte der Architektur II (2014) 265–422

Otto/Schilling/Sintenis, Das Corpus Iuris Civilis in's Deutsche übersetzt von einem Vereine Rechtsgelehrter I (1830)

Otto/Schilling/Sintenis, Das Corpus Iuris Civilis in's Deutsche übersetzt von einem Vereine Rechtsgelehrter IV (1932)

Paulus, Bruce W. Frier, Landlords and Tenants in Imperial Rome. Princeton University Press, 1980. XXXII, 251 S., Abb., SZ 1983/100 (660–667)

Pennitz, Das periculum rei venditae: ein Beitrag zum "aktionenrechtlichen Denken" im römischen Privatrecht (2000)

Pennitz, § 105 Die Noxalhaftung, in Babusiaux/Baldus/Ernst/Meissel/Platschek/ Rüfner (Hrsg), Handbuch des Römischen Privatrechts I (2023) 2828–2856

Pennitz, Obligatio domini und Obligatio servi, in Harke (Hrsg), Drittbeteiligung am Schuldverhältnis (2010) 71–95

Pennitz, Ulpian D. 47,2,48,4 (42 ad Sab.): Ita erit casus, quo fur furti agere possit – Ulpians raffiniertes Beispiel zur Voraussetzung eines

„ehrenhaften Interesses“, in Finkenauer/Sirks (Hrsg), Interpretationes Iuris Antiqui: Dankesgabe für Shigeo Nishimura (2018) 203–228

Pflüger, Zur Lehre von der Haftung des Schuldners nach römischem Recht, SZ 1947/65 (121–218)

Phillimore, Principles and Maxims of Jurisprudence (1856)

Pils, Die rechtsgeschichtliche Entwicklung der Brandstiftung: Ein Beitrag zum Umgang mit Gefahren (2010)

Platschek, Nochmals zum „Paradigmenwechsel“ in der römischen Jurisprudenz, Index 2010/38 (401–406)

Pöhlmann, Die Übervölkerung der antiken Großstädte: Im Zusammenhange mit der Gesammtentwicklung städtischer Civilisation (1884, Ndr 1967)

Potacs, Rechtstheorie2 (2019)

Pringsheim, Id quod actum est, SZ 1962/78 (1–91)

Pugliese, L'onere della prova nel processo romano‚per formulas', RIDA 1956/3 (349–422)

Rainer, Bau- und nachbarrechtliche Bestimmungen im klassischen römischen Recht (1987)

Rainer, Einige weiterführende Überlegungen zur operis novi nuntiatio, Seminarios Complutenses 1996/8 (223–231)

Rainer, Humanität und Arbeit im römischen Recht, SZ 1988/105 (745–770)

Rainer, Iudicia, Responsa, Rescripta: Zu den Römischen Rechtsquellen, RIDA 2019/66 (197–227)

Rainer, Zur locatio conductio: Der Bauvertrag, SZ 1992/108 (505–525)

Reichard, Stipulation und Custodiahaftung, SZ 1990/107 (46–79)

Reinkenhof, H. Wicke, Respondeat Superior: Haftung für Verrichtungsgehilfen im römischen, römisch-holländischen, englischen und südafrikanischen Recht [Schriften zur Europäischen Rechts- und Verfassungsgeschichte, 32]. Duncker & Humblot, Berlin 2000. 483 S., TR 2003/71 (236–240)

Reischauer in Rummel, ABGB3 § 1313 ABGB Rz 1 (Stand 1.1. 2004, rdb.at)

Rickman, Roman Granaries and Store Buildings (1971)

Robaye, L'obligation de garde: Essai sur la responsabilité contractuelle en droit romain (1987)

Robaye, Remarques sur le concept de faute dans l'interprétation classique de la lex Aquilia, RIDA 1991/38 (333–384)

Rosenthal, Custodia und Aktivlegitimation zur Actio furti, SZ 68/1951 (217–265)

Roth, Alfeni Digesta: eine spätrepublikanische Juristenschrift (1999)

Salmen-Everinghoff, Zur cautio damni infecti: Die Rückkehr eines römischrechtlichen Rechtsinstituts in das moderne Zivilrecht (2009)

Sargenti, Problemi della responsabilità contrattuale: Ricerca di un criterio obbiettivo di responsabilità: Caso fortuito – forza maggiore – custodia, SDHI 1954/20 (127–162)

Scheibelreiter, Buße und Wiedergutmachung? Antikrechtliche Modelle zum Ersatz erlittener Schädigung bis zur lex Aquilia, in Gamauf (Hrsg), Ausgleich oder Buße als Grundproblem des Schadenersatzrechts von der lex Aquilia bis zur Gegenwart (2017) 1–33

Schermaier, Bona fides im römischen Vertragsrecht, in Garofalo (Hrsg), Il ruolo della buona fede oggettiva nell' esperienza giuridica storica e contemporanea: Atti del Convegno internazionale di studi in onore di Alberto Burdese III (2003) 387–416

Schiemann in Cancik/Schneider (Hrsg), Der neue Pauly IV (1998) Sp 507–509

Schipani, Responsabilità „ex lege Aquilia". Criteri di imputazione e problema della „culpa" (1969)

Schmidlin, Die römischen Rechtsregeln: Versuch einer Typologie (1970)

Schmidlin, Horoi, pithana und regulae – Zum Einfluss der Rhetorik und Dialektik auf die juristische Regelbildung, ANRW II 1976/15 (101–130)

Schulz, Classical Roman Law (1951)

Schulz, Die Aktivlegitimation zur actio furti im klassischen römischen Recht, SZ 1911/32 (23–99)

Schulz, Die Haftung für das Verschulden der Angestellten im klassischen römischen Recht, GrünhutsZ 1911/38 (9–54)

Schulz, Geschichte der römischen Rechtswissenschaft (1961)

Schulz, Prinzipien des römischen Rechts (1934)

Seiler, Die deliktische Gehilfenhaftung in historischer Sicht, JZ 1967/22 (525–529)

Serrano-Vicente, Custodiam praestare: La prestación de custodia en el derecho romano (2007)

Siimets-Gross, Die Ausdrücke status libertatis, civitatis und familiae. Savignys berechtigte Kritik an den neueren Juristen?, in Corbino/Humbert/Negri (Hrsg), Homo, caput, persona: La costruzione giuridica dell'identità nell'esperienza romana. Dall'epoca di Plauto a Ulpiano (2010) 217–249

Sirks, Noxa caput sequitur, TR 2013/81 (81–108)

Söllner, Bona fides – guter Glaube?, SZ 2005/122 (1–61)

Springer, Die Wurzeln der werkvertraglichen Gefahrtragung im römischen Bauvertragsrecht, Dissertation, Universität Wien (2017)

Staerman, Die Blütezeit der Sklavenwirtschaft in der Römischen Republik (1969)

Stegmann, Die Folgen des Contractsbruchs des locator operarum nach römischem Recht, in Juristische Dissertationen Göttingen 1890 L-Z (1890)

Stein, Fault in the Formation of cContract in Roman law and Scots law (1958)

Stein, Harmut Wicke, Respondeat Superior. Haftung für Verrichtungsgehilfen im römischen, römisch-holländischen, englischen und südafrikanischen Recht (=Schriften zur Europäischen Recht- und Verfassungsgeschichte 32). Duncker & Humblot, Berlin 200. 483 S., SZ 2003/120 (426–427)

Stein, Regulae iuris: From juristic rules to legal maxims (1966)

Stoll, Übersicht über die italienische Rechtsliteratur. 1915–1922: Costa, E., La locazione di cose ne diritto romano. Torino (Bocca) 1915., SZ 1927/47 (529–530)

Storey, Housing and Domestic Architecture, in Erdkamp (Hrsg), The Cambridge companion to ancient Rome (2013) 151–168

Talamanca, La bona fides nei giuristi romani: „Leerformel" e valori dell'ordinamento, in Garofalo (Hrsg), Il ruolo della buona fede oggettiva nell'esperienza giuridica storica e contemporanea atti del Convegno internazionale di studi in onore di Alberto Burdese IV (2003) 1–312

Ter Beek, Dolus: Een semantisch-juridische studie I (1999)

Thomas, Actiones Ex Locato/Conducto and Aquilian Liability, Acta Juridica 1978/20 (127–134)

Thomas, Carriage by Sea, RIDA 1960/7 (489–505)

Thomas, Custodia and Horrea, RIDA 1959/6 (372–383)

Thomas, Digest 19.2.9.3, SZ 1962/79 (334–339)

Thomas, Juridical Aspect of Carriage by the Sea and Warehousing in Roman Law, Recueils de la Société Jean Bodin pour l'histoire comparative des institutions 1974/32 (117–159)

Thomas, Pro noxal surrender, Labeo 1971/17 (16–32)

Thomas, Return to "Horrea", RIDA 1966/13 (353–368)

Torrent, La Polemica sobre la tricotomia ‚res', ‚operae', ‚opus' y los origines de la Locatio-Conductio, TSDP 2011/4 (1–51)

Tritremmel, Culpa in eligendo et culpa in habendo bei der locatio conductio (rei), in Ayasch/Bemmer/Tritremmel (Hrsg), Wiener Schriften: Neue Perspektiven aus der jungen Romanistik (2018) 191–214

Tritremmel, Fünf Modelle zur Haftung des conductor für das Verhalten anderer Personen bei der locatio conductio rei, RIDA 2019/66 (229–247)

Tröger, Arbeitsteilung und Vertrag: Verantwortlichkeit für das Fehlverhalten Dritter in Vertragsbeziehungen (2012)

Unger, Handeln auf eigene Gefahr: Ein Beitrag zur Lehre vom Schadenersatz3 (1904)

Valino, Las actiones adiecticiae qualitatis y sus relaciones basicas en derecho romano, AHDE 1967/37 (339–436)

Van den Bergh, B.W. Frier, Landlords and tenants in imperial Rome. Princeton University Press, [Princeton 1980]. XXXII + 251 p., TR 1985/53 (156–158)

Van den Bergh, Custodiam praestare: Custodia-Liability or Liability for Failing Custodia?, TR 1975/43 (59–72)

Van Oven, Actio de recepto et actio locati, TR 1956/24 (137–157)

Visky, La responsabilité dans le droit romain à la fin de la République, RIDA 1949/3 (437–484)

Voci, Diligentia, custodia, culpa: I dati fondamentali, SDHI 1990/56 (29–143)

Vogt, Die sogenannten Rechtsschulen der Proculianer und der Sabinianer, in Nörr/Simon (Hrsg), Gedächtnisschrift für Wolfgang Kunkel (1984) 515–521

Von Bolla-Kotek, Untersuchungen zur Tiermiete und Viehpacht im Altertum (1940)

Von Lübtow, Untersuchungen zur ex Aquilia de damno iniuria dato (1971)

Von Jhering, Das Schuldmoment im römischen Privatrecht: eine Festschrift (1867

Von Wyss, Die Haftung für fremde Culpa nach römischem Recht (1867)

Von Zeiller, Commentar über das allgemeine bürgerliche Gesetzbuch III/2 (1813)

Wacke, Die adjektizischen Klagen im Überblick. Erster Teil: Von der Reeder- und der Betriebsleiterklage zur direkten Stellvertretung SZ 1994/111 (280–362)

Wacke, Die Anerkennung der Medizin als ars liberalis und der Honoraranspruch des Arztes, SZ 1996/113 (382–421)

Wacke, Peculium non ademptum videtur tacite donatum: Zum Schicksal des Sonderguts nach der Gewaltentlassung, Iura 1991/42 (43–95)

Wacke, Rechtsfragen der römischen Lagerhausvermietung, Labeo 1980/26 (299–324)

Wacke, Sprichwörtliche Rechtsprinzipien und europäische Rechtsangleichung, OIR 1999/5 (174–213)

Wacke, Zur Aktiv- und Passivlegitimation des gutgläubigen Sklavenbesitzers: Grenzen prozessualistischer Betrachtungsweise der römischen Rechtsquellen, in Hübner/ Klingmüller/Wacke (Hrsg), Festschrift für Erwin Seidl zum 70. Geburtstag (1975) 179–219

Wacke, Zur Beweislast im klassischen Zivilprozeß: Giovanni Pugliese versus Ernst Levy, SZ 1992/109 (411–449)

Wallace-Hadrill, Elites and Trade in the Roman town, in Rich/Wallace-Hadrill, City and Country in the Ancient world (1991) 244–277

Wallinga, Actio legis Aquiliae – Buße oder Schadenersatz?, in Altmeppen/Reichard/Schermaier (Hrsg), Festschrift für Rolf Knütel zum 70. Geburtstag (2009) 1385–1399

Watson, An unprincipled decision on a will, Irish Jurist 1968/3 (377–391)

Watson, Contract of Mandate in Roman Law (1961)

Watson, Horst Kaufmann, Die Altrömische Miete [Forschungen zum römischen Recht, 18] Böhlau, Köln-Graz 1964. xiv + 392 p., TR 1966/34 (109–112)

Watson, Roman Slave Law (1987)

Watson, The Digest of Iustinian IV (1985)

Watson, The Law of Obligations in the Later Roman Republic (1965)

Wenger, Canon in den römischen Rechtsquellen und in den Papyri (1942)

Wesener, Actiones ad exemplum, SZ 1958/75 (220–250)

Wicke, Respondeat Superior: Haftung für Verrichtungsgehilfen im römischen, römisch-holländischen, englischen und südafrikanischen Recht (2000)

Wieacker, Römische Rechtsgeschichte II: Die Jurisprudenz vom frühen Prinzipat bis zum Ausgang der Antike (1988)

Wieacker, Vom römischen Recht (1961)

Wieacker, Zur Technik der Kompilatoren: Prämissen und Hypothesen, SZ 1972/89 (293–323)

Wieling, Testamentsauslegung im römischen Recht (1972)

Willems, Obligations of the Parties to a (Related) Service Contract, in Jansen/ Zimmermann (Hrsg), Commentaries on European Contract Laws (2018), 2073–2120

Willems, „Urbanes“ Mietrecht? Der römische Wohnungsmarkt zwischen Preismechanismus und Intervention, SZ 2019/136 (233–270)

Willvonseder, Die Verwendung der Denkfigur der „condicio sine qua non“ bei den Römischen Juristen (1984)

Windscheid, Lehrbuch des Pandektenrechts II6 (1887)

Winkel, Les Peregrini et le droit romain, in Chevreau/Kremer/Laquerrière-Lacroix (Hrsg), Carmina iuris. Mélanges en l'honneur de Michel Humbert (2012) 871–879

Winkel, The Role of General Principles, Fundamina 1996/2 (103–120)

Wubbe, Zur Haftung des Horrearius, SZ 1959/76 (508–520)

Zimmermann, Die Geschichte der Gastwirtshaftung, in Haferkamp/Reppen (Hrsg), Usus modernus pandectarum: Römisches Recht, Deutsches Recht und Naturrecht in der Frühen Neuzeit (2007) 271–339

Zimmermann, Law of Obligations: Roman Foundations of the Civilian Tradition (1990, Ndr 1996)

9. Summary

Locatio conductio is a Roman consensual contract of particular economic significance, covering letting and hiring of things (*locatio conductio rei*), the fulfilment of a specific task (*locatio conductio operis*) and rendering of services (*locatio conductio operarum*).

When a contracting party (*locator* or *conductor*) suffers loss based on fault of the other party (*dolus* or a form of *culpa*) the harmed *locator* is provided with *actio locati* while the harmed *conductor* is provided with *actio conducti*. In many cases the loss is not directly caused by a contracting party but rather by a third party. Therefore, Roman jurists had to decide whether the harmed party shall have legal claims against the other who is generally more accessible and liquid than the actual tortfeasor.

The analysis of various classical legal texts shows that for Roman jurists liability generally remains strictly personal. However, there are certain classical texts dealing with contractual liability for loss caused by persons who are not bound by the *vinculum iuris* of a certain *locatio conductio*. Building on the concept of contractual noxal liability, which was developed by the Proculeian School, different concepts of unlimited contractual liability for loss caused by others were established by Roman jurists with regard to the dynamic economic development in the field of *locatio conductio*.

For instance, the breach of a contract clause by a *conductor/locator* can lead to his unlimited contractual liability, although the loss of his contracting party might have been directly caused by a third party. Another evolving liability concept – at least for certain types of *locatio conductio* – is *custodia*, according to which *horrearii*, *fullones*, *sarcinatores*, *nautae*, *caupones* and *stabularii* are liable for theft of things that were entrusted to them.

A further established liability concept is *culpa in eligendo*, the liability for negligent selection of a person to fulfil a certain (responsible) task. A different but similar liability concept is referred to as *culpa in habendo vel inducendo*. According to this liability model, a *conductor* is fully liable *ex contractu* for admitting (especially) untrustworthy persons to the leasehold, who then cause damage to the *locator*. Eventually, there is a concept of vicarious liability, according to which a *conductor* who committed himself to transport a column or certain other goods is fully liable for loss caused by his assistants regardless of his personal fault.

At first sight the examined liability cases in the field of *locatio conductio* indicate a deviation from the principle of personal responsibility. A closer look at these various liability cases reveals quite a diversified picture. On the one hand, the fragments show that the demands on the (formerly strict) *culpa*-standard were gradually reduced. On the other hand, the fragments by and large comply with the concept of personal responsibility as – apart from cases of limited noxal liability and from the singular case D. 19.2.25.7 – contractual liability still depends on personal fault, although it might be a previous, strictly objectified, or implied form of *culpa*.

Wiener Studien zu Geschichte, Recht und Gesellschaft
Viennese Studies in History, Law, and Society

Herausgegeben von Nikolaus Benke

Band/Vol. 1 Richard Gamauf: Ad statuam licet confugere. Untersuchungen zum Asylrecht im römischen Prinzipat. 1999.

Band/Vol. 2 Ilse Reiter: Ausgewiesen, abgeschoben. Eine Geschichte des Ausweisungsrechts in Österreich vom ausgehenden 18. bis ins 20. Jahrhundert. 2000.

Band/Vol. 3 Franz-Stefan Meissel: Societas. Struktur und Typenvielfalt des römischen Gesellschaftsvertrages. 2004.

Band/Vol. 4 Antike – Recht – Geschichte. Symposion zu Ehren von Peter E. Pieler. Herausgegeben von Nikolaus Benke und Franz-Stefan Meissel. 2009.

Band/Vol. 5 Loredana Cappelletti: Gli statuti di Banzi e Taranto nella *Magna Graecia* del I secolo a.C. 2011.

Band/Vol. 6 Lisa Isola: Venire contra factum proprium. Herkunft und Grundlagen eines sprichwörtlichen Rechtsprinzips. 2017.

Band/Vol. 7 Lisa Isola (Hrsg.): Klauselgestaltungen in Römischen Testamenten. Akten einer Internationalen Tagung zum Römischen Testamentsrecht (6.–7. November 2020, Wien/online). 2022.

Band/Vol. 8 Caterina Maria Grasl: Josef Hupka (1875–1944). Leben und Werk eines zu Unrecht vergessenen Rechtswissenschaftlers. 2022.

Band/Vol. 9 David Tritremmel: Die Haftung für das Verhalten anderer Personen bei der *locatio conductio.* Haftungskonzepte im römischen Miet-, Werk- und Dienstvertragsrecht. 2023.

www.peterlang.com

www.ingramcontent.com/pod-product-compliance
Ingram Content Group UK Ltd.
Pitfield, Milton Keynes, MK11 3LW, UK
UKHW021858290926
8980IPUK00005B/903

9 783631 899731